Siegfried Bernfeld
Theorie des Jugendalters
Werke, Band 1

I0029415

Das Anliegen der Buchreihe Bibliothek der Psychoanalyse besteht darin, ein Forum der Auseinandersetzung zu schaffen, das der Psychoanalyse als Grundlagenwissenschaft, als Human- und Kulturwissenschaft sowie als klinische Theorie und Praxis neue Impulse verleiht. Die verschiedenen Strömungen innerhalb der Psychoanalyse sollen zu Wort kommen, und der kritische Dialog mit den Nachbarwissenschaften soll intensiviert werden. Bislang haben sich folgende Themenschwerpunkte herauskristallisiert:

Die Wiederentdeckung lange vergriffener Klassiker der Psychoanalyse – wie beispielsweise der Werke von Otto Fenichel, Karl Abraham, Siegfried Bernfeld, W. R. D. Fairbairn, Sándor Ferenczi und Otto Rank – soll die gemeinsamen Wurzeln der von Zersplitterung bedrohten psychoanalytischen Bewegung stärken. Einen weiteren Baustein psychoanalytischer Identität bildet die Beschäftigung mit dem Werk und der Person Sigmund Freuds und den Diskussionen und Konflikten in der Frühgeschichte der psychoanalytischen Bewegung.

Im Zuge ihrer Etablierung als medizinisch-psychologisches Heilverfahren hat die Psychoanalyse ihre geisteswissenschaftlichen, kulturanalytischen und politischen Bezüge vernachlässigt. Indem der Dialog mit den Nachbarwissenschaften wiederaufgenommen wird, soll das kultur- und gesellschaftskritische Erbe der Psychoanalyse wiederbelebt und weiterentwickelt werden.

Die Psychoanalyse steht in Konkurrenz zu benachbarten Psychotherapieverfahren und der biologisch-naturwissenschaftlichen Psychiatrie. Als das ambitionierteste unter den psychotherapeutischen Verfahren sollte sich die Psychoanalyse der Überprüfung ihrer Verfahrensweisen und ihrer Therapie-Erfolge durch die empirischen Wissenschaften stellen, aber auch eigene Kriterien und Verfahren zur Erfolgskontrolle entwickeln. In diesem Zusammenhang gehört auch die Wiederaufnahme der Diskussion über den besonderen wissenschaftstheoretischen Status der Psychoanalyse.

Hundert Jahre nach ihrer Schöpfung durch Sigmund Freud sieht sich die Psychoanalyse vor neue Herausforderungen gestellt, die sie nur bewältigen kann, wenn sie sich auf ihr kritisches Potenzial besinnt.

Bibliothek der Psychoanalyse
Herausgegeben von Hans-Jürgen Wirth

Siegfried Bernfeld

Theorie des Jugendalters

Werke, Band 1

Herausgegeben und mit einem Nachwort
von Ulrich Herrmann

Psychosozial-Verlag

Siegfried Bernfeld: Werke
Herausgegeben von Ulrich Herrmann
Band 1

Gefördert mit freundlicher Unterstützung
der Stiftung *Dokumentation der Jugendbewegung*.

Bibliografische Information der Deutschen Nationalbibliothek
Die Deutsche Nationalbibliothek verzeichnet diese Publikation
in der Deutschen Nationalbibliografie; detaillierte bibliografische
Daten sind im Internet über http://dnb.d-nb.de abrufbar.

Neuauflage der Ausgabe von 1991 (Beltz)
© 2010 Psychosozial-Verlag
Walltorstr. 10, D-35390 Gießen
Fon: 06 41-96 99 78-18; Fax: 06 41-96 99 78-19
E-Mail: info@psychosozial-verlag.de
www.psychosozial-verlag.de
Umschlagabbildung: Siegfried Bernfeld als Student (um 1912)
Umschlaggestaltung & Satz: Hanspeter Ludwig, Wetzlar
www.imaginary-world.de
Printed in Germany
ISBN 978-3-8379-2053-6

INHALT

Anzeigen

***

Abhandlungen

Die neue Jugend
und die Frauen

Von

Siegfried Bernfeld

1 9 1 4

Kamönenverlag, Wien und Leipzig

Titelblatt der Originalausgabe

SELBSTANZEIGE

Viele Kameraden werden finden, daß ich in meiner Schrift „Die neue Jugend und die Frauen" die Idee der Jugendkultur verflacht habe. Es ist darin nichts gesagt von unserem Glauben, daß mit diesen Jahren eine neue Epoche der Geistesgeschichte beginnt; es wird psychologisch, soziologisch argumentiert, nicht von *unserem* Standpunkt gesehen; die Änderung der Außenwelt in die Mitte gerückt, als wäre sie das Wesentliche, das Innen und nicht das Außen; alles ist in einer Sprache gesagt, die allgemein, gemein ist, als käme sie aus einer Zeitungsredaktion und nicht aus einem Orden. – Weil das Tatsächliche dieser Ausstellungen richtig ist, will ich entgegensetzen: Sprache ist ein Scheidemittel; die neue Gemeinschaft findet in ihr neue Symbole, Begriffe und Worte und sondert so jene, die zusammengehören, von den Fremden. Aber es gibt auch eine Sprache, die Verständigungsmittel ist, die getrennte Kreise verbindet: Jugend und Alter. In dieser Sprache habe ich geredet, denn meine Schrift will verständlich machen. Sie soll nicht aus der Jugend uns neue Kämpfer bringen, sie soll uns Freunde schaffen, wo bisher Feinde waren. Und darum auch alles andere: Ein neuer Wille offenbart sich dem Träger als Glaube; den anderen als Tat. Darum rede ich nicht vom Glauben und Hoffen der neuen Jugend – den anderen Gelächter und Achselzukken –, sondern von ihren Taten, den gegenwärtigen und künftigen. Weil ich aber zu Unwilligen oder Kurzsichtigen rede, so zeige ich das deutlich sichtbar: die Veränderung des Außen. So muß noch nicht Verflachung sein, was eine Verbreitung ist. Es wäre an der Zeit, daß sich der Gießbach zum Stausee erweitere, um Felder zu befruchten, anstatt Rinnen zu reißen.

DIE NEUE JUGEND UND DIE FRAUEN

(1914)

Vorwort

Dieses Heft ist das erweiterte Stenogramm einer Rede. Darin liegen seine Mängel begründet: die Ungleichmäßigkeit der Teile; daß die Probleme kaum angedeutet sind und lange nicht der ganze Gedankenkreis der Jugendkultur umschritten wurde. Darin liegen aber wohl auch seine Vorzüge: daß es leicht lesbar eine erste Einführung in die Ziele und Argumentation dieser neuen Jugendbewegung gibt, die im letzten Jahr manches Aufsehen und manche Aufregung verursacht hat.

Der erste Teil ist in engster Anlehnung an die vorhandene Literatur dargestellt. Außer den im Text genannten Schriften sei erwähnt: Gustav Wyneken: „Schule und Jugendkultur" (Eugen Diederichs, Jena [1]1913); Wyneken: „Gedankenkreis der Freien Schulgemeinde" (Matthes, Leipzig [1]1913); Wyneken: „Was ist Jugendkultur?" [2]1914 und „Die neue Jugend" (Steinicke, München [1]1913); „Der Anfang", Zeitschrift der Jugend, 1. Jahrgang 1913/14 (Verlag „Die Aktion", Berlin).

Im zweiten und dritten Teil ist manches zum erstenmal dargestellt.   *Wien, Siegfried Bernfeld*

Die Freideutsche Jugend

Die Öffentlichkeit steht seit einigen Monaten vor einer neuen Tatsache. Sie steht vor einer Jugend, die mit Forderungen an sie herantritt. Drei Ereignisse des vorigen Jahres haben vor allem Widerhall in der Presse gefunden, Ratlosigkeit, Feindschaft, Mißverständnis erzeugt: Im Mai 1913 erschien ein grünes Heft, „Der Anfang", Zeitschrift der Jugend[1]. Als Programm dieser Monatsschrift war angegeben: Das Denken der Jugend, das bisher der erwachsenen Welt so gut wie unbekannt geblieben war, das unbeachtet auf den Gängen der Schule, im Walde, im Kinderzimmer blühte, wucherte und kämpfte, das hinauszustellen, einzureihen in das öffentliche Denken der Menschheit. Und zwar das Denken der Jugend vor allem auf dem Gebiet, auf dem sie trotz aller ihrer „Unreife" kompetent ist, auf dem Gebiet der Gestaltung ihrer eigenen Lebensprobleme.

Wenige Monate später, im Oktober 1913, veranstalteten die *studentisch-pädagogischen Gruppen* der Universitäten Deutschlands und Österreichs in Breslau ihre erste Tagung.[2] Hier erfuhr man zum erstenmal nachdrücklich, daß seit 1911 an vielen Universitäten Studenten sich zusammengetan haben, mit der Absicht, die Probleme des jugendlichen Lebens untereinander zu diskutieren; untereinander darüber einig zu werden, welches denn eigentlich die wirklichen unterschiedlichen Merkmale der Jugend gegenüber dem Alter und gegenüber der Kindheit sind, und welche pädagogischen Maßnahmen der Gegenwart geeignet sind, die Jugend in ihrer Eigenart, in dem, was sie von den andern Altern unterscheidet, zu fördern; das Erziehungssystem von neuem zu denken, aus der Perspektive der Jugend und ihrer Aufgabe in der Kultur.

Die Versammlung verlief erregt, da zum erstenmal hohe Verwaltungsbeamte, Universitätsprofessoren und Eltern mit Studenten diskutierten, die ausdrücklich als Vertreter der Mittelschülerschaft sprachen; von all dem sprachen, was die Schuljugend in der Schule leidet, worin die Schule sie enttäuscht und worin sie ungerecht fordert.

---

1   Der Anfang, Zeitschrift der Jugend; Verlag „Die Aktion", Berlin, 1. Jahrgang 1913/14.
2   Bericht der Tagung der studentisch-pädagogischen Gruppen in Breslau. In: Alfred Mann (Hrsg.): Student und Pädagogik II. (Säemann-Schriften für Erziehung und Unterricht, Heft 9.) Leipzig/Berlin 1914.

Dann, einige Tage darauf, war am Hohen Meißner bei Kassel eine große Versammlung: der *Freideutsche Jugendtag*[3]. Über 3000 junge Menschen waren zu einem zweitägigen Fest zusammengekommen. Nach außen schien es eine Feier für 1813 zu sein, nach innen bedeutete es das erste eigentliche Fest der Jugend, die Krönung einer fünfzehnjährigen Entwicklung.

Vor fünfzehn Jahren etwa hatte sich eine Gruppe von Schülern und Studenten in dem Gedanken gefunden, sich selber und ihr Leben ernst zu nehmen. Und weil weder die Schule noch das Elternhaus als Ganzes oder in seinen einzelnen Institutionen oder in seinen Wirkungen auf sie auch nur die geringste Möglichkeit ließ zum Ausführen dieses Gedankens, so entflohen sie in gewissem Sinne der Schule und dem Elternhaus; sie wanderten allsonntags hinaus in die Heide, in die Wälder. So begann der Wandervogel in Steglitz.[4] Mit ihm war zum erstenmal eine Jugendorganisation versucht, die nichts zu tun hatte mit irgendwelchen politischen oder kulturellen Zwecken, die lediglich aufgebaut war auf den Protest, auf die Empörung gegen Unterdrückung jugendlichen Gefühlslebens, jugendlicher Eigenart durch die Umwelt, die „Welt der Erwachsenen". Wie allgemein und tief diese geistige Not der Jugend war und bis heute geblieben ist, das beweist, daß diese Bewegung unaufhaltsam vorwärts drängte. So heftig, daß in ihr jetzt nach wenigen Jahren (in mancherlei verschiedene Organisationen oder Gruppen gespalten) Tausende und Tausende von jungen Menschen vereinigt sind und hier einen Sinn ihres Lebens und ihres Daseins finden in der Gemeinschaft mit Kameraden und in der Vertiefung in die Natur.

Nach außen hin ist der Wandervogel ein hygienischer Bund, der das Wandern der Jugend fördert, in Wirklich-

---

3 Freideutsche Jugend; Festschrift. Eugen Diederichs Verlag, Jena. – Freideutscher Jugendtag 1913. Reden von Traub, Ahlborn, Wyneken, Avenarius. Freideutscher Jugendverlag, Hamburg 1913.
4 Hans Blüher: Der Wandervogel, Geschichte einer Jugendbewegung. 2 Bde. Berlin 1912.

keit ist er unendlich viel mehr. In ihm ist die Jugend auf sich selbst gestellt, in Gegensatz gestellt zu den Erwachsenen und zu ihrer Kultur. So war es zumindest in den ersten Jahren des Wandervogels. Damals empfand man klar und deutlich: Es mag sein, daß alles, was dem jungen Menschen als Kulturgut und Kulturpflicht angeboten wird, schön und wertvoll ist, aber sicher nicht für den 15- bis 20jährigen, dem damit zugemutet wird, eine Stufe seiner Entwicklung zu überspringen. Er ist soeben der Kindheit entwachsen und macht die ersten Versuche, sich die überlieferte Kultur anzueignen, d.h. sich mit ihr zunächst auseinanderzusetzen, sie zu kritisieren, sich in seiner – wesentlich romantischen und gefühlsmäßigen – Weise aufzufassen. Man erschrickt über diese Andersartigkeit, man fürchtet, vor einem Dauerzustand zu stehen. Man verliert völlig das Zutrauen zur Natur. Es ist fast so, als wollte man, erschreckt über die Disproportionalität von Kopf, Leib und Gliedmaßen des Säuglings, eine Maschine konstruieren, um ihn schnell zurechtzustrecken, während doch die Natur in einer bestimmten Zeit von selbst aus dem Säugling einen Jüngling werden läßt. Und was hier vom Kind gilt und was physisch anerkanntermaßen für den jungen Menschen ebenso gilt, das gilt auch *psychisch* für ihn. Der Jüngling wird ein Erwachsener, wird von selbst ein Erwachsener; aber er braucht ein Jahrsiebent dazu. Wenn man *dies* übersieht, und daß die Jugend eine durchaus romantische Zeit ist, und sie, die aus ihrem tiefsten Innern heraus zur Gemeinschaft drängt, gewaltsam in der Familie isoliert, so erzeugen sich begreifliche Gegenwirkungen. Diese zum erstenmal organisiert zu haben, ist ein Verdienst des Wandervogels. Aber er war nur Reaktion gegen diese Unterdrückung und Vergewaltigung eines Teils der jugendlichen Anlage, des schwärmerischen, romantischen Gefühls und des Natursinnes. Und so erreichte er zwar eine Kultivierung dieses Gefühls, aber nicht der Jugend. Der Wandervogel ist gewachsen, und aus ihm und von ihm angeregt, hat sich eine Anzahl von Bünden entwickelt. Sie bildeten die Hauptzahl der Teilnehmer des Freideutschen Jugendtages.

Die Freideutsche Jugend hat auf jenem Fest am Hohen

Meißner als das allen verschiedenen Gruppen Gemeinsame gefunden, daß sie ihr Leben gestalten will „mit innerer Wahrhaftigkeit", aus „innerer Freiheit" und „vor eigener Verantwortung".

Die Einzelnen und ihre Organisationen gehen dabei verschiedene Wege. Die Meisten, scheint uns, wandeln in einer Sackgasse. Sie haben die Jugend für einen Teil ihres Lebens tatsächlich aus Schule und Elternhaus geführt und so ihr geistiges Leben aus dem Kulturzusammenhang genommen. Sie haben klar empfunden, daß die Jugend falsch in ihn eingefügt war und haben sie isoliert, aber nicht wieder an ihrer Stelle auf ihre Art eingegliedert.

Es scheint uns nicht möglich, jugendliches Leben zu gestalten aus seiner instinktiv empfundenen Eigenart. Formung verlangt auch die Frage „Wozu?"

Wenn die *Eigenart* der Jugend feststeht, oder doch deutlich genug empfunden wird, so muß noch eine Ahnung, ein Glaube an eine bestimmte *Aufgabe* der Jugend in der Kultur oder in der Menschheit vorhanden sein, um Eigenart wirklich zu entwickeln und zu gestalten. Damit ist Kultur bejaht, als positives Gesetz. So erst ist die Jugend in einen großen Zusammenhang hineingestellt und bekommt aus ihm heraus einen Wert. Wenn schematisch getrennt werden darf, was in lebendigem Fließen sich durchdringt, so kann man sagen: Dies unterscheidet die *Jugendkulturbewegung*, von der hier allein in der Folge die Rede sein soll, von der Freideutschen Jugendbewegung, daß sie nicht nur spielerisch, nicht nur ästhetisch aus sich selbst heraus für sich selbst jugendlich sein will – nur auf einen Teil jugendlicher Eigenart einseitig aufgebaut –, sondern daß sie, auf eine universale Erkenntnis jugendlicher Eigenart aufgebaut, den Willen zum Fortschritt der Kultur in sich trägt. Diese Bewegung nimmt ihren wirklichen Ausgang und findet ihr realisiertes Ideal in Wickersdorf, der Freien Schulgemeinde[5], die Gustav Wyneken 1906 gegründet hat.

---

5 Wickersdorfer Jahresberichte 1–4 und Wickersdorfer Jahrbücher 1–3, ferner die Vierteljahrschrift: Die freie Schulgemeinde. Eugen Diederichs, Jena.

Wenn die Jugend vor das Problem geführt wird, ein sinnvolles, ein kulturvolles Leben zu führen, erhebt sich die Frage: „Was ist die spezielle Aufgabe der Jugend in der Kultur?" Die Erwachsenen haben die Aufgabe, produktiv an der Kultur zu arbeiten, neue Werke zu schaffen, alte zu vermehren. Die Jugend hat die Aufgabe, Kultur fortzupflanzen. Sie ist das unbeschriebene Blatt, auf das die Summe der Kultur geschrieben werden soll, damit sie ewig werde. Die Summe der Kultur: das will nicht heißen die kleinen unzähligen heutigen Erscheinungen und Formen der Kultur, nicht alles, was falsch ist, verfehlt, einseitig in der gegenwärtigen Zeit, zum kleineren Teil Kultur, zum größeren Teil Konvention; sondern das Ewige, das Stete an der Kultur müßte eine Stelle haben, ein Organ, in dem es aufgespart wird, um in der nächsten Generation als heiliges Erbteil weitergegeben zu werden.

Diese Stelle ist die Schule. Die gegenwärtige freilich nicht oder nur im geringen Grade, weil in ihr dieser Prozeß mechanisch geschieht, weil alles, was man erhalten wissen will, nicht geordnet ist nach letzten Werten, sondern nach zufälligen Gegebenheiten (Bedürfnisse des gegenwärtigen Staats, des Wirtschaftswesens), und weil dies alles noch dazu passiv von oben herab auf die neue Generation gehäuft wird, aus der Furcht der Kulturträger heraus, es könnte die Tradition abreißen. Die Jungen werden nicht gefragt, ob sie überhaupt wollen, wie sie wollten. Und nun kommt aus ihnen selber eine Strömung, die sagt: Ja, was ihr hier wollt, das ist ja unsere Bestimmung, das ist ja unser Sinn; unser Dasein ist ja gar nicht anders verständlich als aus unserer Aufgabe, Kulturgüter in uns aufzunehmen, Werte zu erfassen, aber wir wollen es auf unsere eigene Art.

Was diese Eigenart der Jugend im einzelnen und im allgemeinen ist, kann hier umso weniger dargestellt werden, als Wissenschaft und Pädagogik noch keine Formeln dafür gefunden haben, ja vielfach hier noch kaum ein Problem gesehen haben. Vielleicht genügt an dieser Stelle der alte Gemeinplatz: die Jugend ist ursprünglicher und frischer. Das soll hier heißen: für die Jugend stehen Werte der Philosophie, der Wissenschaft, der Religion, der

Kunst, der Ethik ganz im zentralen Leben. Sie sind es darum vor allem, weil die Jugend sie als etwas Neues, Überwältigendes erlebt. Ursprünglich und von äußerster Bedeutung für die nächsten Jahre sind Augenblicke, in denen der junge Mensch zum erstenmal die großen Worte Gut, Schön, Wahr erlebt, sie sind seine heiligsten. Man kann von den Erwachsenen nicht im allgemeinen behaupten, daß ihnen letzte Werte heilig wären, daß es die letzten Werte sind, die sie treiben, die für sie maßgebend sind. Man kann das aber von der Jugend durchschnittlich behaupten. Der junge Mensch ist der „Schwärmer", der „Idealist"; das soll nichts anderes heißen als: ihm sind die letzten Werte wertvoller als die naheliegenden. Und aus einem anderen Grund noch ist die Jugend darauf angewiesen, Kultur zu lieben. Aus dem Grund, weil sie faktisch nichts anderes lieben kann. Sie ist darauf gerichtet, Herr zu werden über Einflüsse, die im Zeitalter der Pubertät auftauchen.

Wo es einen starken Druck gibt, gibt es einen starken Gegendruck. Darum wirken in dieser Zeit der stärksten physischen Kraftaufwallungen starke geistige Kräfte. Die physischen Triebe erzeugen aus sich gewaltige Hemmungen, die ihre Macht brechen, ihre Kraft in geistige Bewegung verwandeln. So ist die Jugend von vornherein darauf eingestellt, ihre Liebe, ihr ganzes Liebebedürfen und Liebevermögen von den einzelnen, konkreten Dingen oder gar Personen wegzuleiten auf die großen Ideen und Zusammenhänge, die hinter allem liegen, zu richten, zu konzentrieren. Und so ist es doppelt die Eigenart der Jugend, Kultur zu „konsumieren", fortzupflanzen.

Noch ein Drittes kommt hinzu. Der Jugend ist Denken und Tun in höherem Maße eins als den späteren Altern, sie ist so recht das Alter der Tatidee, der „idée force". Und weil sie auf die höchsten Werte gerichtet ist, so hat sie den Willen, diese höchsten Werte darzustellen. Um eins zu nennen: die absolute Wahrhaftigkeit. Und daraus kann ihre wichtigste Aufgabe werden: die Ideen der Kultur in ihrem reinsten Dasein darzustellen. Und nun findet sich die Jugend hineingestellt in eine Form des Erziehungswesens, die sie hindert im Aufnehmen und im Darstellen dieser Kulturwerte und -werke. Wenn der junge Mensch jene absolute Wahrheit erfaßt hat, ist es ihm nicht möglich, sie in Wirklichkeit umzusetzen. Die Traditionen, Kompromisse und Rücksichten, die den gegenwärtigen Zustand der Gesellschaft ausmachen, auf denen sie beruht, schließen es aus.

Dazu ist eine ungewöhnliche Kraft des Willens oder eine wesentlich anders gebaute Gemeinschaft vorausgesetzt. Und damit sind die Blicke derer, die den Begriff „Jugendkultur" gefaßt haben, nach Wickersdorf gerichtet. Dort ist zum erstenmal der Versuch gemacht worden, aus der Idee der Jugend und der Schule eine Einheit zu schaffen, einen *Jugendorden*: die Freie Schulgemeinde. Hier ist die Stelle, wo jene letzten Werte und Werke der Kultur – in Kunst, Philosophie – einen Sinn erhalten, da hier eine Gemeinschaft ist, die in ihnen lebt, von ihnen bestimmt ist. Hier ist Jugend und Kultur vereinigt.

Und darum sieht die Jugendkulturbewegung in der Freien Schulgemeinde ihr realisiertes Ideal, weil die Jugend, die in ihr organisiert ist, im letzten Grunde nichts anderes führt als einen Kampf um diesen geistigen Sinn ihres Lebens. Und in der Gegenwart findet sich keine Stelle, diesen Sinn zu finden, ihm zu leben – so schnell wie möglich „fertig" zu werden, um in einen Beruf zu kommen, kann ja schwerlich als Sinn jugendlichen Lebens aufgefaßt werden, in seiner brutalen Vernichtung jugendlicher Art – außer in der Freien Schulgemeinde. Sie ist eine Gemeinde, in der das tägliche Leben, die Einrichtungen, die Gesetze, die Haltung des einzelnen bestimmt sind von einer geistigen Aufgabe; durch jene Mission der Jugend in der Kultur, und nicht durch zufällige Bedingungen, durch materielle Bindungen, durch nichtige Zwecke. Und so ist diese Schule aufgebaut aus den Bedürfnissen der Jugend und ist ihr geistiges Heim.

Darum fordert unsere Bewegung, „idealistisch, phantastisch und utopisch" wie sie ist, daß die ganze Jugend mit solchem Leben gesegnet werde. Die ganze Jugend soll ein großer, vielgegliederter Orden werden, der autonom ist.

Das soll heißen: Die heutige Schule ist immer ein

Werkzeug irgendeiner Parteirichtung, weil sie das Werkzeug des heutigen Staates ist und weil der Staat heute und wahrscheinlich noch auf lange Zeit ein Klassenstaat ist. Die Schule war zum Beispiel ursprünglich geradezu kirchlichen Bedürfnissen gewidmet. Sie ist erst langsam an den Staat übergegangen und damit an die herrschende Partei. Wenn wir nun die Forderung aufstellen nach einer autonomen Schule, nach autonomen Jugendorden, so scheint das anfänglich etwas ganz Absurdes zu bedeuten. Als wollten wir nämlich dem Staat die Möglichkeit nehmen, seine Jugend zu überwachen, dafür zu sorgen, daß wirklich etwas Tüchtiges aus ihr werde.

Aber ich erinnere bloß daran, daß in Wirklichkeit vom Staat diese Möglichkeit zu nichts anderem benützt wird, als um möglichst taugliche Beamtenfabriken herzustellen, und ich frage, ob wir nicht Grund hätten, dies anders zu wünschen. Zweitens sind tatsächlich heute schon alle Gebiete des Kulturlebens autonom: Recht, Religion, Kunst, Wissenschaft und deren Organisation, und wenn einmal auch die Schule ein Kulturgebiet sein wird, mag für sie dasselbe gelten können. Und so dürfen wir vielleicht weit hintenhin als richtung- und kraftgebende Fata Morgana den Satz hinschreiben: Jeder junge Mensch lebt in der Zeit von 13 bis 21 etwa in autonomen Gemeinden, den Jugendgemeinden oder Schulgemeinden.

Wenn wir diese Formel ernsthaft weiterdenken in ihren Konsequenzen – und das wollen wir –, so ist damit verbunden eine Änderung der rechtlichen Stellung der Jugend in der Gesellschaft. Gegenwärtig bestehen manche Bestimmungen gleicherweise für den 10jährigen und für den 23jährigen jungen Menschen. Das Kind ist bis zu seiner Volljährigkeit eingegliedert in die Familie, d.h. die Eltern „haben das Recht, einverständlich die Handlungen ihrer Kinder zu leiten."[6] Sie sind „berechtigt, vermißte Kinder aufzusuchen, entwichene zurückzufordern und flüchtige mit obrigkeitlichem Beistand zurückzubringen; sie sind auch befugt, unsittliche, ungehorsame oder die

---

6 Österreichisches Bürgerliches Gesetzbuch.

häusliche Ordnung und Ruhe störende Kinder auf eine nicht übertriebene und Gesundheit unschädliche Art zu züchtigen." „Die Kinder sind den Eltern Ehrfurcht und Gehorsam schuldig." So ist der Jugendliche zwar nicht nach dem Buchstaben des Gesetzes, aber nach seinem Sinn und in der Tat gewissermaßen das „Eigentum" seiner Erzeuger. Und daraus ergibt sich mit Notwendigkeit, daß sie die Pflicht der Verantwortung der Gesamtheit gegenüber haben für das, was aus ihrem Eigentum wird. Sie „haben die Verbindlichkeit, ihre ehelichen Kinder zu erziehen, d.i. für ihre Gesundheit und ihr Leben zu sorgen, ihnen einen anständigen Unterhalt zu schaffen, ihre körperlichen und Geisteskräfte zu entwickeln und durch Unterricht in der Religion und in nützlichen Kenntnissen den Grund zu ihrer künftigen Wohlfahrt zu legen."

Diese Pflichten sind selbstverständlich bei der obigen Lage. Zieht man ja auch die Menschen zur Verantwortung, die ihr Vermögen vergeuden. Um so mehr muß das bei denen geschehen, die ihr Vermögen an Menschen vergeuden.

Und aus dieser Verantwortung folgt das Recht, die Pflicht der Eltern, „die Handlungen der Kinder zu leiten" und, wenn es sein muß, die gewünschten Handlungen mit dem Recht des Stärkeren, der Gewalt, zu erzwingen. Das Ziel, das dabei vorschwebt, ist der tüchtige Mensch, Staatsbürger, Familienvater. Dabei ergibt sich die unlösbare Schwierigkeit, daß der junge Mensch als Typus weit entfernt ist von jenem Ziel, ja in vielen Fällen es energisch für sich oder seine Zukunft ablehnt; daß er in seiner Eigenart sich nicht einfügt in die Familie, daß er sie stört; daß er so, *wie* er ist, keinen Sinn für sie hat; und daß ihm daher zugemutet ist, ein Leben zu führen, das kaum in anderem besteht als in zwang- und qualvollem Andersseinsollen, Anderswerdenmüssen.

Und findet selbst eine einzelne Familie Mut und Zutrauen zu jener natürlichen Entwicklung, von der wir sprachen, und läßt die Jugend jung sein in ihr, so gefährdet sie sich selbst; sie wird täglich durchbrochen durch die ungebrochene Eigenart der Jugend, und ständig schwebt der Vorwurf der Gesamtheit über ihr, das Amt der Erziehung nicht erfüllt zu haben. Denn unserer Zeit erscheint trotz allem noch jeder jugendliche Junge und jedes natürliche Mädchen unerzogen.

Das muß so sein, denn *alle* Einrichtungen der Familie und Gesellschaft sind nicht nach der Eigenart der Jugend gebaut, passen nicht für sie, und damit paßt ihre Eigenart auch nicht in sie und ist nur Unart.

Und darum, weil die Jugend in der gegenwärtigen Familie keinen Sinn hat, keine Aufgabe bei erhaltener Eigenart, sehnt sie sich aus ihr hinaus, will sie außerhalb ihr Leben gestalten. Und je tiefer der einzelne seine Eltern liebt, um so schwerer wird für ihn der Konflikt, da er heute geliebte *Eltern* und gehaßten *Familientisch* nicht zu trennen vermag.

So kommen wir an den Punkt, wo der Jugendkulturbewegung eine geschlossene Mauer von Feinden ersteht. Hier beginnen die unentwirrbaren Mißverständnisse, die gehässigen Angriffe. Immer heißt es bis hierher „schön, recht schön, sehr schön". Aber von hier an: *das* geht nicht. Darum will ich gerade über diesen Punkt ausführlich sprechen und alles übrige bloß streifen. Gerade hier, wo bisher aus Mißverständnis unsere Feinde standen, werden uns sicherlich, wenn sie uns nur einmal verstanden haben, neue, mächtige Freunde erwachsen: die Frauen.

Man hat oft die Parallele gezogen zwischen Frauenbewegung und Jugendbewegung. So falsch dieser Satz als Gleichnis sein mag, so richtig ist er als Identität in einem Punkt. *Das* mag nur Analogie sein, daß auch die Frauenbewegung im tiefsten Sinn einen Kampf führt um den geistigen Sinn des Frauenlebens; auch daß die Frau – genau wie die Jugend – einen Kampf um ihr Recht begonnen hat; daß auch sie sich in ihrem Besten gehemmt und verneint fühlt bei ihrer ausschließlichen Eingliederung in die Familie, als „Eigentum ihres Gatten". Der künftige Historiker wird vielleicht noch eine dritte Analogie finden im Schicksal der beiden Bewegungen: wie sie zuerst *unsittlich* waren: Fluch der Unweiblichkeit! – Fluch der Pietätlosigkeit! Wie sie dann *unästhetisch* wurden: O du allerliebstes Hausmütterlein – o du goldene, unbewußte

Jugendzeit – wo wollt ihr hin entschwinden! Und wie sie dann langsam, unbemerkt, *öffentliches* Recht geworden sind. Aber darüber hinaus gibt es ein Problem der neuen Frau, das ungelöst bleibt, ehe nicht die neue Jugend ihr Ideal erfüllt sieht: Beruf und Mutterschaft (= Erzieherschaft).

Erziehen ist ein Beruf wie jeder andere, mehr wie jeder andere. Aber nicht seit jeher. Erst die letzten 150 Jahre etwa haben die ständig wachsende Bedeutung des Erziehers gesehen, seine Entwicklung zum Stand, zum unangesehenen, mißachteten Stand, dessen Ansehen sich mehr und mehr hob, und manches Zeichen versichert für eine künftige Zeit das Aufrücken des Erziehers in eine Stelle, die ehemals etwa Priester hatten.

Aber *früher* hieß Erziehen, die Kinder an die Familie anpassen. Und Familie war damals die Einheit des wirtschaftlichen Organismus. Dieser aber hat sich geändert und mit ihm die Familie in ihrer Struktur und mit ihnen die Aufgabe der Erziehung. Sie wird *morgen* heißen Anpassung der Kinder an den Staat. Und *heute* ist sie noch beides. Keines. Und so war früher die Mutter die natürlich gegebene Erzieherin, sie konnte erziehen, nur sie: anpassen an die Familie. Sie wird es morgen nicht mehr können. Heute leben wir in einer unausgesprochenen, verwirrten Zeit. Die wirtschaftliche Veränderung hat am brennendsten [die Lage der Frau] ergriffen, und trotz des Schreiens der Sittlichen und Ästhetischen hat die Frau heute in der Tat einen wirtschaftlichen Beruf, wie der Mann schon längst. Sie hat aber überdies *noch einen* Beruf, in der [öffentlichen] Meinung: *die Erziehung*. Und so lastet auf ihr das Problem der Vereinigung von Beruf und Erzieherschaft, vielleicht bloß ein Übergangsproblem. Es lastet um so schwerer, weil unserer Zeit der Mut fehlt, es nicht nur zu fühlen, sondern klar zu denken. Die Jugend unternimmt nun diese Aufgabe, denn sie leidet als erste, am unmittelbarsten, am sinnlosesten darunter, daß sie in einer Zeit des Übergangs von einer Erziehungsform in die andere leben muß, unter zwei sich kreuzenden, verschlingenden und aufhebenden Erziehungsweisen, also eigentlich unter *keiner* Erziehung.

Aber immer, wenn man sich dem Problem der Erziehung der Jugend durch die Eltern nähert, hat gleich die regelrechte Diskussion ein Ende. Sie wird leidenschaftlich. Dem Psychologen ist dies ein sicheres Zeichen dafür, daß man hier beginnt, die logischen Werte, den Wahrheitsgehalt der Dinge und Ideen, geringer zu achten als ihren Gefühlswert; daß man im Begriff steht, mit der Form der Logik, der Diskussion, geheime Wünsche, eigenen Willen durchzusetzen.

Was ist der Grund dafür, daß an dieser Stelle die Diskussion ins Gebiet der Gefühle *sinkt* – wie man bei Diskussionen sagen muß?

Der Grund für diese allgemeine plötzliche Nervosität ist der, daß jede Frau die „geborene Erzieherin" ist. Das steht für die öffentliche Meinung fest. Die Frau wird als Erzieherin geboren, zur Erzieherin geboren. Das ist ihr natürlicher Beruf, ihre natürliche Eignung, ihre natürliche Pflicht. Wenn sie es nicht kann, hat sie ihr Leben verfehlt, und sie ist der Mißachtung der Gesellschaft in mehr oder minder fühlbarer Weise verfallen. So stark und unbewußt wirkt diese veraltete Meinung in uns und auf unsere Wertungen, daß wir die Erziehertätigkeit der Mutter gar nicht als gesonderten Beruf ansehen und ihr als ganz natürlich und selbstverständlich verpflichtend zumuten, diesen [auch dann] beizubehalten, wenn sie genötigt ist, einen anderen zu ergreifen. Und so sehen wir hier wie immer die Wirkung des öffentlichen Urteils, Vorurteils, daß es, für vergangene Zustände geltend –, aus ihnen zu Recht entstanden, in neue hineinwirkt und nicht nur soziale und persönliche Konflikte erzeugt, sondern ihnen auch den Schein von moralischen Notwendigkeiten gebend –, den Blick verwirrt und eine Entwicklung, Befreiung, verhindert. So unsere gegenwärtige öffentliche Meinung, die gleich emphatisch im selben Augenblick verkündet: „Jede Frau wird als Erzieherin geboren" und „Erziehen ist eine Wissenschaft und Kunst, mit der nur Auserlesene begnadet sind" und nicht diesen vernichtenden Widerspruch entdeckt, weil sie beschattet und bestimmt ist durch Urteile und Begriffe vergehender Ordnungen.

Von hier aus verstehen wir nun jene Gereiztheit als Empfindlichkeit, von einer nie geheilten, unsichtbaren, gut verdeckten Wunde erzeugt.

In jeder Frau vielleicht lebt dieser Zweifel: Es wird nicht alles so ganz richtig sein? Eigentlich bin ich wohl keine ganz gute Erzieherin meiner Kinder? Weil sie es aber doch sein muß, darum entsteht auf einem psychologisch sehr verständlichen Weg die sonderbare Wertbetonung. Um so mehr klammert man sich an den rettenden Schein, eine ganz ausgezeichnete Erzieherin „von Natur aus" zu sein. Und wenn in der Diskussion die Rede an diesen Punkt kommt, dann beginnt das Zucken der Wunde. Freilich hütet man sich, seine eigene Tätigkeit zu verteidigen, aber um so leidenschaftlicher wird die allgemeine der Frau vertreten und somit auch die eigene.

Im Grunde ist es ja ganz klar und selbstverständlich, daß die Familie so wenig die beste Einrichtung zur Erziehung der Jugend ist, als ein Tisch die beste Schlafstelle – was ja nicht ausschließt, daß man auch auf ihm leidlich ausschlafen kann –, und daß die Frau so wenig als Erzieherin geboren wird, wie der Mann als Advokat. Bloß der moralische Zwang und die Not der Selbstbehauptung erzeugen diesen Satz, und auch ihnen bleibt zuletzt niemals ein anderer *Grund* als die mystische Behauptung vom „Verstehen des eigenen Blutes".

Dieses ist *ein* Grund für die Empfindlichkeit gegenüber einer Kritik der Familienerziehung. Ein zweiter ist, daß die Mutter ihre Kinder liebt, und was sie tut und befiehlt, doch tatsächlich aus Liebe zu ihrem Kind, will, zu seinem Besten oder doch vermeintlichem Besten; und sie wünscht natürlich die Gegenliebe des Kindes. Sie *erwartet* sie als Dank, als Beweis für ihre gedachte Erzieherfähigkeit. Es scheint als selbstverständlich, daß ein Kind seine Mutter nur als *Erzieherin* achten und lieben könnte, und so droht bei jeder Kritik an der Familie als geeignetstem Erziehungsinstitut nicht nur die Mißachtung der Gesellschaft, sondern vielleicht noch viel schmerzvoller der sichere Verlust der Liebe des eigenen Kindes. Und dies entfesselt neue Leidenschaften und trübt den Blick für wahre und falsche Argumentation. Dazu kommt, daß man nicht hören will, daß wir jene Sätze bloß für die Jugend und nicht für die Kindheit sagten, und daß wir in einem neuen Sinn vertreten: „Die Eltern sind die geborenen Erzieher ihres Kindes."

Die Mutter und der Vater sind die geborenen Erzieher in dem Sinne, daß sie unaussprechlich tiefe und unauslöschbare Wirkungen auf den jungen Menschen ausüben. Viel tiefer als gemeinhin bemerkt, ist man weit über das Physische hinaus von seinen Eltern bestimmt. „Des Lebens ernstes Führen", „die Frohnatur und Lust zu fabulieren", die Ideale, Neigungen und Abneigungen, Geschmack und Liebe, Tracht und Haltung, Sprache, Tonfall und Gebärde sind meist im tiefsten bestimmt durch die Eltern. Die Bilder der Eltern in verschiedenen, genau bestimmten Situationen sind aus frühester Kindheit eingeprägt und wirken, wirkliche Bildner, als Muster und Gegenbeispiel. Charakter und Gehaben wandeln sich und verfestigen sich im täglichen Wunsch, zu werden wie sie; oder im steten Kampf gegen das ungewünschte Beispiel.

So wirken die Eltern in viel weiterem Umfang, als sie selbst sich immer klar machen, mehr dadurch, daß sie sind und wie sie sind und wie sie untereinander und zu allen Menschen und Dingen sind, als durch die vermeintlichen „Erziehungsmaßregeln", sie seien weise oder ungeschickt. Dieses Sichbilden an den Eltern wird ganz wesentlich ermöglicht oder gefördert durch den organischen Zusammenhang, durch die Wesensverwandtschaft der Eltern und ihrer Kinder.

Eines Tages zwar löst sich der junge Mensch geistig von seinen Eltern, so wie er sich schon lange vorher physisch von ihnen getrennt hatte. Aber in der Erinnerung an eine Zeit intensiver Verwunderung und Nachahmung bleibt ein geistiger Zusammenhang, den nichts so leicht zerstört. Und ebenso der physische, der bedingt ist durch die Verwandtheit des Blutes in beiden, durch seine Schwankungen, die bis ans Lebensende in beiden gleichlaufen und sich in zahlreichen Übereinstimmungen und Merkwürdigkeiten äußern. So erkranken oft Mutter und Kind am selben Tag, wenn sie auch schon längst voneinander getrennt sind. Und manches andere ist so deutlich, daß es mystisch erscheint. Dieser Zusammenhang scheint unverletzbar, und überall dort, wo er von jungen Menschen als dauernd und wertvoll empfunden wird, entsteht die Liebe des heranwachsenden Menschen zu seinen Eltern.

Aber auch nur dort – denn diese Liebe ist ganz anders und vor allem nicht so selbstverständlich wie die Kindesliebe. Sie ist nicht Dankbarkeit für das Leben und seine Erhaltung, auch nicht Rührung über die Opferwilligkeit der Eltern oder Achtung für ihre Erzieherkünste. Darum kann sie aber auch nicht gefordert werden. Sie erzeugt sich nach Gesetzen, die wir noch nicht kennen, als Ausdruck einer physischen oder geistigen Verwandtschaft, als Gefühl des Zusammenhangs. Aber die Entstehung dieses Gefühls im Jugendlichen ist unabhängig von den Erziehungsmaßregeln oder ihrer kritischen Wertschätzung durch ihn.

So ist auch jenes zweite Mißverständnis, das kaltes Denken störte, aufgelöst, als enthielte das Programm, der Wunsch nach einer erziehenden Jugendgemeinschaft außerhalb der *Familie* die gefühlsmäßige Absage von den *Eltern*, den Verlust der Kindesliebe.

Noch viele Motive, Gefühle und Wünsche, religiöse und wirtschaftliche Bestimmungen erschweren eine klare Diskussion über die Erzieherkraft der Familie. Hier aber muß es genügen, einiges angedeutet zu haben. Vielleicht darf ich hoffen, daß es genügt, um manchen der Einsicht zu öffnen, daß jene Erziehung möglich ist, die der Jugendkulturbewegung als Ideal vorgezeichnet ist.

Eine ihrer Voraussetzungen müßten die Frauen sich und der Jugend erkämpfen. Daß jede Frau ihr Schwergewicht außer der Familie hat, in einem gesellschaftlichen Beruf. Daß *seine* Erfüllung ihre Bewertung bestimmt, daß sie nicht gezwungen ist, ihre Kinder zu erziehen, um überhaupt eine Tätigkeit, eine sinnvolle Existenz zu haben.

Den Frauen dagegen gibt erst die Idee der Schulgemeinde, als allgemeines Erziehungsprinzip, die Möglichkeit einer adäquaten Lebensführung, denn sie befreit sie von der Gesellschaftslüge der Pflicht zur Erziehung der

Jugend. Die wirkliche, geborene Erzieherin wird in jenen Gemeinden wirken und vielfach vertiefte und erweiterte Möglichkeiten haben, als im kleinen Kreis ihrer eigenen Kinder.

So begegnen sich und bedingen einander die Ideen der neuen Jugend und die der modernen Frauen.

Die Erziehung der Jugend in der Familie

Die Möglichkeit, eine neue Erziehungsform zu denken, wird eine Notwendigkeit aus der Perspektive der Jugend und der Kultur. Denn heute wird die Jugend überhaupt nicht erzogen, und überdies nimmt man ihr die Möglichkeit, es selbst zu tun. Daß die Schule nicht imstande ist zu erziehen, wird allgemein behauptet. Sie selber macht aus der Not eine Tugend und beschränkt sich auf den Unterricht; die eigentliche Erziehung verweist sie ins Elternhaus. Man scheint dabei nicht zu bemerken, in welche schiefe Stellung die Schule sich selbst bringt, indem sie sich so in falscher Bescheidenheit in einem untergeordneten Rang zu versetzen scheint, in Wirklichkeit aber durch Aufgaben, Disziplinarordnungen und Forderungen aller Art auf das ganze Leben des Schülers weitgehend beeinflussend einwirkt und so doch wieder erzieherisch sein will – wozu unfähig zu sein, sie doch deutlich eingestanden hat –, mindestens in dem Sinne, daß sie die Familie hindert, frei an ihr Erziehungswerk heranzugehen.

Es ist in Wahrheit so, und [dies ist] der erste schwere Einwand gegen die behauptete Erziehung der Jugend durch die Familie. *Die Jugend ist der Familie tatsächlich weitgehend entzogen.* Ich rede hier gar nicht von der großen Masse der erwerbstätigen Jugend, an die man scheinbar überhaupt nicht denkt, wenn man die ausschließliche Familienerziehung postuliert; auch unserer Mittelschuljugend bleiben tatsächlich nur ganz wenige Stunden des Tages, die frei sind, die nicht irgendwie gestaltet, bestimmt oder ausgefüllt sind durch die Schule und ihre Ausstrahlungen: der Schulbesuch, die Hausaufgaben,

eventuell die Nachhilfestunden, Schulweg und Schulge-
trätsch mit den Klassenkollegen und Freunden usw. So
hat rein quantitativ die Schule eine ganz überragende
Stellung im Leben der Jugend. Nur recht wenige bringen
es in den letzten Schuljahren zuwege, mit souveränem
Gleichmut die Schule neben sich zu stellen, zu hassen, zu
verachten, zu verhöhnen, aber auf alle Fälle nicht zu beachten und zu leugnen, so daß für sie die Zeit, die die
Schule von ihnen beansprucht, auf die nichtgeschwänz-
ten Schulstunden sich verkürzt, diese noch vermindert
durch allerhand anregende Beschäftigungen.[7] Im allgemeinen gehört dreiviertel der Zeit des jungen Menschen
der Schule. *Der* Schule, von der selbst zugegeben ist, daß
sie weder Aufgabe noch Möglichkeit der Erziehung habe
und nur Kenntnisse vermittle. Diese quantitative Übermacht der Schule verleitet im allgemeinen, ihr auch eine
qualitative zuzuschreiben oder doch notgedrungen zuzu-
dichten. Die Familie nimmt die Schule überaus wichtig
und sieht es vielfach sogar ungern, wenn dem Schüler einige Stunden des Tags von der Schule indeterminiert
übrig bleiben, und ist bemüht, ihn auch in diesen an die
Schulaufgaben zu treiben, oder wenn diese wirklich erfüllt sind, in ihm doch den Gedanken an den morgigen
Schultag und seine Forderungen und Gefahren wach zu
erhalten. „Geh lieber lernen" ist das Symbol, unter das in
zahlreichen Familien die schulfreien Stunden gestellt
werden. Und so werden auch die wenigen der „wirklichen Erziehung" freigegebenen Augenblicke gewaltsam
– aus Bequemlichkeit oder Mißverstand, jedenfalls aus
Unzulänglichkeit – unter das Lernprinzip der Schule gestellt, das, wie bereits mehrfach erwähnt, als erzieherisch
ungenügend gilt.

Man kann nun freilich einwenden, daß dies nicht
wesentlich ist für die Familienerziehung. Und man hat
recht. Vielleicht wird Schul- und Hausreform die Übermacht der Schule brechen. Aber immer wird ein Teil des

---

7 Man glaube ja nicht, daß hier übertrieben wird. Die nächsten Jahre werden entsprechende Publikationen von Umfragen an Schüler und Studenten bringen. Dann wird man die Wahrheit hören.

Jugendlebens aufgewendet werden für die Aufgabe der Aneignung geistiger Kultur, immer wird dies nur außerhalb des Hauses geschehen müssen, und so ist notwendig für immer ein Teil des jugendlichen Lebens den gestaltenden Kräften der Familienerziehung entzogen. Das wird um so empfindlicher bleiben, als es nicht der einzige Teil ist. Denn auch ausreichende körperliche Pflege ist im Rahmen des Familienlebens nicht erfüllbar. Immer mehr beginnt man einzusehen, daß die Schulturnstunden und daß eventuelles Zimmerturnen und Kaltwaschen nicht genügen. Und immer mehr der schulfreien Zeit wird auch von der Familie freigegeben für Eislauf, Tennis, Rudern, Schwimmen, Rodeln, Fußball, stundenweise, für Wandern, Skifahrt, tageweise. Viel von dem, was die Schule übrigläßt, gehört Pfadfindern, Wandervogel, Sportvereinen. Langsam setzt sich als allgemeine Bewertung durch: Rückständigkeit und erzieherisches Unvermögen allein können die Jugend verhindern wollen, in weitem Umfang außerhalb des Hauses und der elterlichen Aufsicht ihrer physischen Bildung zu leben. So erklärt sich die Familie auf dem zweiten wichtigen Gebiet des Jugendlebens für unzulänglich, indem sie als größte erzieherische Weisheit anerkennt: Verzichten und die Jugend wandern lassen. Es kommt noch hinzu die Frage: Wieviel Familien gibt es, die nicht einmal die primitivsten Möglichkeiten gewähren: täglich ein Bad, Licht, Luft, Bewegungsfreiheit? Und dies gehört doch mit zu den Forderungen einer Erziehung. *Das entbehrt die Jugend, empfindet sie schmerzlich, daß sie nicht physisch leben kann, geschweige schön sein kann in der Familie*, d.h. im Zimmer oder beim Kaffeetisch oder am Sonntagsspaziergang.

Es ist nicht nur der Sport, das Körpergefühl, die Körperbildung, was die Jugend so mächtig hinausführt auf die Sportplätze und in die Wälder. Es ist vor allem die Gemeinschaft, die ihr dort geboten wird. Dort ist es vielfach das erstemal, daß man beachtet, geschätzt, ernst genommen wird, ist oft der einzige Ort, wo man von sich, seinen Gedanken und Wünschen spricht, wo man von Gleichen, Ähnlichen hört. Das muß nicht so sein, darum erwähne ich das mehr nebenbei. Wesentlich ist aber, daß man dort allein sinnvoll *tätig* sein kann. Der Tätigkeitsdrang ist auch beim Kind, doch spielerisch, d.h. zwecklos, egoistisch. Beim Jugendlichen wird er sozial, verlangt er einen Zweck und Sinn, jemand oder etwas, *für* das man tätig ist. Aber nicht im Sinne der Caritas etwa, sondern im Sinne eines Zusammenhangs, in dem man, für den man arbeitet, um selbst *einen Wert* in ihm zu bekommen. Der junge Mensch und seine Tätigkeit (etwa Verse!) hat für die Familie keinen Wert. Und somit auch sie keinen für ihn. Die Familie bietet tatsächlich – vor allem dem Jüngling – keine Möglichkeit, Kräfte in ihren Dienst zu stellen. Und es wird auch im allgemeinen kaum mehr verlangt, als *„da zu sein"* (von den wirtschaftlich schlechter gestellten Familien wird später die Rede sein). Diese Kräfte sind aber lebendig und verlangen nach einer Auswirkung, allerdings nach einer, bei der man sich ernst nehmen kann. Das ist ein Grund, warum Jugendvereine blühen; weil in ihnen eine Gemeinschaft gegeben ist, die Tätigkeit verlangt; in der sie sinnvoll wird. Und je weniger Möglichkeit gegeben ist, Kräfte real auszuleben, um so mehr wuchert die Phantasie, die poetische, die wissenschaftliche, technische oder politische. Immer aber bemerkenswerterweise mit einer auf sich selbst gerichteten Spitze: der Träumer spielt irgendwo eine Rolle, er wird irgendwie geehrt, bewundert usw. als Ersatz für die verbotene Möglichkeit, eine bescheidene, wertvolle Rolle zu spielen. Diese Phantasien mögen nach und nach alles verlieren, was an ihren Ursprung gemahnt – sie mögen zum Beispiel ganz in Liebe zur Musik aufgehen (es kann auch gar nicht gewagt werden, hier eine Psychologie der Jugend zu geben) –, bis sie durch das Leben selbst unnötig werden: so lange bleiben sie der Mittelpunkt des Lebens und isolieren den Träumer in seiner Umgebung; Schule und Elternhaus verblassen und stehen als andere Welten daneben. So ist das jugendliche Leben in drei gerissen: Schule, Elternhaus, Jugendgemeinschaft – oder den entsprechenden Ersatz beim Einsiedler. Je drückender die ersten beiden empfunden werden, um so intensiver lebt man in der letzten. Aber selbst *die idealste und liebevollste,*

verständigste Familie läßt in ihrem Rahmen keine Möglichkeit
für die erzieherischen Werte der Jugendgemeinschaft.

Es ist unmöglich, die Faktoren und komplizierten Gesetze des jugendlichen Bedürfnisses nach Gemeinschaft klarzulegen. Nur Eines – schon einmal angedeutet – sei erwähnt: es gibt den vierten prinzipiellen Einwand gegen die Erziehung der Jugend in der Familie. Der Zustand, den man als Pubertät bezeichnet, ist in einem gekennzeichnet, daß Gefühle, Wünsche, Gedanken in ihm plötzlich anders bewertet werden als bisher. Die erotischen Erscheinungen nehmen plötzlich eine ganz neue Intensität, Gewalt an und werden zugleich als niedrig empfunden, als tierisch, körperlich, bös gegenüber dem rein Menschlichen, dem Geistigen, Guten, Lichten. Und zugleich erhält auch dieses Geistige eine neue Gewalt, einen unendlichen Wert. Im Grunde ist vielleicht die ganze seelische Mannigfaltigkeit des nun folgenden Jahrsiebents bezeichnet durch die Formel: Kampf dieser beiden Prinzipien, wobei im allgemeinen instinktiv das Geistige als das Erwünschte, Hohe bewertet wird. Man mißverstehe mich nicht, als glaubte ich, die Vielheit hier auf ein Schema gebracht zu haben. Aber vielleicht habe ich eine, doch eine wichtige Tendenz der jugendlichen Seelenstruktur benannt. Die Jugend will diesen Kampf heroisch führen, d.h. im Sinn des geistigen Prinzips. Und dazu bedarf sie der Hilfen. Die großen geistigen Schöpfungen in Kunst, Philosophie, Religion, Wissenschaft sind ihr solche Hilfen, wenn sie sich ihnen rezeptiv oder produktiv gegenüberstellen kann. Sie genügen aber nicht. Denken und Tun ist ursprünglich der Jugend eins. Weil ihr nun die Ideen „gut, wahr, schön, Gerechtigkeit, Freiheit" als neue Erlebnisse und als wertvollste „Hilfen" im Zentrum ihres geistigen Lebens stehen, so hat sie auch die Tendenz, sie darzustellen. Gleich und ganz. Sie will sofort gerecht, frei, wahrhaftig ... sein. Und absolut, ohne Kompromiß. Das Geistige im einzelnen ist zu schwach, es geht unter, vor allem weil er heute von nirgends her eine wahre Bestätigung seiner Eigenart bekommt. Der Familie wird er unbequem, verrückt, unpraktisch; die Schule kommt nicht in Betracht; eine andere Gemeinschaft ist nicht vorhanden, so entsteht die Sehnsucht nach dem Führer und der adäquaten Gemeinschaft. Der Führer ist jener Mensch, von dem ein 16jähriger schrieb: „... O daß ein Herrscher in das sanfte Fließen meiner Seele träte, der mit den Blicken eines Freundes, mit Gebärden eines Führers sie zu Wildbewegtsein zwänge und zu festem Schaffen!" Zuweilen kann der Vater oder die Mutter so führend sein. Aber dies muß Ausnahme sein. Man mache sich doch klar, daß dieser Führer im Äußern und in der Tat heroisch sein oder doch immer scheinen muß; wie wenigen ist das wirklich gegeben. Es ist nicht leicht, dem Idealbild Alexander, Goethe oder Iphigenie standzuhalten beim Nachtmahl und im Morgengewand. Meistens aber findet man unter den Lebenden den Helden überhaupt nicht, „dem man die Wege sich nacharbeitet zum Olymp". Und so fühlt man sich im Wichtigsten, in der Lebensgestaltung, führerlos, ohne Erziehung. Die kleinen Maßregeln und Maßregelungen des Familienlebens vermögen dies nicht zu ersetzen.

Eine Gemeinschaft von Jugendlichen könnte es, die sich diese Selbsterziehung zur Aufgabe setzte; diese Gestaltung des Lebens nach dem Geistigen; nach selbstgedachten Gesetzen; *diesen Willen zur ernsten Lebensgestaltung vermag die Familie im allgemeinen nicht zu befriedigen, sie läßt ihn verkümmern oder ausarten.*

Das sind keine Vorwürfe, es sind Einsichten. Aber daraus könnte man einen Vorwurf machen, daß all jenes nicht leicht eingesehen wird. Es erscheint mir so klar, daß ich mich fast schäme, es zu sagen: Eine Familie besteht aus Kindern, Jugendlichen und Erwachsenen; sollte sie der Jugend entsprechen, so müßten die Erwachsenen und Kinder sich den Jugendlichen *anpassen*; aber Stunde für Stunde verlangt man, die Jugendlichen sollten sich den Erwachsenen anpassen. Und wirklich ist auch nur das letzte möglich, denn die Jugend ist bildsam, und die Erwachsenen haben die Macht. Welches sind aber ihre Mittel? Ehemals war die Familie eine Arbeitsgemeinschaft. Die Eltern, die nächsten Verwandten zuweilen, die Kinder, eventuell auch noch Lehrlinge und Gesellen waren zu gemeinsamer Arbeit vereinigt. Daß diese Arbeit nötig, für das Leben jedes einzelnen nötig war, war ohne weiteres einzusehen. Alle Einrichtungen der Familie und des täglichen Lebens flossen aus dieser *sichtbaren*, in ihrer Notwendigkeit verstandenen Arbeit. Sie war ein sinnvoller Zusammenhang. Der Heranwachsende hatte eine Tätigkeit in ihm, war wertvoll. Der Vater war selbstverständliche Autorität, als Besitzer der Produktionsmittel, als geschicktester, erfahrenster Arbeiter, als Arbeits*leiter*. Die Anschauungen des Vaters waren aus denselben Bedingungen erwachsen wie die des Sohnes, sie waren darum wesentlich ähnlich: es herrschte Tradition. Diese Familie hatte mit ihrer Strenge und Zucht so etwas wie heroischen Lebensstil. Sie war eher jugendgemäß.

Die heutige Familie ist aber wesentlich anders gebaut; sie besteht im allgemeinen kaum in mehr als im ausruhenden Beisammensein. Ihre Glieder lernen sich fast nur im Zustand der Arbeitslosigkeit, der Abspannung kennen. Ihr Beieinandersein hat eigentlich keinen anderen Sinn als einen gefühlsmäßigen, weichlichen, bequemen. Und zwar – selbstverständlich – ist sie geordnet nach der Bequemlichkeit des Vaters oder der Eltern. „Wenn ich zu Hause bin, will ich meine Ruhe haben" ist ihr Symbol. Der Schüler lebt in ganz anderen Bedingungen als der Vater, er hat also ganz andere Meinungen und Ansichten als er, und das verschärft den natürlichen Gegensatz der Generationen. Weit entfernt davon – im allgemeinen –, Tradition zu entwickeln, erzeugt sie Reaktion des Jugendlichen gegen die Erwachsenen. Die Autorität der Eltern wird geringer, der Familienzusammenhang schwächer. Das muß man als historische Tatsache, als soziale Tendenz hinnehmen. Und weil man eigentlich fühlt, wie ungerecht und inadäquat die Forderungen der heutigen Familie an die Jugend sind, wird man milder, nachgiebiger und vermindert seinerseits die Festigkeit des Zusammenhangs. Alles ist so lässig, so bequem, so ganz aus dem Materiellen bestimmt, daß die *gesunde* Jugend daran leidet. Und wo man etwa versucht, dem durch Strenge abzuhelfen, da verfehlt man das Wichtigste. Denn diese Strenge wird nicht als Stil, nicht als Erziehung empfunden, sondern als Willkür, als Hemmung.

So ist die heutige Familie durchschnittlich überhaupt nicht imstande, in einem höheren Sinn zu erziehen. (Ich rede von der Familie als Institution, nicht von der Wirkung einzelner Eltern auf eines und das andere ihrer Kinder, wie es oben geschildert wurde.) Sie muß Straf- und Zwangsmittel – von der wissenschaftlichen Pädagogik ausnahmslos gering bewertet – anwenden, um *sich selber zu erhalten* für ihre wirtschaftliche Aufgabe und in ihrer bequemen Lebensführung. Sie versucht durch verschiedenste Mittel, den jungen Menschen zu ändern, damit er in ihre Einrichtungen passe, und zwar auf Kosten *seines eigenen Besten*, zum Beispiel Kaffeetisch statt Skifahrt. Was sie aber wirklich erreicht, sind nur *Handlungen* oder *Unterlassungen*, die sie wünscht. Die *Gesinnung* kann nicht verändert werden durch die Mittel, die ihr zur Verfügung stehen. Und so verdirbt sie unter Umständen den Charakter, indem sie zwingt, anders im geheimen zu denken, anders offen zu handeln.

Noch ein Letztes muß bedacht werden, um die vielfach verschlungenen und verwickelten Verhältnisse zu verstehen, die hinter der leichtfertigen Behauptung von der Familie als der besten Stätte der Jugenderziehung liegen. Das Kind liebt im allgemeinen Zärtlichkeit in irgendeiner Form, der Jugendliche lehnt sie mindestens eine Zeitlang ab. Dieser Umschwung beginnt in jener geschilderten Zeit, er ist ein Wesenszug der neuen, der jugendlichen Seelenstruktur. Die Familie ist dem Kinde, ebenso wie aller Welt gegenüber, zärtlich, behaglich eingestellt und bleibt es auch dem Heranwachsenden gegenüber. Je intensiver diese Haltung seiner Umgebung, um so intensiver seine Ablehnung. Was dem Kind unentbehrliche Mutterliebe war, wird dem Jugendlichen unerwünschte Liebelei. Mit der Zärtlichkeit wird oft auch die zärtliche Person abgelehnt. Es entsteht hier eine Zeitlang eine oft energische, halbbewußte, manchmal auch bewußte und dann mit Scheingründen belegte Einstellung gegen Vater oder Mutter. Diese haben von nun an gegen den Strom zu schwimmen. Sie haben einen Widerwilligen zu erziehen, eine Aufgabe von einer nicht zu schildernden Schwierigkeit. Und außerdem haben sie nicht bloß einen

Renitenten, sie haben auch meist einen Maskierten vor sich, der mit keiner Miene verrät, was er eigentlich denkt. Es fehlt jede Möglichkeit, die „Erziehungsmaßregel" auf ihre Wirksamkeit zu prüfen; außer man begnügt sich mit dem Äußerlichsten.

Soll ich noch von den Geschwistern, vom Hauspersonal, den Verwandten reden, um das Chaos von unkontrollierten Wirkungen aufzuzeigen, das völlig undurchsichtig, für die Jugend sinnlos und willkürlich, ohne Stil des Lebens, als die ausschließliche Erziehungs*institution* bezeichnet wird, wo in Wahrheit nur *einzelne Personen* in ihr im günstigen Fall von hohem erzieherischen Werte sind? Aber all das und ähnliches sind bloß Tatsachen, es beweist nur, was die heutige Familienerziehung nicht kann. Es könnte daraus gefolgert werden eine *Reform* der Familienerziehung. Vielleicht haben die recht, die in diesem Sinne denken. Die Jugendkulturbewegung fordert die Jugendgemeinde, weil in ihr allein der einzelne Jugendliche ein Leben führen kann, das seiner Eigenart gemäß ist, und *weil die Jugendgemeinde eine unersetzbare Aufgabe in der Kultur zu erfüllen vermag. Sie ist der Ort, an dem die jugendliche Begeisterungsfähigkeit und jugendlicher Kulturwille permanent, eine Gesellschaftsinstitution werden.*

Der Orden der Jugend

Noch sind wir weit entfernt von der Zeit, wo die Freie Schulgemeinde – irgendeiner Art – das allgemeine Erziehungsinstitut für die ganze Jugend sein wird.

Man liebt es, dies als letztes Argument gegen die Idee der Jugendkultur anzuführen. Als allgemeine Erscheinung sei sie utopisch, als Einzelfall belanglos oder gar antisozial. Man vergißt dabei, daß man ein Argument *für* die Jugendkulturbewegung allen jenen gibt, die überzeugt sind, daß in der Idee der Freien Schulgemeinde die Richtung liegt zu einer Lösung des Problems der Jugenderziehung, des kulturgemäßen Jugendlebens. Wem dies feststeht, für den folgt daraus nichts anderes als die Notwendigkeit, mit allen Mitteln der Wissenschaft die Bedingungen eines solchen Jugendlebens und die Hindernisse, die sich seiner Verwirklichung entgegensetzen, zu erforschen und mit Umsicht und Konsequenz viele Hindernisse wegzuräumen und jene Bedingungen zu schaffen. Wenigstens es zu versuchen. Daß mit diesem Willen eine Arbeit, ein Kampf auf Jahrzehnte begonnen ist, wenn man will auf ewig, ist niemandem unklar geblieben; denn niemals war es so, daß das Bild einer Zukunft Wahrheit wurde so, wie es im Kopf eines einzelnen oder einer Gruppe von Menschen lebte. Jeder sieht bloß ein Stück des großen Zusammenhangs und denkt sich den Kreis nach diesem Stück ergänzt. Aber, und dies ist eben so wahr wie jenes andere, er *sieht* ein Stück der Gegenwart und somit eines der Zukunft. Es ist, als wollte man den mutigen Wanderer hindern, die höchsten Gipfel zu erklettern, weil ihm doch keiner den ganzen Erdkreis zeigen wird. Ein jeder steige so hoch, als ihn seine Kräfte tragen, und schaue, so scharf und weit er vermag, von *seinem* Berg in die Ferne: es schließen sich gewiß irgendwie die Ausschnitte zum ganzen Mosaik der Welt.

Es kann heute noch nicht ein System der Einrichtungen gegeben werden, die die Jugend und ihre Freunde finden werden, um jene Idee einer allgemeinen Jugendkultur zu verwirklichen. Nur so viel scheint sicher, daß es allgemeine gesellschaftliche Tendenzen sind, die auch hier um einen Ausdruck ringen. Was die Jugendkulturbewegung will, das setzt voraus die Erfüllung so manchen Programmpunktes der Frauenbewegung, des Sozialismus, der allgemeinen Bünde für Kultur oder Ethik, so mancher nationalen und religiösen Körperschaft. Mit einer überwältigenden Macht, gegen die kein Räsonieren eines einzelnen hilft, sehen wir auf der einen Seite die Frauen sich aus dem Familienzusammenhang loslösen, auf der anderen Seite die Jugend sich in großen Organisationen (Pfadfinder, Wandervogel, katholische Kongregationen, nationale und sozialistische Vereinigungen) finden, um so mit unwiderstehlichem Ansturm ihren Anteil am tätigen Leben der Gegenwart, ihr Recht auf eigene Lebensgestaltung zu erobern; und dann, ebenso unaufhaltsam, die Tendenz auf Abschaffung der Kinderarbeit, auf

Einschränkung der Arbeit der Jugendlichen; auf allen Seiten „Besserung der wirtschaftlichen Lage, Hebung des moralischen Niveaus, körperliche Ertüchtigung der Jugend". Und zuletzt das Sehnen nach einem neuen Lebensinhalt, nach Ehrfurcht, Kultur, Religion. All diese Bestrebungen und Richtungen finden einen Sammelpunkt in der Jugendbewegung in dem Sinne, daß sie entweder die unentbehrlichen Voraussetzungen für sie oder ihre sinngemäße Anwendung auf einen Teil der Menschheit, die Jugend, darstellen. Umgekehrt bietet sich ihnen hier sozusagen von selbst die Lösung des Problems: „Wie gewinnen wir die Jugend für unsere Idee?" und zwar so, daß sich ihnen eine Jugend anbietet, nicht als Masse, die man sich nachschleppt, um Gewicht zu erhalten, sondern als gestalteter Organismus, der bereit ist, jene Ideen in sich aufzunehmen, für sich auszugleichen und so in der Gegenwart und für die Zukunft lebendig zu machen. Darum dürfen wir die sichere Überzeugung haben, daß diese Bewegung der Jugend nicht zum Stillstand kommen wird. Denn sie sammelt zum mächtigen Strom all das, was einzeln gegen die allgemeine Richtung unserer Zeit, vielleicht schon einer vergangenen Zeit, treibt und fließt. Und so steht die Jugend tatsächlich in gewissem Sinne vor der Aufgabe, „Politik" zu machen, d.h. für ihren Teil zu versuchen, jene gesellschaftlichen Tendenzen in öffentliches Recht umzusetzen. Man wird sicherlich in naher Zeit wie von selbst (und daran werden keine polizeilichen Verbote oder Resolutionen etwas ändern können) eine Kampfgemeinschaft aus ihr erwachsen sehen mit der Aufgabe, hier und dort, bei der Jugend und bei den Erwachsenen, eine Veränderung der öffentlichen Meinung, eine Beeinflussung des öffentlichen Willens herbeizuführen; im Sinne jener Idee, welche die Kultur zu fördern verspricht, indem sie der Jugend ihren Platz darin anweist.

Aber im Grunde ist diese Organisation eine unjugendliche, ja selbst eine äußerst gefährliche Form, die zu wagen auf alle Fälle nur der unternehmen kann, der bis auf das letzte davon überzeugt ist, daß bei dem heutigen Erziehungswesen und bei der heutigen Wirtschaftsform die

Jugend zu einem unwürdigen und kulturlosen Leben verurteilt ist, und der erkannt hat, daß dies weder im Wesen
der Jugend noch im Wesen der Kultur begründet ist, sondern vielmehr in der relativen Zufälligkeit einer verge-
henden Gesellschaftsordnung und der Trägheit ihrer Institutionen. Darum wird es immer nur ein ganz geringer
Bruchteil der Jugend sein, der geradezu mit bewußtem
Verzicht auf die Möglichkeit [jugend-]gemäßen Lebens
sich in die Reihen dieser Kampfgemeinschaft stellen
wird. Die große Menge der Jugend und vor allem die Jüngeren, besonders die Schüler, werden außerhalb stehen,
oder besser: sie werden hinter ihr stehen.

Für diese breite Masse der Jugend ergeben sich ganz
andere Forderungen und Notwendigkeiten. Mit dem wil-
ligen Verzicht auf eine freie und adäquate Lebensführung
und der matten Hoffnung, daß künftige Evolutionen
künftigen Geschlechtern ein würdiges Leben bringen
werden, können sich die wenigsten begnügen. So wie es
heute beginnt, so wird es je nach der Schnelligkeit, mit
der diese neuen Ideen in die Mengen dringen, früher oder
später sich fortentwickeln, daß einzelne – erfüllt von dieser Vision eines künftigen Jugendlebens, erfüllt von dem
Gedanken einer klar begriffenen, stark gefühlten Mission
der Jugend in der Kultur – bemüht sein werden, sofort an
ihrem Teil sich in einem engen Kreis die Möglichkeiten
zu schaffen, den höchsten Werten zu dienen, sie aufnehmend und sie im täglichen Leben auswirkend. Immer
mehr bilden sich Sprechsäle und Gruppen dieser Art, immer mehr beginnen Einzelne, in den vorhandenen größeren Organisationen ihren neuen Geist durchzusetzen.
Und so bildet sich ganz langsam, aber mit sicherem Fort-
schreiten, eine Art unorganisierter Orden der Jugend, der
auch eine Art Kampf führt. Nicht den Kampf mit der
Presse, in der Protestversammlung, sondern die stille Arbeit im engen Bereich, die Arbeit an sich und an den
Freunden, getragen von dem befriedigenden und antrei-
benden Gefühl, in einem, freilich nicht nach außen bezeichneten Zusammenhang zu stehen, in ihm Wert und
Sinn durch Tätigkeiten zu haben.

Überdies beginnt ein Neues sich zu gestalten. Die er-

sten Versuche werden gemacht mit wirklichen Jugendgemeinden, nicht mehr jenen Ideengemeinschaften Unbe-
kannter, sondern wirklichen *Lebens*gemeinschaften von
solchen, die miteinander arbeiten. Noch ist es zu früh,
darüber zu reden. Nur so viel muß gesagt werden, daß
in diesen ersten Versuchen eine Möglichkeit liegt für eine
befriedigende Lösung jener Antithese Gegenwart und
Zukunft, Jugend und unjugendliche Form. Es ist möglich,
gleich jetzt bei dem gegenwärtigen Schulzustand und
dem gegenwärtigen Familienwesen für jenen Teil des täglichen Lebens, den die Anforderungen von Schule und
Haus freilassen, ein Fragment, eine Antizipation einer
künftig vielleicht erfüllten Idee zu gestalten. Diese Jugendgemeinden mag man im großen Umfang als Häuser
denken, in denen Studenten und Schüler leben, deren Eltern auswärts wohnen oder deren häusliche Verhältnisse
ein Zusammenleben nicht ermöglichen. Zu gewissen
Stunden des Tages sind eigens dazu bereitstehende Zimmer den Schülern und Studenten der Stadt, soweit sie
Glieder der Gemeinde oder deren Gäste sind, geöffnet.
Und nun entfaltet sich hier ein Leben, das nach außen
vielleicht ganz ähnlich ist dem, was Schülervereine verschiedenster Art seit je zu schaffen versucht haben. Was
aber der Einrichtung darüber hinaus Wert gibt, ist der
Geist, der in ihr herrscht, in dessen Dienst das Leben der
Mitglieder steht, der von ihnen in der Gemeinde gestaltet
wird, und der dann ausstrahlen wird auf das Leben in
Schule und Haus außer ihr.

Hier sind wir wieder an einem Punkt, an dem die Gegner ein anscheinend unwiderlegliches Argument zu haben scheinen. Hier wird man einwenden: So kommt es
zuletzt darauf an, wie die Leiter der Gemeinden sind. Das
war immer so: Wo wertvolle Menschen waren, lebte ern-
ster Wille. Wenn die Stumpfen und Rohen sich in einer
Gemeinde dieser Art sammeln, so ist sie unweigerlich der
Stumpfheit und Roheit verfallen. Darauf ist zu sagen, daß
dies richtig ist; und falsch zugleich, weil andererseits –
und das ist der wesentliche Unterschied einer solchen Organisation von einer anderen – hier von vornherein ga-
rantiert ist, daß *jene* herrschen werden, die den besten

Willen haben, und jene sich wandeln werden oder entfernen, die anderes anstreben; denn es wird sich von vornherein in diesen Organisationen nur sammeln, was unbefriedigt ist im gegenwärtigen Zustand. Alle jene, die zu wenig Lebendigkeit, Geist, Ernst und Ehrfurcht in ihrer Umgebung finden. Das ist schwerlich zu erwarten, daß irgendwann einmal dieser Sinn in der Jugend erstirbt oder sich vermindert. Denn all jenes ist, wenn man es durchaus nur so begreifen will, Pubertätserscheinung. Im Gegenteil, es werden sich jene Eigenschaften überall dort mehren, wo die Jugend ihnen leben kann, sich in ihnen bestätigt fühlt, wo sie diese Eigenschaften als ihre wertvolle, unersetzliche Eigenart empfinden wird. Das beklagt man ja allerorten, daß die Großstadtjugend blasiert und stumpf geworden sei, und das rechnet man auch der Freideutschen Jugend als höchstes Verdienst an, daß sie diese anderen gesammelt und vermehrt hat. So wird es auch mit den Jugendgemeinden sein, die gar nichts anderes darstellen als den Versuch, die Tat der Freideutschen Jugend zu erweitern, indem sie weitere Kreise der Jugend und größere Teile ihres Lebens zu organisieren unternehmen. Das wird auch schwerlich den Geist des Ordens der Jugend trüben, daß er in seinem innersten Wesen nach Universalität drängt und daß er sich nicht begnügt mit instinktiv empfundener Art und mit einem Leben als Selbstzweck.

Dieses bleibt eine Frage an die Zukunft, welche Wege im einzelnen die organisierte Jugend gehen wird, welche Umwege man sie treiben wird. Sie hat zwei Arten von Feinden, jugendliche und erwachsene. Mit den *jugendlichen* fertig zu werden, wird ihr nicht leicht gelingen; im Grunde ist das aber doch nur eine Frage der Zeit; denn es kommt nicht auf die Quantität der Organisierten an, sondern es fragt sich, ob sich alle finden werden, die einander suchen; und das scheint fraglos. Ebenso freilich, daß nicht alle von 15 bis 25 dies suchen. Immer wird eine große Masse übrig sein, die indifferent oder aus eigenem Unverstand oder fremdem Mißverständnis mit Haß entgegenstehen wird. Man wird sie leben oder aussterben lassen. Unter den *Erwachsenen* sind die gefährlicheren

Feinde. Es liegt nicht in ihrer Macht, die Jugendkulturbewegung auszurotten, wenn man vom Namen, von den gegenwärtigen Mitarbeitern, von den gegenwärtigen Formen absieht. Es sei denn, man entschlösse sich, die Jugend oder die Kultur auszurotten. Sie können auch das Wachsen der Bewegung nicht verhindern; denn heute, wo Bücher und Zeitungen in die entferntesten Winkel dringen, ist es ausgeschlossen, jene unorganisierte, jene „geheime" Ideengemeinschaft zu verhindern, und wenn sie stark genug geworden ist, so findet sie ihre Formen. Vielleicht nicht in Deutschland zuerst, sondern in einem anderen Land (in fast allen sind in den letzten Jahren ähnliche Ideen und Organisationen aufgetaucht, und man beginnt, sich gegenseitig durch Übersetzung und Kongresse kennen zu lernen). Aber eines *können* diese Feinde, und das wäre mehr als eine Vernichtung. Sie können mit solchem Druck, mit solchem Mißverständnis, verkehrtem Haß sowohl als mißverstandener Freundschaft, mit solcher Beschränktheit dieser fordernden Jugend gegenübertreten, daß sie zum Kampf bis aufs äußerste gezwungen wird. Und wenn es einmal in einer Generation so weit kommt, daß auch die Stillsten und Besten, vielleicht mit heroischem Opfer, sich in den Kampf stürzen, dann mag es sein, daß nicht nur für diese Generation, sondern für eine lange Zeit die Jugend in falschen Bahnen sich wird bewegen müssen.

Hier können nur die wirklichen Freunde der Jugend unter den Erwachsenen helfen. Und zwar zunächst nur in dem Einen, daß sie mit gutem Glauben an die Ehrlichkeit, an die Kraft und den Willen dieser neuen Jugend sie kennen lernen und für sie wirken. Organisationen dieser Art haben sich noch kaum gebildet, vielleicht sind sie verfrüht, vielleicht sind sie unmöglich. Aber die Einzelnen wirken in ihrem Kreise. Daß es mehr Einzelne werden, darauf kommt es an; denn schon ist tatsächlich in manchen Orten so etwas wie ein Kriegszustand, wie ein organisierter Haß gegen die neue Jugendbewegung entstanden. Man lese, was Landtagsabgeordnete in Bayern, Preußen und Baden gesprochen haben; man lese, was Redakteure und Korrespondenten in den Zeitungen geschrieben haben; man höre, was die Mittelschullehrer in ihren Versammlungen gesprochen haben – und man wird erschrecken vor dieser grotesken Leidenschaft, Wut und Beschränktheit. Und man wird verstehen, daß früher oder später ein solcher Druck einen ähnlichen Gegendruck erzeugen wird. Es ist zu fürchten, daß die Jugend, nur allzu gerne nachahmend und nur allzu bildsam, von ihren Erziehern lernen könnte. Man vergegenwärtige sich, wie es wirken mag, wenn in vielen Jahren kaum ein einziges Mal diese strebende Jugend mit Ernst oder mit wirklicher Achtung *begrüßt* wurde. (Man hat sie entweder beonkelt oder verlacht.) Oder wenn zum Beispiel in der Redaktion des „Anfang" sich in einem Jahr eine Flut von etwa hundert Zeitungsartikeln angehäuft hat, voll von Haß und widerlicher Entstellung.

Dieses Verständnis ist am ersten von den Frauen zu erwarten, nicht weil in den Gesetzbüchern nebeneinander die Frauen, die Unmündigen und die Schwachsinnigen stehen, sondern weil sie, freilich in anderem, höherem Sinne als der Gesetzgeber meint, der Jugend wirklich nahe stehen, in unserer Zeit vielleicht noch mehr als in irgendeiner vergangenen. Darum ist diese Schrift ihnen gewidmet.

ÜBER DEN BEGRIFF DER JUGEND

(1915)

Vorbemerkung

Die vorliegende Arbeit über den psychologischen Begriff „Jugend" ist ein Kapitel aus einem noch unvollendeten Buch über den Begriff der Jugend. Die Aufgabe, die wir uns in ihm gestellt haben, ist, die mannigfaltigen Phänomene, die der Sprachgebrauch mit dem Wort „Jugend" zusammenfaßt, wissenschaftlich zu erfassen.

Wir sind der Meinung, daß das Erziehungswesen so lange den Ansprüchen einer wissenschaftlichen Pädagogik nicht genügen kann, als es sowohl in einer Gesamtorganisation, seiner Eingliederung in die bestehende Gesellschaftsordnung, als auch in seinen einzelnen Teilen und in der Tätigkeit aller seiner Organe von Einflüssen bestimmt wird, oder auch nur affiziert ist, die unerkannt und also unkontrollierbar und in ihrer Wirkung unabsehbar sind.

Wir halten es also für nötig, daß alle diese möglichen und wirklichen bestimmenden Faktoren der Realität des Erziehungswesens wissenschaftlich untersucht werden. Sie zerfällt in zwei große Abschnitte: in die Lehre von der Jugend und in die Lehre von der gesellschaftlichen Wurzel der Erziehung. Die Kenntnis des physischen und psychischen Organismus der Jugend ist die Grundlage der Pädagogik. Sie darf freilich nicht allein für sich stehenbleiben, sondern sie muß als gleichwertiger Teil und als Ergänzung neben eine wissenschaftliche Erkenntnis der tatsächlichen und möglichen Arten von Reaktionen der erwachsenen Gesellschaft auf diese jugendliche Eigenart gestellt sein.

In unserem Buch versuchen wir, zum erstenmal die vorhandenen Arbeiten über die genannten beiden Problemkreise zu werten, indem wir an sie den Maßstab legen, ob sie hinreichen, uns einen geschlossenen, einheitlichen Begriff von Jugend als psychologischem und soziologischem Phänomen zu geben. Dieser Versuch zeigt vor allem, was in solcher Hinsicht noch zu tun übrig ist. Wir versuchen zuletzt, Methoden vorzuschlagen, die es ermöglichen sollen, bisher der Wissenschaft unzugängliche Fragestellungen zu lösen.

Die vorliegende Arbeit stellt das psychologische Kapitel jenes größeren Ganzen dar. Die beiden alle bisherigen Ergebnisse der Jugendpsychologie zusammenfassenden Werke von Stanley Hall und Ernst Meumann werden nach dem oben angegebenen Grundsatz kritisiert; es werden ganz kurz einige Methoden psychologischer Forschung skizziert, die das Werk dieser beiden fortführen sollen; und zuletzt wird ein hypothetischer Ausblick auf eine mögliche künftige Theorie der Jugend geboten. Der Zweck des letzteren ist, den bisher geübten Methoden und den neu vorgeschlagenen ein Substrat für ihre Erprobung zu geben; denn indem wir selbst (und vielleicht auch manche andere) in den künftigen Arbeiten, die zu unternehmen uns gegönnt sein wird, untersuchen werden, ob jene Hypothese, die zunächst nichts anderes darstellt als einen „Einfall", reale Zusammenhänge erkannt hat, werden nicht allein diese selbst festgestellt werden im Sinne jener Hypothese oder auch vielleicht als ihre Widerlegung, sondern die Methoden werden im Gebrauch ihre Fehler erweisen und so die Möglichkeit zu einer immer wachsenden Vervollkommnung der Psychologie [mit sich] führen. Und dies wäre nach unserer Überzeugung gleichbedeutend mit dem Fortschritt der Pädagogik als empirischer Wissenschaft.

Verzeichnis der zitierten Schriften[1]

(1) Giese, Fritz: Bibliographie der Jugendliteratur. In: Der Säemann V (1914), H. 4, S. 150–154.

(2) Der Anfang. Zeitschrift der Jugend. Hrsg. von Georges Barbizon und Siegfried Bernfeld. 1. u. 2. Jg., Berlin/Wien 1913/14.

(3) Freideutsche Jugend. Zur Jahrhundertfeier auf dem Hohen Meißner 1913. Jena 1913.

(4) Mitteilungen aus dem Wandervogelleben. Herausgegeben für die Führerschaft. Hrsg. von Günther Herricht und Werner Firle. 1. Jg. 1912, Nr. 1 (Oktober); ab Nr. 3 (Dezember 1912) u.d.T.: Der Führer. Mitteilungen aus dem Wandervogelleben. Ab Jg. 2, Nr. 1, April 1914, hrsg. von Werner Dahmer und Walter Peter, u.d.T.: Der Führer. Mitteilungen für den Wandervogel.

(5) Die ersten fünf Semester der Freischar zu Freiburg [i. Br.] Sommersemester 1911 bis Sommersemester 1913. (Sammlung Freischar-Chroniken, 4. Bd.) o. O. (= Freiburg i.Br.) 1914.

(6) Die Pachantei. Meinungsaustausch der Wandervögel. Hrsg. von Kurt Schulz und Fritz Cotta. Leipzig 1914.

(7) Aus der Jugendbewegung. Hrsg. von Berthold Glanz. 1. Jg. 1914, Wiener Zionistische Vereinigung.

(8) Hölderlin, Friedrich: Gesammelte Dichtungen. 1. Bd., Stuttgart 1898.

(9) Hall, George Stanley: Adolescence. Its Psychology and its Relations to Physiology, Anthropology, Sociology, Sex, Crime, Religion and Education. 2 vol., New York/London 1904.

(10) Meumann, Ernst: Vorlesungen zur Einführung in die experimentelle Pädagogik und ihre psychologischen Grundlagen. 3 Bde., Leipzig ²1911–1922.

(11) Giese, Fritz: Das freie literarische Schaffen bei Kindern und Jugendlichen. (Zeitschrift für angewandte Psychologie und psychologische Sammelforschung, Beihefte 7.) Leipzig 1914.

---

1 Im folgenden zitiert Bernfeld diese Schriften durch Angabe ihrer Nummer in dieser Bibliographie und mit Seitenangabe. [Hg.]

Einleitung
Über den naiven Begriff von Jugend

Das Wort „Jugend" ist in zweierlei Sinn im allgemeinen Gebrauch. Es bezeichnet einmal eine ungefähre Altersschicht, das andere Mal ist es die Bewertung für gewisse Komplexe von Eigenschaften. Innerhalb dieser beiden großen Grenzen wird Mannigfaltiges und Widersprechendes durch die Worte „Jugend" und „Jugendlichkeit" ausgedrückt. Ebensogut meint man damit die Lebenszeit bis zum 15. oder 16. Jahr wie die bis zum 25., und man tut dem Sprachgebrauch wenig Zwang an, wenn man vom 35jährigen „jungen Goethe" spricht. Jugendlichkeit wird einmal als Essenz des Lebens gepriesen, so daß der reife Mann ausruft: „Gib mir meine Jugend wieder!" und daß alternde Männer und Frauen von sich nichts Rühmenswerteres zu sagen wissen, als daß sie hoffen, sich ihre volle Jugendlichkeit bewahrt zu haben. Ein andermal gilt Jugendlichkeit als der Inbegriff des Unreifen und Unzulänglichen im Geistigen wie im Psychischen.

Man würde irren, wenn man dieses Schwanken zwischen den Extremen auch in diesem Fall zurückführen wollte auf die allgemeine Lässigkeit und Unsicherheit des Sprachgebrauchs. Die Widersprüche sind nur das Abbild einer unzureichenden Kenntnis des vielgestaltigen und schon an sich widerspruchsvollen Phänomens „Jugend". Zwar ist es zweifellos, daß der Sprachgebrauch (ein tiefsinniger Psychologe) heterogene Dinge nur dann durch einen Namen verbinden kann, wenn er durch ihre Verschiedenheiten hindurch eine Wesenseinheit lebendig zu spüren glaubt, und darum könnten auch wir uns weiterhin bei diesem ununterschiedenen Gebrauch beruhigen, da in ihm offenbar doch irgendein Wesentliches des Phänomens festgehalten wird, wenn wir nicht aus bestimmten Gründen gerade auf die klare Unterscheidung, auf die unterschiedliche Bezeichnung und Bewertung aller Teilphänomene der Jugend Wert legen müßten.

Überall dort, wo die Jugend das Objekt irgendwelcher Maßnahmen geworden ist, finden wir den Versuch der mehr oder minder strengen Definierung des Begriffs „Jugend". Überall dort versucht man, die Mannigfaltigkeiten des Tatsächlichen, das man naiv als Jugend zusammenfaßt, zu sondern und zu bezeichnen nach den Bedürfnissen jener Maßnahmen. So trennt das Österreichische Bürgerliche Gesetzbuch vom Zustand des vollen Rechtsbesitzes den eines teilweisen ab. Es gliedert die ersten 24 Lebensjahre in eine Zeit der Unmündigkeit bis zum 14. und eine Zeit der Minderjährigkeit bis zum 24. Lebensjahr, die ihrerseits geteilt ist in den Abschnitt bis zum 18. und nach dem 20. Lebensjahr, ohne diesen Perioden besondere Namen zu geben. Die Medizin teilt nach einem völlig anderen Gesichtspunkt die Lebensentwicklung eines Menschen nach dem Grad seiner Geschlechtsreife ein und vermag von hier aus, einer Zeit der Pubertät als der Zeit der eigentlichen Jugend die Kindheit im engeren Sinne und die Vollreife entgegenzustellen. Wenn gar die Jugend das Objekt der eigentlichen Forschung wird, gliedert sich jenes ungefähre große Ganze in eine beträchtliche Anzahl wohl unterscheidbarer, aufeinanderfolgender Stufen. So hat die Kinderpsychologie sich genötigt gesehen, die Kindheit im engeren Sinne zu zerlegen in die Zeit etwa der ersten Lebensmonate, des 1. bis 3. Jahres, des 3. bis 7. und des 7. bis 12./13. Lebensjahres.

So scheint sich gleich auf den ersten Blick durch die Einteilung nach verschiedenen Prinzipien die allgemeine Unterscheidung der Jugend in Kindheit und eigentliche Jugend zu bestätigen. Wir tun auch dem Sprachgebrauch nicht den geringsten Zwang an, wenn wir diese Unterscheidung von nun an streng festhalten, wenn wir den Bereich der Tatsache „Jugend" *nach unten* hin durch das 12. bis 14. Jahr abgrenzen. Wie weit sich diese Begrenzung vor der wissenschaftlichen Untersuchung halten wird, soll die Folge ergeben. Der Versuch, eine ähnliche Festsetzung *nach oben* vorzunehmen, scheint aber völlig unmöglich nach den Mitteln, die uns von vornherein zur Verfügung stehen; denn hier ist von einer Übereinstimmung zwischen Sprachgebrauch und Rechtswissenschaft, Medizin und Psychologie keine Rede, schon darum nicht, weil mindestens die Psychologie hier völlig versagt, indem Untersuchungen über die Zeit des Übergangs von der Jugend in die Erwachsenheit gänzlich fehlen. Um aber auch hier für die Folge Mißverständnissen vorzubeugen, sei festgesetzt, daß wir den Begriff „Jugend" nach oben abgrenzen wollen etwa mit der ersten Hälfte des dritten Jahrzehnts. Wir werden also in dieser Arbeit so lange unter „Jugend" schlechthin die Zeit vom Ende des zweiten bis Anfang des dritten Jahrsiebents verstehen, bis uns der Verlauf unserer Darstellung gestatten wird, den Begriff genauer zu fassen.

Soweit die Jugend in diesem Sinne nicht tätig im Erwerbsleben steht, ist sie in unserer heutigen Ordnung Objekt der Pädagogik. Wir dürfen daher erwarten, in der Pädagogik in höherem Maße als in der Rechtswissenschaft usw. eine genauer unterscheidende Begriffsbestimmung von Jugend zu finden. Wenn wir zunächst absehen von den Kenntnissen über Jugend, die verstreut oder systematisch angeordnet in der Literatur dieser Wissenschaft festgehalten sind, und wir die Praxis der Pädagogik in ihren großen Zügen, die in der Gesamtorganisation des Schulwesens festgelegt ist, betrachten, so finden wir die Jugend eingeteilt in zwei Hauptgruppen, die durch das 18. Lebensjahr ungefähr getrennt sind: die Mittelschul- und die Hochschuljugend. Die Mittelschuljugend[2] sehen wir in eine Anzahl von aufeinanderfolgenden Jahresklassen gegliedert, und zwar so, daß jede Klasse aufwärts eine Höherentwicklung des Intellekts und des Willens darstellt. Aus dieser tatsächlichen Organisation des Schulwesens vermögen wir die im folgenden zugrundeliegende naive „Theorie der Jugend" abzulesen: die Zeit vom 12. bis 14. Lebensjahr stellt eine stetige, gleichmäßig von Jahr zu Jahr wachsende Leiter dar. Um das 18. Lebensjahr etwa wird ein besonders intensives Wachstum angenommen, nach dem bis ungefähr zum 23. ein weniger regelmäßig ansteigender Fortschritt folgt. Dem Wesen der Sache nach ist dabei hauptsächlich die intellektuelle Entwicklung berücksichtigt, doch wird die Entwicklung

---

2 Österreichische Bezeichnung für die Gymnasiasten.

des Willens und Gefühlslebens als im allgemeinen damit parallel laufend vorausgesetzt.

Das bisher Gesagte dürfte so ziemlich erschöpfen, was im Allgemeinbewußtsein der Gegenwart, was sozusagen als naive Theorie der Jugend lebendig ist, soweit es sich gleichsam um die Morphologie, um die äußere Gliederung des Phänomens handelt. Vor die Aufgabe gestellt, nun auch mit wenigen Worten die naive Anschauung über die Art der Jugend, über ihr Wesen anzugeben, muß ich zunächst die Unterscheidung machen zwischen den naiven Tatsachenfeststellungen und ihren naiven Erklärungen. Was den Normen der Gesetzgebung und den Einrichtungen der Pädagogik zugrunde liegt, ist die allgemeine Anschauung der Jugend als eines defekten Zustandes in dem Sinn, daß man sie betrachtet als eine Zeit geringerer physischer, geistiger und sittlicher Fähigkeiten. Dazu kommt freilich die Kenntnis der Tatsache, daß andererseits die Jugend an „Lebenskraft" und an Empfänglichkeit die späteren Alter übertrifft (doch wird man gewöhnlich bei dieser Formulierung noch die Zeit bis in die dreißiger Jahre in den Begriff einbeziehen).

Die naive Erklärung für diese Tatsachen wird gefunden *einerseits* im Phänomen des Wachstums. Man nimmt für selbstverständlich hin, daß ebenso, wie der junge Mensch noch nicht das Ausmaß des erwachsenen Körpers hat, auch seine seelischen Kräfte „kleiner" sind und mit seinem Körper wachsen. Dies ist natürlich nur allgemein und nicht streng proportional gedacht. *Andererseits* verwendet man die Analogie von der Unverbrauchtheit einer neuen Maschine und vermag auf diese Weise das Problem der Ursprünglichkeit der Jugend zu lösen oder doch wenigstens zu verschleiern. Aus diesen Meinungen über die Jugend folgt die vulgäre Bewertung dieses Zustandes als eines quantitativ unvollkommenen, dem gegenüber die einzig richtige Haltung ist zu helfen, daß er ein quantitativ vollkommenerer werde.

Es ist selbstverständlich und braucht nicht ausführlich auseinandergesetzt zu werden, daß nicht jedermann das bisher Gesagte als seine eigene Meinung anerkennen wird; denn nicht nur in der wissenschaftlichen Literatur gibt es eine beträchtliche Anzahl von Arbeiten, in denen bedeutend abweichende Anschauungen vertreten oder doch angedeutet werden, sondern auch in der populären und schönen Literatur ließe sich eine Menge dieser Art nachweisen. Außerdem mag es auch noch Eltern und Lehrer genug geben, die ihr eigenes Denken zu tieferen oder doch anderen Meinungen geführt hat. Was wir aber dargestellt haben, ist das Minimum der sozusagen latenten Wissenschaft von der Jugend; ist ungefähr das, was jedermann, der noch nie über die Dinge nachgedacht hätte, gefragt, wohl aus sich produzieren würde. Zugleich ist es die stillschweigende Voraussetzung für die allgemeine Praxis des Erziehungswesens, soweit es sich dabei nicht um Tätigkeiten einzelner Personen, sondern um gegenwärtige gesellschaftliche Einrichtungen handelt.

Bisher hat man noch nicht versucht, exakt festzustellen, was denn eigentlich die Meinung der Jugend *selbst* über Art, Wesen und Grund ihres Zustandes sei. Man hat also noch nicht versucht, die naiven Anschauungen der Jugend selbst über das Phänomen „Jugend" festzustellen. Ja, man hat sogar in weiten Kreisen sich Mühe gegeben, einen solchen Versuch zu vereiteln. Und zwar weiß man zur Begründung zweierlei anzuführen: *erstlich* sei das Urteilsvermögen der Jugend zu gering, als daß man von ihr in einer so komplizierten Angelegenheit etwas Belangvolles erwarten könnte; *zweitens* wollte man diese Methode von einer Art ästhetischem Standpunkt aus verwerfen, da eine Jugend, die über sich selbst reflektiere, lächerlich, unjugendlich erscheine. Beiläufig haben manche noch ein *drittes* Argument hinzugefügt, ein ethisches: es könnte nämlich die Jugend, wenn man sie geradezu öffentlich um ihre Meinung fragte, anmaßend und eitel werden.

Es ist hier nicht die Stelle – es sind auch diese Argumente von zu geringem Gewicht – für eine ausführliche Widerlegung. Es soll nur dagegen darauf hingewiesen werden, daß mindestens in der Feststellung des Tatsächlichen die Jugend in diesem Falle allen anderen Altern darin überlegen ist, daß sie ihren Zustand *von innen* darstellen könnte. Es wird im übrigen bei einem solchen Versuch keine höhere Anforderung an die Urteilskraft gestellt, als etwa in einem Aufsatz geschähe „Meine Stimmung im Herbst". Selbstverständlich wären die Aussagen der Jugend so wenig die wissenschaftliche Lösung des Problems wie die naiven Meinungen der Erwachsenen. Aber diesen wären sie an Werte gleich.

Obwohl es nun eine solche exakte Enquête nicht gibt, dürfen wir vielleicht doch mit wenigen Sätzen auf die naiven Anschauungen der Jugend über die Jugend eingehen, da in der Zeitschrift der Jugend „Der Anfang" (2) immerhin einiges Material zu dieser Frage enthalten ist. Dies umso mehr, als ja auch über die naiven Anschauungen der Erwachsenen eine exakte Feststellung nicht besteht und wir auch hier auf gelegentliche Äußerungen angewiesen sind. Ob es sich bei jenen Beiträgen im „Anfang" um typische oder extreme Äußerungen handelt, wird im Zusammenhang mit der Kenntnis der naiven Ansichten weiter Kreise der Jugend, die der Verfasser aus seiner Jugendzeit noch frisch bewahrt hat, ziemlich sicher entschieden werden können. Bei der Darstellung der Anschauungen der Jugend können wir uns freilich nicht begnügen, wie bei denen der Erwachsenen ein kurzes Gerippe allein zu geben, da hier die konkreten Erfahrungen im allgemeinen fehlen, die das Gezeichnete als richtig erkennen lassen, sondern es ist nötig, einige konkrete Belegstellen den abstrahierten Formeln vorauszuschicken. Die Zitate sind aus beliebig ausgewählten Heften der zahlreichen gedruckten Zeitschriften der Jugend (einen ersten, sehr unvollkommenen Versuch zu ihrer Bibliographierung hat Fritz Giese [1] unternommen) ohne Auswahl entnommen, und zwar so, daß alle Stellen, die den naiven Begriff der Jugend von sich selbst beleuchten, exzerpiert wurden; bei der nun folgenden Anordnung dieser Stellen nach bestimmten Gesichtspunkten wurden mehrere Wiederholungen ausgelassen.

So sehr auch verschiedene jugendliche Persönlichkeiten oder Gruppen von ihnen verschiedene Ansichten über das Wesen der Jugend haben, in einem scheinen sie völlig gleicher Meinung zu sein: daß Jugend von besonderer Art ist und von den Erwachsenen im einzelnen oder im allgemeinen wesentlich mißverstanden wird.

(2, S. 1:) „in Jugendfragen, denen die gereifte ‚Welt' so wenig Verständnis und Interesse entgegenbringt." – (2, S. 33:) „und das Mißverständnis aufdecken zu können, das oftmals zwischen der älteren und jüngsten Generation besteht." – (2, S. 77:) „Wir fühlen uns gekränkt von solchen, die uns gar nicht kränken wollen! Denn viele unserer Lehrer sehen in uns letzterdings doch mehr als unreife Menschlein ..." Hier wird durch die besondere Ausnahme die allgemeine Regel bestätigt. – (2, S. 97:) „In einer solchen Zeit muß die Jugend sich fremd fühlen und auch machtlos." – (2, S. 99f.:) „Schule und Haus schieben unsere ernstesten Gedanken als Phrase beiseite. Unsere Furcht vor dem Oberlehrer ist fast symbolisch; er mißversteht uns beständig, erfaßt nur unsere Buchstaben, nicht unsern Geist. Wir sind furchtsam vor vielen Erwachsenen, denn sie nehmen peinlich genau, was wir sagen, aber nie verstehen sie, was wir meinen. Sie schulmeistern die Gedanken, die noch kaum in uns selber entstanden." – (2, S. 102:) „Im Laufe der Zeit sind wir von ihnen hundertfach falsch eingeschätzt und mißverstanden worden." – (2, S. 163:) „wir wollen uns einmal fragen, was uns so unvereinbar, so auf ewig von den Erwachsenen trennt. Was uns so sehr das Gefühl einer Andersartigkeit, einer großen Fremdheit, ja beinahe Feindschaft ihnen gegenüber geben kann." – (3, S. 10:) „ist mit Recht eine Empörung der Jugend gegen den Zwang der Schule und des Elternhauses genannt worden." – (4, S. 37:) „Wenn das Gemüt unserer Jungen in der Schule und zu Hause auf seine Kosten käme, hätte es keinen Wandervogel."

Ein großer Teil der Jugend begnügt sich mit der Feststellung dieser Andersartigkeit, dieses notwendigen Mißverstandenwerdens, lehnt es aber ab, das eigene Wesen weiter gedanklich zu analysieren, mit der Begründung, das Wesen der Jugend sei unbewußtes Hinstürmen (5, S. 76: „Freude am sinnlichen augenblicklichen Sein, Freude am Kampf, verbunden mit einer frischen Naivität im Denken und Handeln"). Darin liegt nun selber ein naiver Begriff von Jugend enthalten, und zwar einer, der durchaus nicht entgegengesetzt zu sein braucht dem, den die Reflexion beschreibt. Denn Reflexionen, wie sie im folgenden gebracht werden, sind zum Teil nur Auseinanderlegungen der Merkmale, die in jenem „unbewußten triebhaften Dahinstürmen" mitgedacht oder mitgefühlt sind. Nur jene, die das Wesen der Jugend geradezu in irgendwelchen intellektuellen Vorgängen oder Aufgaben sehen möchten, sind diesem Empfinden diametral entgegengesetzt. Beiden aber erscheinen die Erwachsenen im allgemeinen als hemmend, da sie den Willen haben, die Eigengesetzlichkeit des jugendlichen Denkens und Fühlens durch ihre Erfahrung zu brechen oder abzulenken. Hier mögen zwei ausführliche Beispiele, die jenen polaren Gegensatz ungefähr widerspiegeln, statt vieler stehen.

(2, S. 169:) „Die Maske des Erwachsenen heißt ‚Erfahrung'. Sie ist ausdruckslos, undurchdringlich, die immer gleiche. Alles hat dieser Erwachsene schon erlebt: Jugend, Ideale, Hoffnungen, das Weib. Es war alles Illusion. – Oft sind wir eingeschüchtert oder verbittert. Vielleicht hat er recht. Was sollen wir ihm erwidern? Wir erfuhren noch nichts. Aber wir wollen versuchen, die Maske zu heben. *Was* hat dieser Erwachsene erfahren? *Was* will er uns beweisen? Vor allem eins: auch er ist jung gewesen, auch er hat gewollt, was wir wollten, auch er hat seinen Eltern nicht geglaubt, aber auch ihn hat das Leben gelehrt, daß sie recht hatten. Dazu lächelt er überlegen: So wird es uns auch gehen – im voraus entwertet er die Jahre, die wir leben, macht sie zur Zeit der süßen Jugendeseleien, zum kindlichen Rausch vor der langen Nüchternheit des ernsten Lebens. So die Wohlwollenden, Aufgeklärten. Andere Pädagogen kennen wir, deren Bitterkeit gönnt uns nicht einmal die kurzen Jahre der ‚Jugend'; ernst und grausam wollen sie uns schon jetzt in die Frohn des Lebens stellen. Beide aber entwerten, zerstören unsere Jahre."[3]

Als zweiten zitieren wir den 27jährigen Hölderlin, der – freilich nicht mehr eigentlich jung – mit genialer Einfühlung in Jugend den Jüngling „An die klugen Rathgeber" sagen läßt (8, S. 159[4]):

Ich sollte ruhn? Ich soll die Liebe zwingen,
Die feurigfroh nach hoher Schöne strebt?
Ich soll mein Schwanenlied am Grabe singen,
Wo ihr so gern lebendig uns begräbt?
O schonet mein! Allmächtig fortgezogen,
Muß immerhin des Lebens frische Fluth
Mit Ungeduld im engen Bette woogen,
Bis sie im heimatlichen Meere ruht.
...
Was säftiget ihr dann, wenn in den Ketten
Der ehrnen Zeit die Seele mit entbrennt,
Was nimmt ihr mir, den nur die Kämpfe retten,
Ich Weichlinge! mein glühend Element?
...

---

3 Aus dem Aufsatz „Erfahrung" von Walter Benjamin (unter dem Pseudonym „Ardor").
4 Zitiert nach der Großen Stuttgarter Ausgabe, hrsg. von Friedrich Beissner, Bd. 1, Stuttgart 1943, S. 225f. [Hg.]

Drum laßt die Lust, das Große zu verderben,
Und geht und sprecht von eurem Glüke nicht!
...
Versucht es nicht, das Sonnenroß zu lähmen!
Laßt immerhin den Sternen ihre Bahn!
Und mir, mir rathet nicht, mich zu bequemen,
Und macht mich nicht den Knechten unterthan.

Und könnt ihr ja das Schöne nicht ertragen,
So führt den Krieg mit offner Kraft und That!
Sonst ward der Schwärmer doch ans Kreuz geschlagen,
Jetzt mordet ihn der sanfte kluge Rath;
Wie manchen habt ihr herrlich zubereitet
Fürs Reich der Noth! wie oft auf euren Sand
Den hoffnungsfrohen Steuermann verleitet
Auf kühner Fahrt in's warme Morgenland!

Umsonst! mich hält die dürre Zeit vergebens,
Und mein Jahrhundert ist mir Züchtigung;
Ich sehne mich in's grüne Feld des Lebens
und in den Himmel der Begeisterung...

Schon in dem bisher Gezeigten ist deutlich, daß der einzelne Jugendliche sich als wesentlich anders empfindet, und von hier aus erwächst ihm das Bewußtsein, seinen Altersgenossen innerlich näher zu stehen als den fremden Erwachsenen. Natürlich ist unter Altersgenossen nicht der Mensch des gleichen Lebensalters, sondern der des gleichen Entwicklungsalters gemeint.

Die Ansichten darüber, was nun wohl das Spezifikum dieser besonderen Art Mensch, der Jugend, sein mag, sind darum so außerordentlich mannigfaltig, weil zu den wirklichen Verschiedenheiten der Begriffe von Jugend bei verschiedenen hinzukommt das Streben, eigene augenblicklich vorwiegende Interessen in den Vordergrund zu stellen. Zudem ist auch der naive Begriff vom „Erwachsenen" nicht nur bei den einzelnen verschieden, sondern es besteht die Neigung, in ihm die negativen Merkmale als die vorwiegenden, charakterisierenden darzustellen. Nun liegt gerade darin, was von der Jugend als negativ gewertet wird, ein interessantes Mittel für den kritischen Forscher zur Erkenntnis ihrer Eigenart; aber in diesem ersten Teil unserer Arbeit kommt es uns nicht darauf an zu zeigen, was Jugend wirklich ist, sondern was sie zu sein vermeint und wie sie den Erwachsenen auffaßt.

Dies wird am deutlichsten werden in jenen Aussprüchen, in denen Jugendliche versuchen, das Wesentliche ihres Zustandes auszudrücken, d.h. also das zu bezeichnen, was sie sein oder werden wollten oder auch das, wovon sie meinen, der Jugend sei natürlich, angemessen, selbstverständlich, es zu werden. Wo etwa zu konstatieren ist, daß die heutige Jugend in der Realität diesen Typus nicht verwirklicht, wird angenommen, daß sekundäre, zufällige Einflüsse, etwa solche der Erziehung, dies verhindert haben.

(2, S. 1:) „hat kein Lebensalter einen so großen Drang nach Bildung, nach Einsicht, nach Offenbarungen als gerade die Jugend. Keines hat ein so allgemein ausgesprochenes Interesse für Kultur- und Weltprobleme". – (2, S. 42:) „der romantische *Wille* zur Schönheit, der romantische *Wille* zur Wahrheit, der romantische *Wille* zur Tat. Romantisch und jugendlich: denn dieser Wille, der dem reifen Manne Notwendigkeit und anerzogene Tätigkeit sein mag, in uns erlebt ihn eine Zeit freiwillig, erstmalig, unbedingt und stürmisch." – (2, S. 135:) „Der jugendliche Idealismus betätigt sich vielmehr *normativ*, Richtungen und Ziele schaffend, und kritisch, das diesen Zielen nicht entsprechende verwerfend und angreifend. ‚Der Geist frühreifer, absprechender Kritik' aber ... zu ihm bekennt sich die Jugend ohne viel Umstände, denn er ist höchst positiv." – (2, S. 164:) „Mir ist es, als wäre es [was das Gefühl der Andersartigkeit gegenüber den Erwachsenen ergibt] vor allem dies: daß uns ihr Leben, so wie wir sie es täglich führen sehen, so unendlich klein und werteleer erscheint, daß wir ihr *nurpraktisches* Streben, das ihr Leben wie etwas Dunkles beherrscht, für uns ganz und gar und auf ewig ablehnen müssen." – (5, S. 53:) „Zufrieden mit dem Bestehenden ist derjenige, der das jetzt Seiende werden fühlte, der das jetzt Alltägliche noch als das Besondere, als das Ideal erlebte, und der durch besondere innere und äußere Umstände dazu veranlaßt wurde, dieses Ideal aufzustellen. Der jungen Generation fehlt die Voraussetzung, um sich mit dem Seienden als Gewordenem zu begnügen. Im Werdenden, im Erstreben eines Zieles findet ihr Willen einen Gegenstand."[5] – (5, S. 55:) „Der junge Mensch handelt bis zum 17.–18. Lebensjahr im allgemeinen durchaus impulsiv. Er fragt nicht, ob oder wozu dies oder jenes gut sei, sondern er tut einfach. Er sieht nicht in die Zukunft und richtet sein Tun in der Gegenwart nicht danach ein. Die Freude am Erleben ist die Haupttriebkraft ... Wenn der junge Mensch 19–20 Jahre alt

---

5 Aus der Abhandlung „Die Grundlagen der Freischaridee" von Max Bondy, S. 53–58.

wird, verändert sich in ihm das Verhältnis von Impuls und Intellekt. Der Intellekt entwickelt sich schneller. Der Mensch kommt in einen inneren Kampf, um ein harmonisches Verhältnis zwischen Impuls und Intellekt herzustellen. Er sucht nach Ausdruck, nach Gebärde. Er sucht nach der Form, in der der Impuls zum Ausdruck kommen kann."[5] – (3, S. 16:) „Der junge Geist mit fünfzehn, sechzehn Jahren erwachend, ringt schwer nach Erkenntnis, nach Wahrheit. ...Triebe locken zur Befriedigung, der das Gefühl reinsten Glückes: über sich selbst erhoben zu werden, fehlt. Im Widerstreit dieser Triebe und der ausgelösten Lust- und Unlustempfindungen fehlt ihm der Richtungspunkt."[6] (6, S. 23:) „es ist nun einmal Eigenart der Jugend, daß sie für die Gassenweisheit, daß jedes Ding seine zwei Seiten habe, kein Verständnis hat".[7]

Die folgenden zwei längeren Abschnitte stellen eine Art von System der jugendlichen Eigenart dar, freilich mehr von der intellektuellen Richtung. Die beiden Verfasser sind ca. 18 Jahre alt, im übrigen nach allen erdenklichen Milieueinflüssen, Interessenrichtungen usw. (Nationalität) grundverschieden. Sie kennen einander nicht. (2, S. 80f.:[8]) „Die Jugend ist noch nicht, wie der größte Teil der Erwachsenen, fast ausschließlich von den Dingen des äußeren Lebens, von der Jagd nach dem Gelde, in Anspruch genommen, sie hat den ,Ernst des Lebens' noch nicht kennen gelernt, ihr Leben ist noch ganz bestimmt durch den Trieb zum Spiel. Sie will alle ihre Kräfte spielen lassen, die körperlichen und die geistigen. Es liegt ihr fern, an ihre Handlungen den Maßstab der Nützlichkeit anzulegen, das Spiel hat für sie einen Wert in sich selbst. Deshalb besitzt sie in hohem Grade die Fähigkeit, überhaupt an Dinge, die ihren Wert in sich selbst tragen, die Selbstzweck sind, – an absolute Werte zu glauben, d.h. die Fähigkeit zur Kultur. Der Weg vom Spiel zur Kunst ist nicht weit, ist doch die Kunst ihrem Wesen nach ein gesteigertes, edleres Spiel, und wenn die Jugend einmal die Kunst entdeckt hat, wird sie sich ihr mit Begeisterung hingeben, sie wird ahnen, daß die Teilnahme an den Werken der Kultur ihrem Leben Sinn und Ewigkeit geben kann.

Die Jugend ist allerdings nicht fähig, allein und ohne Hilfe eine Kultur zu schaffen, ihre Aufgabe ist es hauptsächlich, unter Führung Erwachsener Kultur aufzunehmen, und ihr Wert beruht zum großen Teil auf ihrer von Vorurteilen unberührten Aufnahmefähigkeit und ihrer Begierde, alles, was ihr wertvoll erscheint, sich zu eigen zu machen, die ganze Welt im Geist zu umfassen. Da ihre Tätigkeit durch keinen Beruf begrenzt wird, kann sie dieser Begierde ungehindert folgen und wird durch sie ganz von selbst zu Kunst und Wissenschaft geführt, weil diese ... ihre Sehnsucht nach etwas Höherem befriedigen.

---

6   Aus dem Beitrag von „Germania" – Abstinentenbund an deutschen Schulen.
7   Aus dem Aufsatz „Gedanken über Blühers Buch" von Victor Freytag im 2. Heft (April 1914) der „Pachantei".
8   Von Otto Gründler, Wickersdorf.

Diese beiden Züge sind für die Jugend charakteristisch, durch sie unterscheidet sich die Jugend von der Mehrzahl der Erwachsenen, und die aus ihnen entspringende Fähigkeit zur Kultur macht den eigentümlichen Wert der Jugend aus. Hiermit soll nicht gesagt sein, daß diese Eigenschaften allen Erwachsenen fehlen, aber fast alle Erwachsenen sind in der Hauptsache produktiv oder erwerbend, während nur die Jugend in der Hauptsache aufnehmend ist. Darauf beruht ihr spezifischer Wert."

(2, S. 131ff.[9]:) „Am Anfang der Jugend steht ein religiöses Erlebnis. Das Kind tritt in dem Augenblick in das Alter der Jugend ein, wo es sich innerlich von der Milieugebundenheit seiner Kindheit löst und sich zum ersten Mal bewußt der *Welt*, dem *Kosmos*, gegenüberstellt. Die dumpfe Ahnung vom Vorhandensein eines Kosmos, die im Kinde lebt, wächst heran zur Gewißheit; und damit ist die Geschlossenheit des kindlichen Weltbildes endgültig zerstört: für den jungen Menschen gibt es auf einmal ein *Draußen*, ein Ewiges, Ungemäßes. Er erkennt, daß das Milieu, in dem er bis jetzt vertrauend gelebt hat, nicht absolut gegeben ist; und er strebt über die ihm zu eng gewordene Umwelt hinaus und schafft sich ein Bild der kosmischen Welt.

Zunächst freilich sieht er sich dem Nichts gegenüber; das Chaos tut sich vor ihm auf. So wird diese Zeit des ersten religiösen Erlebens eine Epoche unsagbarer Verwirrung für den jungen Menschen. Man bedenke doch: alles, was dem Kinde selbstverständlich und gut war, wird dem jungen Menschen neu und problematisch, denn noch hat er keinen Maßstab, die Welt an ihm zu messen. Das Chaos in einen Kosmos zu verwandeln, dazu müßte der junge Mensch wissen, was gut und böse ist. ... In Wahrheit kann der Jugend in der Zeit ihrer Gärung überhaupt kein Mensch, nur ein Gott helfen; der Gott, den sie in sich selbst erlebt: die Offenbarung der Werte; Das heißt: keine Offenbarung von oben her, sondern eine solche, die die Jugend in täglichem Ringen aus sich selbst heraus gebiert. Sie ... arbeitet sich empor zu den Werten, deren reiner Anblick ihr nicht tödlich, nein, lebensnotwendig ist. ... Zwar tut die Offenbarung auch wehe: denn sie bringt die klare Erkenntnis vom Zwiespalt zwischen dem, was ist, und dem, was sein soll. ...

Der junge Mensch *wertet*, sein Standpunkt ist ein ethisch-kritischer. Das Kind fragt nach „Warum" und „Wozu"; erst der junge Mensch fragt: „In welchem Zusammenhang steht diese Erscheinung mit dem Weltganzen" und: „Ist sie gut?" „Ist sie böse?" – und muß sich die Antwort auf diese Fragen, wenn anders sie für ihn fruchtbar sein soll, in eigenem Ringen selbst erarbeiten. Herauszutreten aus der Bedingtheit, der Milieuwelt und mit Hilfe der Werte den Kosmos sich aufzubauen: das ist der Jugend eigenste Arbeit, ihr innerster Beruf.

So also stellt sich der junge Mensch metaphysisch dar."

---

9   Von Herbert Blumenthal, Berlin.

Was sich durch alle diese Bestimmungen hindurchzieht, ist die Ansicht, daß die Jugend im Gegensatz zum Alter sich mit ihrem ganzen Wesen irgendeinem Höheren hingibt. Einmal ist es die Kunst, einmal die Menschheit, einmal die Wertung. Heftige Konflikte verschiedener Art sind das Erlebnis, das die Jugend charakterisiert, und daß sie in diesen Konflikten instinktiv, naturnotwendig den Weg zu einem Geistigen, Göttlichen findet, „ist ihr adliges Erkennungszeichen". Wo dies bei einem oder dem anderen nicht der Fall ist, dort wird es als untypisch, als verirrt, als unjugendlich empfunden und verworfen. Diese, von der Jugend selbst als solche erkannte, empfundene, spezifische Art der Jugend wird von ihr den höchsten Werten zugezählt. Da dies aber von seiten der anderen durchaus nicht gleicherweise geschieht – und vielleicht auch aus einigen viel komplizierteren Gründen, die an dieser Stelle noch nicht erörtert werden können –, entsteht das Bedürfnis, den Wert der Jugend als einen allgemeinen Volks-, Kultur- oder Menschheitswert zu objektivieren und zu rechtfertigen. Solche Gedanken schimmern in dem bisher Mitgeteilten zuweilen durch (besonders bei 2, S. 80). Die folgenden Stellen bringen *explicite* die Jugend in Zusammenhang mit Nation und Kultur.

(2, S. 27:) „Die Jugend hat nur einen Sinn: sich zum vollkommenen Träger des Kulturgeistes zu bilden." – (2, S. 47:) „Wir kamen herangetobt als eine Horde von jungen und rassigen Germanen, die den Geist ihrer Zeit aus Maschine und Großstadt hatten sprechen hören, die sich in den Rhythmus dieser Zeit hineingestellt hatten und glaubten, kraft ihrer Jugend seien sie die berufensten Vertreter des neuen Geistes und seine Anwälte." – (2, S. 49:) „unseres Schülerabstinentenbundes, der den Beruf hat, ein prächtiges Zentrum neuzeitlichen Jugendlebens zu werden, in sich zu konzentrieren, was an unverbrauchter, ins Leben packender, aus Leben geborener Gegenwarts-Kraft, was an Lebens- und Fortschrittsenergien in dieser germanischen Jugend steckt". – (2, S. 129:) „Sie [die Jugend] möchte das, was in ihr in reiner Begeisterung für höchste Menschheitsaufgaben, an ungebrochenem Glauben und Mut zu einem adligen Dasein lebt, als einen erfrischenden, verjüngenden Strom dem Geistesleben des Volkes zuführen, und sie glaubt, daß nichts heute unserm Volke nötiger ist, als solche Geistesverjüngung.[10] – (2, S. 164:) „unsre jugendliche Lebensauffassung bedeutet ... : wahre Idealität, eine bis ins kleinste gehende Wahrhaftigkeit, tiefes und ernstes Verantwortlichkeitsgefühl" [gegenüber der Zukunft]. – (3, S. 16:) „restlos der Entwicklung seiner Art zu dienen, das ist den ihm völkisch am nächsten Stehenden, seiner Rasse". – (7, S. 1:) „Wir jungen Juden fühlen uns als kommende Träger der jüdischen Wiedergeburt im jüdischen Lande."

Wir hätten diese Stellen aus dem vorliegenden gedruckten Material beliebig vermehren können und hätten immer wieder dasselbe in mannigfaltigen Schattierungen gefunden. Wie weit diese Ansicht von „Jugend" in der Jugend verbreitet ist, zahlenmäßig genau festzustellen, dazu freilich reichen die heute dem Psychologen zugänglichen Materialien auch dann nicht aus, wenn man die Biographien und die Dokumente aus dem Jugendleben der Dichter und Schriftsteller mit in Betracht zöge. Dazu bedürfte es eines umfangreichen Materials von Briefen und Tagebüchern und einer ausgedehnten Enquête.

Wenn wir an dieser Stelle auch verzichten müssen, Verbindliches über die Ausbreitung und Erschöpfendes über die Arten des naiven Begriffs der Jugend von sich selbst auszusagen, so reichen die angeführten Proben doch aus, um festzustellen, daß in der Jugend oder genauer in gewissen Kreisen der heutigen Mittelschuljugend als naiver Begriff von Jugend etwa das folgende formuliert werden könnte: Die Jugend ist von den anderen Lebensaltern wesentlich verschieden, sie ist nicht etwa ein defektes Erwachsensein, sondern ein Zustand eigener Art für sich. Er ist etwa charakterisiert dadurch, daß ihm die völlige begeisterte Hingabe an das Ideale, dieses werde nun gefunden in der unergründlichen Schönheit der Natur oder in Kunst und Wahrheit, gemäß und notwendig ist.

Daß es sich in dieser Formulierung nicht um Sätze handelt, die für die ganze Jugend allgemein gültig sind, scheint wahrscheinlich, aber ebenso, daß sie weit über den Kreis hinaus, in dem sie von uns festgestellt wurden,

---

10 Aus der Einladung zum Freideutschen Jugendtag auf dem Hohen Meißner am 10. bis 12. Oktober 1913.

latent sind und angenommen werden könnten. Auch das würde nicht ganz zutreffen, so naheliegend es scheint, daß diese Formulierungen nur von der Jugend selbst naiv faßbar sind und daß dem Erwachsenen zwar möglich ist, diesen Begriff von Jugend auf Grund von mehr minder wissenschaftlicher Überlegung zu denken, daß aber der in ihm latente, der sozusagen ihm eigene naive Begriff, der von uns auf S. 46ff. dargestellte ist. Vielmehr müssen wir annehmen, daß sich die Begriffe und die Altersklassen kreuzen. Die Erfahrung scheint dies zu lehren, und auch die Überlegung macht es wahrscheinlich.

Da die Jugend den Begriff von sich selbst durch eine Art Introspektion findet und der nicht mehr Jugendliche diese Introspektion nicht mehr vollziehen kann, sondern auf Erinnerung an seinen vergangenen Zustand und auf ein nicht geringes Maß von Einfühlung in andere Menschen angewiesen ist, so haben wir bei Erwachsenen den jugendlichen naiven Begriff ebenso selten anzunehmen wie ein besonderes Maß von Einfühlungsfähigkeit.

Wie dem auch im einzelnen sei, so bleibt uns als tatsächlich festgestellt jedenfalls eine doppelte Formulierung übrig. Und von hier aus ergibt sich die Notwendigkeit, den Tatbestand wissenschaftlich festzustellen, da – abgesehen davon, daß es Selbstzweck der Wissenschaft ist, die scheinbaren und wirklichen Widersprüche der naiven Weltbetrachtung aufzulösen – für die Jugend, für die Pädagogik und für die Ordnung der Gesellschaft die Feststellung unerläßlich ist, worin eigentlich der Zustand Jugend bestehe und was ihm gemäß sei.

Es muß hier zunächst noch kurz eine verbreitete Meinung widerlegt werden, ehe wir an das eigentliche Problem herantreten können. Man ist nämlich vielfach geneigt, den angezeigten Widerspruch von vornherein so aus der Welt zu schaffen, daß man – je nachdem – den einen oder den anderen naiven Begriff für falsch hält. Und zwar vermögen beide Richtungen scheinbar sehr triftige Gründe anzuführen: Die *Erwachsenen* haben die größere Erfahrung, die schärfere Urteilskraft, die Objektivität gegenüber der Jugend, um ein allein richtiges Urteil abgeben zu können oder doch einen Begriff von Jugend zu fassen, der in den großen Zügen der richtige ist. Ebenso einleuchtend scheint aber, wenn die *Jugend* gerade kraft ihrer Subjektivität und der Möglichkeit zur Introspektion für kompetent erklärt wird. Dennoch ist dies ebenso falsch wie das andere, und zwar darum, weil der naive Begriff an sich mit Richtigkeit oder Falschheit nichts zu tun hat. Der Versuch einer Analyse der naiven Begriffsbildung wird das klarmachen.

Wenn wir jemanden die Aufgabe stellen: „Sagen Sie mit wenigen Worten, was die Jugend von Kindheit und Erwachsenheit unterscheidet!", dann geht in ihm psychologisch im Grunde dasselbe vor wie in den Versuchspersonen bei Aussageversuchen, denen durch eine falsche Erwartungsfrage eine falsche Antwort suggeriert ist. Denn wenn wir fragen: „Welche Farbe hatte der Hut des Mannes auf dem Bilde X?" und die Versuchsperson antwortet „schwarz", während in Wahrheit überhaupt kein Hut abgebildet war, so ist das im Wesen dasselbe wie in unserem Fall, wo für die Versuchsperson im allgemeinen die Möglichkeit von vornherein ausgeschlossen wird, daß es eine solche unterschiedliche Eigenart der Jugend vielleicht überhaupt nicht gibt. Es ist also durch diese Fragestellung im allgemeinen in der gefragten Person ein Zwang suggeriert worden, zwei oder drei bestimmte einheitliche Zustände zu kennen und ihre Unterschiede anzugeben. Es ordnet sich bei einem so Gefragten sein ganzes erinnerbares Erfahrungsmaterial nach dem durch die Frage aufgezwungenen Schema Jugend–Alter. Und zwar erfahren dabei diese Erinnerungen eine Schematisierung durch die außerordentliche Verdichtung und Ineinanderschiebung, die die Unzahl von Erlebnissen, welche durch die Aufgabe zur Reproduktion angeregt wurden, im Augenblick der Erinnerung im Schema einer „allgemeinen Vorstellung" erfahren. Dazu kommt, daß die einzelnen Erlebnisse, die jetzt als allgemeine Vorstellung zwangsweise zur Reproduktion gebracht worden sind, von sehr verschiedenem Grad der Reproduzibilität waren und daher im Bewußtsein der gefragten Person bei weitem nicht alle von ihr erlebten Merkmale von Jugend und Alter gleichwertig nebeneinander zum Vergleich ausgebreitet

liegen, sondern daß einige durch überragende Deutlichkeit vorwiegen, andere nur schattenhaft in den Hintergrund gerückt sind und andere, vergessene, dem Bild
überhaupt fehlen.

Nach den neueren Untersuchungen scheint nun kein
Zweifel zu bestehen, daß dieses Deutlichkeitsrelief abhängig ist von einem Affektivitätsrelief, wenn man so sagen kann; d.h. also, daß durchaus nicht jene Merkmale
im Vordergrund des Bewußtseins stehen, die es nach ihrem sachlichen Zusammenhang verdienen würden, sondern allemal solche, die durch die spezifische Art und
durch die besonderen Erlebnisse der gefragten Person
aus affektiven (und anderen psychischen) Gründen in
den Vordergrund ihres Bewußtseins gedrängt sind, so
daß wir zweifellos sagen können: der naive Begriff ist ein
rein subjektives Resultat der denkenden Person, entstanden aus ihren persönlichen Erlebnissen und deren Verdichtung durch den Zwang der Suggestion einer falschen
Erwartungsfrage.

Nun ist freilich die natürliche Begriffsbildung nicht
ganz so einfach wie die sozusagen durch das Experiment,
also durch eine unerwartete, noch nie gehörte Frage her-
beigeführte, und mit dieser natürlichen naiven Begriffsbildung haben wir es in unserem Fall im allgemeinen zu
tun. Aber ein Wesentliches ist beidem gemeinsam; denn
was oben die Frage des Experimentators im Bewußtsein
der Versuchsperson erzeugte, das erzeugt sich täglich im
Bewußtsein jedes Menschen durch die Existenz und den
ständigen Gebrauch des Wortes „Jugend" als eines Ge-
gensatzbegriffs zu „Alter", und da dieses Wort in unserem Sprachschatz niemals als wirkliche Definition, das ist
also als Name, als abgekürztes Symbol für „die geordnete
Aufzählung *aller* Merkmale eines Begriffs", so wie etwa
der mathematische Begriff Kosinus, eingegliedert wurde,
so wirkt es als falsche Erwartungsfrage. Nach dem Gesagten wäre zu erwarten, daß nun tatsächlich jeder einzelne Mensch in verschiedenen Perioden seines Lebens
verschiedenes unter dem Wort „Jugend" verstünde.

Doch ist das nicht der Fall; wir haben gesehen, daß bei
aller Mannigfaltigkeit und Unsicherheit des Sprachge-

brauchs sich einige wenige Typen des naiven Begriffs „Jugend" aufzeigen ließen; der Grund ist ein doppelter. *Erstlich* beruht die durch die Sprache gesetzte Unterscheidung zwischen „Jugend" und „Alter" auf Erkenntnis gewisser tatsächlicher Zustände; *zweitens* – und dies ist seinerseits zum Teil die Ursache dafür – geschieht offenbar die Verdichtung jener Erlebnisse nach einigen wenigen bestimmten Gesetzen; es scheint nicht willkürlich und bei jedem einzelnen verschieden zu sein, an welche Erlebnisse von Jugend, seiner eigenen oder der von anderen, sich Affekte solcher Art knüpfen, daß gerade diese Erlebnisse in seinem Bewußtsein als die deutlichsten, also als die Jugend charakterisierenden haften bleiben und gerade die anderen bei der Begriffsbildung überhaupt nicht zur Wirkung gelangen. Wir vermögen über diese Vorgänge noch nichts Genaueres auszusagen, dies bleibt künftigen Untersuchungen vorbehalten. Aber wir vermögen uns eine Vorstellung zu machen von den Gesetzmäßigkeiten seelischen Geschehens, die hinter jenen Typen der naiven Beurteilung der Jugend stehen, wenn wir die Genesis einer solchen Begriffsbildung zu rekonstruieren versuchen.

Dabei müssen wir zunächst fragen, wann die in der Sprache *implicite* enthaltene Erwartungsfrage an das Kind zuerst herantritt, und ferner, wie sie auf es wirkt. „Du bist zu klein ... wenn du größer sein wirst ...", in diesen Wendungen wird dem Kind, und zwar wohl jedem Kind, sehr früh der fundamentale Unterschied, der zwischen ihm und den Erwachsenen besteht, deutlich gemacht, und zwar in einer Form, die im allgemeinen die zugrunde liegende „Theorie" herausfühlen läßt, daß die Kindheit ein defekter Zustand ist. Denn selten wird dem Kind etwas erlaubt, was den Erwachsenen verboten ist; viel häufiger wird ihm entzogen, was es beim Erwachsenen sieht; dazu kommt, daß das Kind natürlich nur spürt, was ihm selbst verboten ist und nicht, was den anderen versagt ist. So empfindet sich das Kind von den Erwachsenen als defekt bewertet, und zwar auch von jenen Erwachsenen, die rein instinktiv die Kindheit als einen in sich geschlossenen, qualitativ anderen Zustand auffassen.

Kinder haben im allgemeinen aus diesem Grund, verbunden mit dem ihnen wesentlichen Nachahmungstrieb, den Wunsch „groß zu werden". Bei dem allmählichen Übergang des Kindes in die Jugend kann auch der einsichtigste Pädagoge den Zeitpunkt nicht genau bestimmen, an dem er entsprechend den veränderten Wertschätzungstendenzen des Kindes seine eigenen Wertschätzungsäußerungen verändern müßte, und so kommt es, daß das Kind von außen auch dann noch als Kind bewertet wird, wenn es soeben beginnt, den Nachahmungstrieb mit einem aufkeimenden Selbstbewußtsein zu vertauschen. Und wir können verstehen, wenn wir dies natürlich auch nicht als allgemein gültige Gesetzlichkeit aufstellen können, daß von hier aus sich eine Tendenz vom Erwachsenen weg und sich gewissermaßen trotzig sich selber zuzuwenden entwickelt.

Jetzt erhält das Wort „Jugend" für den Jugendlichen einen neuen Inhalt, denn es drückt nun den Gegensatz, der aufgetreten ist, polemisch aus. Etwa auf diesem Umweg, daß alle Eigenschaften, Wünsche, Handlungen, die von den Erwachsenen aus irgendwelchen verständigen oder unverständigen Gründen unterdrückt werden, wenn sie von dem Jugendlichen aus den Bedürfnissen seines Seelenzustandes heraus positiv bewertet worden waren, als die spezifisch jugendlichen aufgefaßt werden. Dazu kommt, daß vielfach der „Erwachsene" eine bewußte oder unbewußte Verallgemeinerung eines oder weniger einzelner Erwachsener ist, des Vaters, der Mutter, des Bruders, und zwar des älteren, des Lehrers usw. Und daß also das Wort „Jugend" in Wahrheit nicht den in der Sprache gesetzten Unterschied zwischen Jugend und Alter, sondern den zwischen dem jugendlichen Denker und seinem Vater usw. darstellt. Da in allen diesen Einstellungen und Verhältnissen offenbar bisher noch nicht klar erkannte Gesetzmäßigkeiten walten, gibt es nur eine kleine, bestimmte Zahl von Typen des jugendlichen naiven Begriffs von Jugend, freilich mit ziemlicher Variationsbreite, während man theoretisch eine unübersehbare Fülle erwarten könnte. Es ist demnach wohl klar, daß die Anschauung von Jugend, die die Jugend selbst entwickelt, nicht auf einer genauen, kritischen Untersuchung des Tatbestandes beruht, sondern ein subjektives, wenn man will, ein Affekt- oder auch ein Apperzeptionsphänomen ist. Nur darin ist ihre Anschauung der naiven der Erwachsenen wesentlich überlegen, daß sie keinesfalls Jugend charakterisieren wird durch Eigenschaften, die in der Jugend überhaupt nicht vorhanden sind und daß sie energisch solche in den Vordergrund rückt, die bei der naiven Begriffsbildung des Erwachsenen nicht wirksam sind.

So wie der Begriff des Jugendlichen sich gebildet hat in Abhängigkeit von seiner affektiven Stellung zu den Erwachsenen, so bildet sich der naive Begriff „Jugend" beim Erwachsenen durch seine affektive Stellung zur Jugend. Denn schon die Tatsache, daß in den Kreisen der Jugend ein anderer Begriff von Jugend lebendig wirksam ist als in den Kreisen der Erwachsenen, zeigt, daß sich dieser Begriff noch nach dem 18. Lebensjahr etwa zu verändern vermag, selbst daß er sich gewöhnlich verändert. (Dies bleibt äußerst wahrscheinlich, obwohl wir gegenwärtig nicht in der Lage sind, die Einzelheiten einigermaßen deutlich und exakt darzustellen.) Bei dieser Begriffsverwandlung spielt vermutlich die erweiterte und veränderte Erfahrung keine geringe Rolle. Wenn wir uns aber vor Augen halten, daß sich diese erweiterte Erfahrung, von den Lehrern abgesehen, gar nicht auf die Jugend bezieht, und wenn wir uns, um nur eines zu nennen, die Tatsache vor Augen halten, daß, wenigstens eine Zeit lang, der „mulus" plötzlich gegenüber der Gymnasialjugend, der er selber soeben noch angehört hat, die Haltung des Erwachsenen annimmt und, vor das Problem gestellt, auch dessen „Theorie der Jugend" als Erklärung anführt, und wenn wir dasselbe bei dem approbierten Lehramtskandidaten gegenüber dem Studenten und der gesamten Jugend wahrnehmen, so neigen wir dazu, dieser vermehrten Kenntnis nicht die entscheidende Rolle zuzuschreiben. Dies wird verstärkt durch die Beobachtung, daß bei sehr vielen Menschen diese Verwandlung ziemlich plötzlich, ungefähr in der ersten Hälfte des dritten Jahrzehnts, zugleich mit manchen anderen Veränderungen aufzutreten beginnt.

Wir werden im Verlauf dieser Arbeit noch ausführlich auf diese kritische Zeit zu sprechen kommen. In diesem Zusammenhang genügt vielleicht, wenn wir die Tatsache konstatieren, daß die Veränderung des naiven Begriffs von Jugend etwa zusammenfällt mit der Zeit des Erwachsenwerdens (selbstverständlich nur dort, wo eine solche Veränderung überhaupt stattfindet, was allem Anschein nach durchaus nicht bei allen Menschen geschieht). Von dieser Zeit des Erwachsenwerdens an, geradezu es charakterisierend, beginnt die Zeit der Jugend als Erinnerung nachzuwirken. Dem einen, der nun zum erstenmal frei und selbständig seinen eigenen Neigungen leben darf, der vielleicht nach einer Zeit qualvoller sexueller Askese sich in einer glücklichen Ehe endgültig befreit fühlt, oder der aus materieller Enge nach und nach in günstige Verhältnisse gerät, wird seine vergangene Jugendzeit im Gegensatz zu seinem jetzigen Leben düster erscheinen; ein anderer, und dies wird das häufige sein, wird an die Zeit seiner Jugend als an eine Periode freier Sorglosigkeit und Ungebundenheit zurückdenken. Bei der allgemeinen Tendenz der naiven Begriffsbildung, kritiklos von dem eigenen Zustand auf den aller anderen zu schließen, werden schon diese relativ einfachen Einstellungen nicht ohne Einfluß für die gefühlsmäßige Auffassung der Jugend und somit für ihre naive Definierung sein. Aber feinere, noch gar nicht erforschte Kräfte des Seelenlebens sind hier vielleicht noch ausschlaggebender. Man kennt den Typus von Menschen, die sich von ihrer Jugend nicht trennen können, die sich in ihrer Umgebung und in den Lebensumständen, in denen sie sich als Dreißigjährige finden, wie entwurzelt fühlen, und jenen anderen Typus, der zwischen sein gegenwärtiges Sein und seine Vergangenheit einen Strich setzt.

Die tägliche Erfahrung zeigt uns in großer Mannigfaltigkeit die Verbindung zwischen den zwei Extremen des einen, der in seiner späteren Jugend eine Periode produktiven Interesses etwa an der Dichtkunst erlebte und der diesen „Quell in sich versiegt fühlt", dies bedauert und bemüht ist, sozusagen aus Anhänglichkeit an seine verflossenen Ideale eine Art äußere Beziehung zur Kunst fortzusetzen, und des anderen, der mit allen diesen „kindischen Ideen" bricht und nach dem tatsächlichen Abflauen seines Interesses etwa für Kunst in scheinbar strenger Folgerichtigkeit die Kunst als eine Art besseres Spiel ablehnt. Solche unterscheidende Tendenzen, die für den Charakter des Erwachsenen konstitutiv sind, können auch nicht ohne entscheidenden oder wenigstens unterscheidenden Einfluß auf die naive Begriffsbildung sein.

Dazu kommt noch ein drittes Moment von größter Wichtigkeit. Auf jeden Fall muß sich die Stellung des Erwachsenen zu Jugendlichen im Vergleich zu der Stellung, die er, selbst noch jung, zu Jugendlichen hatte, außerordentlich verändern. Es mag ja vielfach die Art, wie jemand zu seinen Kindern, zu seinen Schülern usw. sich stellt, in gewissem Maße abhängig sein von der Einstellung zu seiner eigenen Jugendzeit. Aber es liegt in diesen Verhältnissen eine Anzahl von spezifischen Einstellungen, die ihrerseits abfärben auf die gefühlsmäßige Haltung gegenüber der erinnerten Jugendzeit. Liebe oder Haß zu den eigenen Kindern und die ungezählten Schattierungen der Übergänge sind mitbestimmt durch die Gefühlshaltung gegenüber ihrer Mutter, durch Hoffnungen oder Befürchtungen materieller oder moralischer Art, die sich an diese Kinder knüpfen usw. Die Erfolge des Lehrberufs, die Befriedigung oder Leere, die er erzeugt, sind nicht ohne Wirkung auf die affektive Stellung zu den Schülern usw. Dies alles bestimmt das Affektivitätsrelief, dem parallel sich die Erinnerungen an die eigene Jugend und die Erlebnisse von Jugend überhaupt zu einem Deutlichkeitsrelief anordnen, nach welchem der Begriff „Jugend" naiv definiert wird.

Es ist nach dem Gesagten klar, daß für diesen naiven Begriff von „Jugend" des Erwachsenen genau das gleiche gilt, was wir oben von dem der Jugend sagten; und was schließlich für die allgemeine Begriffsbildung überhaupt gilt. Dieser naive Begriff der Erwachsenen von Jugend ist die Grundlage der gegenwärtigen Einordnung der Jugend in die Gesellschaft. Es ist dabei zu betonen, daß es der naive Begriff ist, der das Prinzip der Behandlung und Einreihung der Jugend darstellt, wie daß es einzig der Be-

griff ist, den sich die Erwachsenen von ihr machen.[11] Wir
haben an einem Beispiel dies gleich eingangs angedeutet.

Aber selbst wenn man diesen einen Fall gelten lassen
wollte, so wird man doch geneigt sein, den Satz im allgemeinen zu bestreiten, da doch die bedeutenden Pädago-
giker in weitem Maße am Bau des Erziehungswesens beteiligt waren. Zunächst ist nun vielleicht auch diese Behauptung in weniger großem Umfang richtig, als man
zuweilen glaubt. Allein schon die Tatsache, daß doch das
meiste, was die modernen Pädagogen an einschneiden-
den Änderungen vorschlagen, bereits vor Jahrhunderten
von dem einen oder anderen hervorragendem Kopfe gedacht und gewollt war, zeigt, daß zum großen Teil die Gedanken und einzelnen Versuche der großen Erzieher neben den wirklichen Einrichtungen und ihrer wirklichen
Handhabung stehen und daß nur ganz langsam die Welt
der erzieherischen Wirklichkeit durch die Erziehungsge-
danken oder durch einzelne hervorragende Beispiele beeinflußt wird. Aber selbst wenn dies in viel weiterem
Maße der Fall wäre, als wir für richtig halten, so bliebe
das oben Behauptete doch aufrecht, denn auch die großen
Pädagogen hatten ausnahmslos einen naiv gebildeten Begriff von Jugend. Plato, Comenius, Rousseau, Pestalozzi,
Herbart, Fichte, Wyneken, um einige in ihrer Richtung
besonders hervorragende zu nennen, haben ihren Begriff
von Jugend nicht anders gebildet als irgendein beliebiger

---

11 Freilich ist jener Begriff es nicht ganz allein, der die Gestaltung
des jugendlichen Lebens in einer gewissen Gesellschaftsordnung
bestimmt, sondern es kommen noch soziale Tendenzen hinzu,
die nicht nur neben den ausführlich erörterten psychologischen
Momenten bei der Begriffsbildung mitwirken, und zwar vor allem in dem Sinn, daß sie die verschiedenen Typen nivellieren
und es so erreichen, daß der naive Begriff „Jugend" innerhalb einer bestimmten soziologischen Struktur bei den verschiedenen
psychologischen Typen ähnlicher ist als der verschiedener soziologischer Strukturen; sondern darüber hinaus auch noch im engeren und einzelnen den Bau des Erziehungswesens und der anderen Einrichtungen für die Jugend beeinflussen. Davon soll im
soziologischen Teil ausführlich die Rede sein. [Diesen Teil hat
Bernfeld nicht geschrieben.] [Diese Anmerkung befindet sich im
Original als Klammerzusatz im Text.]

Mensch, der auf Grund des in seiner Konstitution beding-
ten Deutlichkeitsreliefs ein subjektives Erlebnis auf subjektive Weise verallgemeinert. Daß ihre geniale Intuition,
die auf einem außerordentlichen Einfühlungsvermögen
in Jugend beruht, ihren subjektiven Verallgemeinerungen
tatsächlich einen objektiven Wert gibt, indem sie wirkliche Wesenheiten der Jugend erfaßt und hinstellt, könnte
höchstens beweisen, daß unter Umständen die naive
Begriffsbildung von höchstem Wert ist, daß sie ausreicht,
aber nicht, daß sie bis in die Gegenwart die allein
ausschlaggebende Grundursache der Stellung der Jugend
ist.

Es ist möglich, daß sich mit der Zeit die Ideen der
großen Pädagogen durchsetzen werden. Vielleicht wird
ein Erziehungswesen entstehen, das rein dem Fichte-
schen, dem Platonischen oder dem Herbartischen Ideal
entspricht; vielleicht wird die Zukunft die Intuitionen eines künftigen Denkers verwirklichen. Dies würde aber
nicht im mindesten die Gewißheit einschließen, daß dieses künftige Erziehungswesen der wirklichen Eigenart
der Jugend entsprechen würde. Im Wesen wäre es, so gut
wie das gegenwärtige, aufgebaut auf den naiven Begriff
von Jugend der Erwachsenen. Es enthielte nicht die Lösung jenes angezeigten Widerspruchs, die verschiedenen
naiven Begriffe würden ebenso wie heute nebeneinander
bestehen, nur daß vielleicht ein anderer der herrschende
und somit andere die oppositionellen wären. Das Erziehungswesen ist erst dann auf einer wesentlich verschiedenen Basis aufgebaut als heute, wenn es zur Grundlage
hat jenen Begriff von Jugend, der als der richtige festgestellt wurde.

Wir haben oben gezeigt, daß der naive Begriff immer
falsch sein muß, und somit verlangen wir von der Pädagogik, daß sie ihn beiseite lasse; er sei nun der Intuition
eines genialen Jugendfreundes oder dem beschränkteren
Verallgemeinern eines mittelmäßigen Schul- oder Verwal-
tungsbeamten entsprungen. Der unbestechliche Richter
in dem Widerstreit der affektiv entstandenen Meinungen
ist die Wissenschaft. Sie hat uns festzustellen, ob irgendein realer Tatbestand jenen naiven Begriffsformulierun-

gen zugrunde liegt, und sie hat diesen ferner wissenschaftlich im einzelnen festzustellen und zu formulieren.

Der Pädagogik erwächst die Pflicht, sich diesem Richterspruch der Wissenschaft zu beugen, selbst wenn er ihre ganze bisherige Vergangenheit und Gegenwart negieren sollte. Sie wird dann erst Aussicht haben, ihr letztes Ziel zu verwirklichen, Menschen zu bilden. Solange sie nicht weiß, wie man bildet und wen man zu bilden vor sich hat, solange unterscheidet sie sich nicht von den Maßnahmen, die auch die Naturvölker benützen, um mit dem Trotz, dem Eigensinn und dem Eigenwillen ihrer Kinder fertig zu werden. Auch dann nicht, wenn sie andere Maßnahmen vorschlägt und versucht, diese in einem großzügigen System aufeinander zu beziehen und auseinander abzuleiten und dieses System seinerseits in einem noch großzügigeren metaphysischen Ganzen einzuordnen und es als solches und in seinen letzten Axiomen aus diesem mit absoluter Notwendigkeit zu deduzieren.

Vielleicht haben die Praktiker Recht, die uns diesen Nutzen für die Pädagogik nicht zugeben möchten. Vielleicht hat auch die Jugend recht, soweit sie gar nicht geneigt ist, die Änderung ihres gegenwärtigen Zustandes abhängig zu machen von den Resultaten einer kaum in Jahrzehnten vollendeten Wissenschaft. Wir wollen diese umso weniger zu überzeugen versuchen, als die Literatur, die sich solche Aufgaben setzt, ins Unübersehbare zu wachsen beginnt. Wir möchten aber gerade deshalb, weil die Wissenschaft von der Jugend fast ausschließlich von pädagogischen Gesichtspunkten aus behandelt wird, nachdrücklich betonen, daß sie von solchen Erwägungen auch völlig unabhängig ist.

Der Zwiespalt, den gegenwärtig große Kreise der Jugend lebhaft empfinden zwischen ihrem Wollen, das sie als ihre Eigenart rechtfertigen, und den bestehenden Einrichtungen für ihr Leben, die dem naiven Begriff der Erwachsenen von Jugend entspringen, hat uns auf das Problem „Jugend" aufmerksam gemacht. Uns bleibt als Wissenschaftlern keine andere Möglichkeit, als nun die Tatsache Jugend zu erkennen und mit den übrigen in Verbindung zu setzen, ganz ohne Rücksicht, weder im Umfang unserer Forschungen noch in ihrer Methode darauf, wem sie nützen und wem sie schaden werden. Freilich hoffen wir, daß dieser Weg zu einer gerechten und jugendgemäßen Einrichtung der Gesellschaft führen wird.

Der psychologische Begriff der Jugend

Der wissenschaftliche Begriff ist im Gegensatz zum naiven aufgebaut auf einer restlosen Kenntnis aller Tatsachen, aber er stellt nicht die Summe dieser Tatsachen selbst dar. Diese sind, wissenschaftlich betrachtet, einander alle gleichwertig und gewissermaßen in einer einzigen Fläche angeordnet. Auch der wissenschaftliche Begriff setzt ein unterscheidendes Relief dieser Tatsachen voraus. Er hebt aus der homogenen Masse der Einzeltatsachen die wichtigen heraus und ordnet sie. Aber dieses Relief entsteht aus den Bedingungen des Materials, so daß im Vordergrund jene Tatsachen stehen, welche die ursächlich wesentlichen sind, oder jene, die nach einem tatsächlichen Vergleich mit anderen Dingen oder Zuständen als die charakterisierenden, unterscheidenden erkannt wurden. Was wir demnach von einem wissenschaftlichen Begriff der Jugend fordern, ist die Herstellung eines solchen logischen Reliefs, das auf Grund einer restlosen Erkenntnis der Einzeltatsachen, die den Komplex „Jugend" bilden, uns deutlich machen würde *erstlich*, was diesem Zustand Jugend an spezifischen Merkmalen zukommt, und *zweitens*, was die Ursache dieser Eigenart ist.

Die Tatsache „Jugend" wird erkannt von der Physiologie, der Psychologie und der Soziologie. Ihnen ist durch die im Sprachgebrauch gesetzte Besonderheit der Jugend die Aufgabe gestellt, in ihrer Gänze die physiologischen Vorgänge im Menschen während seines 12. bis 25. Lebensjahres etwa zu erforschen, die Art des seelischen Geschehens, seinen Umfang in dieser Zeit festzustellen und die gesellschaftlichen Beziehungen zwischen allen Jugendlichen einer Zeit und den übrigen Menschen und deren Einrichtungen zu untersuchen. Ein Vergleich dieser Ergebnisse der genannten Wissenschaften mit den übrigen von ihnen festgestellten Tatsachen wird lehren, ob die durch den Sprachgebrauch vorausgesetzte Besonderheit der Jugend überhaupt wissenschaftlich Realität ist und ob, wenn dies der Fall ist, die Ergebnisse der verschiedenen Wissenschaften miteinander in Beziehung gesetzt werden können. Nur insoweit dies der Fall ist, sind wir berechtigt, von einem allgemeinen wissenschaftlichen Begriff der Jugend zu sprechen.

Wir wollen im folgenden versuchen darzustellen, was an hauptsächlichsten Versuchen, einen wissenschaftlichen Begriff von Jugend sich zu bilden, in der Literatur existiert. Einer eingehenden Erörterung dieser Versuche wollen wir die Skizze unserer eigenen Anschauungen über diesen Gegenstand anfügen. Da aber, wie sich zeigen wird, noch sehr viel fehlt, ehe der Hintergrund einer jeden Theorie der Jugend, die restlose Kenntnis der Tatsachen, hergestellt ist, kann dieser Anteil unserer Arbeit selbstverständlich keinen anderen Anspruch als den einer Hypothese erheben; es soll dadurch mehr gezeigt werden, was fehlt und wo bisher ungesehene Wege gangbar sind, als zusammenfassen, was gefunden wurde. Auch haben wir uns dabei nur auf die Psychologie und Soziologie beschränkt.

Die Physiologie der Jugend scheint in diesem Zusammenhang nicht so wichtig zu sein, denn *erstlich* ist gerade das physiologische Gebiet maßgebend gewesen für die ursprüngliche Einfügung des Wortes „Jugend" in die Sprache. Wohl ist der naiven Anschauung die Kompliziertheit, sind ihr die Details der Vorgänge und ihrer Beziehungen zueinander unbekannt, aber das wesentliche Resultat der Physiologie jenes Lebensalters, daß sich zwischen den spezifischen Körperbau der Vorpubertät und den des Erwachsenen der jugendliche Typus einschiebt, ist im Sprachgebrauch vorweggenommen. *Zweitens* ist es ohnedies naheliegend, bei der Aufzählung psychischer Eigenschaften gewisse physiologische Grundlagen anzunehmen. Da nun das Wesentliche des wissenschaftlichen Begriffs „Jugend" in den Beziehungen der verschiedenen

Tatsachengebiete zueinander liegt und mit der psychischen Eigenart Jugend *implicite* auch schon eine physiologische mitgedacht wird und durch die Kongruenz irgendeiner Eigenart überhaupt mit dem naiv gefundenen Begriff „Jugend" ihre Beziehung zum physiologischen gesetzt ist, ist eine besondere Behandlung nicht dringend. Dem Autor bleibt es somit erspart, über ein Gebiet zu urteilen, auf dem ihm die gründlichen Kenntnisse mangeln.

Als die Psychologie begann, sich wissenschaftlicher Methoden zu bedienen, d.h. die Tatsachen des menschlichen Seelenlebens durch planmäßig kontrollierte Beobachtung, durch die Statistik und das Experiment festzustellen, war ihr Interesse auf den Menschen im allgemeinen gerichtet. Man wollte die Formen und Gesetzmäßigkeiten *des* Menschen überhaupt erforschen. Naturgemäß lag dieser Betrachtungsweise als solcher das Problem der jugendlichen Eigenart, die bloß einen Teil, ein bestimmtes Stadium jener gesuchten allgemeinen und normalen Menschenseele ist, fern, und wenn auch zuweilen Kinder oder jugendliche Personen untersucht wurden, so geschah dies völlig unter dem bezeichneten Gesichtswinkel.

Zur umfangreicheren und tieferen Untersuchung der Kindesseele und so zur Konstituierung mindestens einer besonderen Disziplin der allgemeinen Psychologie, der Kinderpsychologie, kam es erst im Laufe der Zeit durch verschiedene Anregungen, die man etwa in drei Gruppen fassen könnte. Vor allem waren es die *praktischen Bedürfnisse der Pädagogen*, die neue Wege andeuteten. Nachdem einmal die Psychologie als Hilfs-, selbst als Grundwissenschaft der Pädagogik anerkannt war, schien es selbstverständlich, daß dies in um so höherem Maße für die neuen wissenschaftlichen Methoden der Psychologie zu gelten habe. Von hier aus entstanden zahlreiche Untersuchungen, die der Vermehrung unserer Kenntnisse vom Schulkind und des Lehr- und Lernprozesses gewidmet waren. Eine *zweite Richtung* nimmt ihren Ausgangspunkt von der Grundüberzeugung, daß das Seelenleben nicht allein dem Menschen zukomme, sondern mindestens in gewissen abgestuften Formen auch den Tieren. Diese Denker sind genötigt, auf die Verschiedenartigkeiten der seelischen Vorgänge bei den verschieden hohen Menschenrassen aufmerksam zu machen und finden als nächstliegendes und treffendstes Beispiel für ihre Überzeugung von der Entwicklung des Seelenlebens die gesetzmäßigen Veränderungen, welche es im einzelnen von seiner Geburt bis zu seinem Tod durchläuft. So wurde das Studium der Jugendstadien des Menschen durch zahlreiche Untersuchungen von Anhängern dieser vergleichenden genetischen Psychologie gefördert. Der *dritte Komplex* von Anregungen kam aus den Kreisen der differentiellen Psychologie. Hier sind zunächst die individuellen Unterschiede (Differenzen) der psychischen Prozesse im einzelnen und im allgemeinen zum Problem geworden. Da es sich hier womöglich um Auffindung von Gesetzmäßigkeiten handelt, so müssen die Gruppen gleicher Bedingungen zusammengefaßt untersucht werden, also gleicherweise die Berufs- und Geschlechts- wie die Altersgruppen. Überdies faßt die Erforschung der intraindividuellen Differenzen die gesetzmäßige Abfolge derselben in Kindheit, Jugend usw. in sich.

Die Zahl der Arbeiten, die aus allen drei Lagern in den letzten zwanzig Jahren publiziert wurden, ist fast unübersehbar angewachsen (so enthält Meumanns Literaturverzeichnis in den ersten zwei Bänden seiner Vorlesungen [10], das bei weitem nicht vollständig ist und diesen Anspruch auch nicht erhebt, über 1000 Titel). Wenn man aber aus dieser Literatur die Untersuchungen aussondert, die sich allein auf die Kindheit ungefähr bis zum 9. Lebensjahr beschränken, so bleibt ein relativ sehr geringer Rest. Dieser stellt die gegenwärtige wissenschaftliche Jugendpsychologie dar. Er zerfällt überaus deutlich in zwei Teile, die man kurz bezeichnen könnte mit experimenteller Schulkinderforschung und allgemeiner Wissenschaft vom jugendlichen Seelenleben. Dieser zweite Teil ist zum ganz überwiegenden Teil in Amerika gearbeitet und publiziert worden. Wir wollen ihn darum in der Folge kurz als amerikanische Richtung der anderen, die zwar nicht nur in Deutschland, aber hier fast als einzige gepflegt wird, der deutschen Richtung gegenüberstellen. Beide unterscheiden sich im Inhalt und in der Methode. Die Amerikaner verwenden die experimentelle Methode neben einer sehr ausgebreiteten Forschung durch Enquêten und Statistiken, während in Deutschland diese beiden Methoden zwar nicht unbekannt, aber vergleichsweise sehr wenig verwendet sind. Die deutsche Richtung arbeitet vorwiegend in engem Zusammenhang mit den Anforderungen der Pädagogik; nur wenige Dutzend Arbeiten gehen darüber hinaus, indem sie sich auf Kreise der Jugend erstrecken, die nicht mehr zur Schuljugend gehören, oder indem sie von dieser Eigenschaften untersuchen, die vom eigentlichen Schulbetrieb mehr oder weniger entfernt sind. Die amerikanische Literatur (und von ihr angeregt auch die französische) hat eine demgegenüber sehr große Anzahl von Untersuchungen aufzuweisen, die in beiden genannten Richtungen über die Schulkinderforschung hinausgehen und eine allgemeine Jugendforschung begründen.

Wenn so eine große Schar von Forschern an der Arbeit ist, die psychologischen Probleme zu lösen, welche die Jugend bietet, so ist doch niemandem unklar geblieben, daß diese ganze Arbeit nichts anderes darstellt als die einleitenden Versuche und Anfänge von einigen Jahrzehnten künftiger psychologischer Arbeit. Und es wäre daher eine vergebliche Hoffnung, wenn wir erwarten würden, durch das Studium der gegenwärtigen jugendpsychologischen Literatur einen wissenschaftlichen Begriff von Jugend zu erhalten. Wir sind noch lange nicht so weit, um etwa ein vollendetes Mosaik zusammenstellen zu können, zu dem jede Arbeit oder Arbeitenreihe ein Steinchen beigetragen hätte. Dennoch scheint es nützlich und nötig, schon jetzt zu versuchen, ob nicht die gegebenen Mosaiksteinchen, also die bereits festgestellten Tatsachen, sich zu einem Ganzen ordnen lassen, und zwar so, daß trotz großer Lücken – vielleicht werden diese im Ausmaß umfangreicher sein als die vorhandenen Inhalte – sich gewisse große Umrißlinien erkennen ließen.

Der Hauptwert einer solchen Darstellung liegt *erstens* darin, daß gerade die Lücken in ihr besonders deutlich werden, während die Einzeluntersuchung mehr zeigt, was gefunden ist, und daß also von ihr eine bedeutende Anregung zu neuer Forschung ausgeht. *Zweitens*, und das scheint uns hier wichtiger, gilt es dabei verschiedene Erscheinungen des jugendlichen Seelenlebens, die miteinander in gar keinem direkten Zusammenhang stehen oder zu stehen scheinen und die nur aus ganz zufälligen Gründen in gleicher Ausführlichkeit heute bereits bekannt sind, in irgendeinen Zusammenhang zu bringen. Wir werden genötigt, uns gewissermaßen über die Prinzipien für die Anordnung der Einzeltatsachen klar zu werden. Indem wir so aus dem Vorhandenen schließen auf die Struktur des Ganzen, haben wir nicht nur die zerstreuten Daten vorläufig in einen sinnvollen Zusammenhang gebracht, sondern werfen von vornherein ein helles Licht auf die künftigen Feststellungen, so daß sie *in statu nascendi* ihren Ort im Gesamtbau erhalten.

Man könnte nun leicht gegen solche zusammenfassende Darstellungen, d.h. also gegen den Versuch, schon im gegenwärtigen Augenblick sich vom naiven zum wissenschaftlichen psychologischen Begriff zu erheben, einwenden, daß sie erst möglich werden, wenn annähernd vollständig die Grundlagen gegeben sind. Sonst unterscheide sich ja dieser angeblich wissenschaftliche Begriff durch nichts von jenem naiven, der ebenfalls als Basis für eine allgemeine Formel einige wenige disparate Erfahrungen nahm. Dagegen sei kurz darauf hingewiesen, daß *erstlich* schon zwischen der subjektiven Erfahrung und der objektiv festgestellten Tatsache ein sehr bedeutender Unterschied besteht, der noch vermehrt wird dadurch, daß sich die naive Begriffsbildung und die wissenschaftliche ebenfalls im gleichen Sinne unterscheiden; während jene mit dem Anspruch auftritt, eine Tatsache zu sein, will diese nichts anderes bedeuten als eine Hypothese. *Zweitens* ist gerade die „annähernd vollständige Grundlage" eine völlig unmögliche Fiktion; da die Summe des Erfahrbaren praktisch wenigstens unendlich ist, so ist die Summe des Feststellbaren und also Festzustellenden das gleiche. Wenn wir selbst von vollständiger Grundlage gesprochen haben, so meinen wir nicht die Erfüllung dieser Unendlichkeit, sondern haben diesen Begriff als einen relativen gefaßt. Es möchte uns scheinen, daß die Aufgabe der Psychologie der Jugend erfüllt ist, wenn es möglich wird, sich vermutungsweise aus dem Vorhandenen einen sinnvollen Zusammenhang zu konstruieren, dem nichts Bekanntes widerspricht. Von hier aus aber ergibt sich vermehrt die Notwendigkeit, von Zeit zu Zeit zu untersuchen, wie weit die Wissenschaft in diesem Sinn bereits gediehen ist.

Bisher sind zwei umfassende Versuche dieser Art (soweit mir bekannt geworden ist) unternommen worden, denen hohe Bedeutung für den Fortgang der Wissenschaft zukommt. Im Jahre 1904 hat G. Stanley Hall vom Gesichtspunkt der genetischen Psychologie aus in einem zweibändigen Werk umfassend dargestellt: „Adolescence. Its Psychology and its Relations to Physiology, Anthropogy, Sociology, Sex, Crime, Religion and Education" (9). Dieses Buch ist bisher in keiner Weise im ganzen übertroffen worden, so sehr es in seinen einzelnen Teilen veraltet, fremdartig, einseitig sein mag. Es ist im ganzen der typische, vielleicht auch bedeutendste Vertreter der amerikanischen Richtung. Dieses selbe Epitheton kommt für die deutsche Richtung Ernst Meumanns „Vorlesungen zur Einführung in die experimentelle Pädagogik und ihre psychologischen Grundlagen" (10) zu. Aus diesen beiden Werken können wir einen geschlossenen Überblick gewinnen über die bisherigen Versuche, einen wissenschaftlichen Begriff von der seelischen Eigenart [der Jugend] zu fassen.

Wir wollen im folgenden zunächst möglichst mit den eigenen Worten der Verfasser kurz ihre Überzeugungen darstellen.

Meumann hat kein eigentliches Werk über die Jugend geschrieben, sondern eine Einführung in die experimentelle Pädagogik. Aber da er der Überzeugung ist, „daß in der Erziehungswissenschaft nur eine Arbeit Erfolg versprechen kann, die unmittelbar aus dem Leben und Arbeiten des Kindes ihre Kenntnisse schöpft, und die – fern von allem Doktrinarismus und allen traditionellen Theorien – sich unter die Erkenntnis der tatsächlichen Verhältnisse der Kindesnatur zu beugen bereit ist" (Bd. I, S. VIII), so sind die ersten beiden Bände seines Werkes psychologischer und nur der dritte eigentlich pädagogischer Natur. „Der erste Band enthält jetzt nur die Erforschung der *Entwicklung* des Jugendlichen, aus der ich am Schluß einige, freilich noch recht hypothetische *Entwicklungsgesetze* abzuleiten suche. Der zweite Band wird unmittelbar an diese Entwicklungsgesetze anknüpfen, die Beziehungen zwischen Entwicklungs- und Begabungsforschung herstellen, die Begabungsforschung (Intelligenzprüfung) auf neuer Grundlage entwickeln und dann die Lehre von der Arbeit des Schülers folgen lassen. Der dritte Band wird eine Didaktik und die Prinzipien einer allgemeinen Erziehungslehre enthalten – beides im engsten Anschluß an die empirische Forschung." (Bd. I, S. X) Für unsere Zwecke kommt vor allem der erste Band in Betracht. In ihm versucht Meumann, über die Zusammenstellung der bisherigen Ergebnisse der Jugendforschung hinaus einen Begriff von Jugend zu formulieren. Wir wollen diesen seinen wissenschaftlichen Begriff losgelöst von den methodischen Erörterungen, den konkreten Einzelangaben und den pädagogischen Folgerungen darstellen.

„*Das erste und grundlegende Arbeitsgebiet der experimentellen Pädagogik ist die Erforschung der geistigen und körperlichen Entwicklung des jugendlichen Menschen während der Schulzeit.*" (I, S. 49) „Die Jugendforschung ist *mehr* als eine bloße Kinderpsychologie, sie erforscht ebenso sehr die *körperliche* wie die geistige Entwicklung des heranwachsenden Menschen und die *Beziehungen* beider, und sie wird ausgedehnt auf alle inneren und äußeren Bedingungen dieser Entwicklung. Ihre Aufgabe ist, uns *ein Gesamtbild der körperlichen und geistigen Entwicklung des jugendlichen Menschen* zu geben." (I, S. 63) Von einer solchen universalen Darstellung ist freilich weiterhin nicht die Rede, und zwar vor allem, weil Meumann sich streng an den gegenwärtigen Stand der Forschung hält, und ihm scheint, daß „die Lücken ... mit Vermutungen und Hypothesen auszufüllen", „dem Geist empirischer Arbeit und experimenteller Forschung" widerspricht (I, S. III). Darum überwiegt ganz unverhältnismäßig die Lehre von der intellektuellen Entwicklung des Schulkindes. Ist schon an und für sich Psychologie und vor allem die deutsche Psychologie bisher geneigt gewesen, sich in der Erforschung jener Vorgänge zu erschöpfen, die beim Lernen und beim Unterricht direkt beteiligt sind, so ist dies bei Meumann noch in höherem Maße der Fall, da er sich die Aufgabe gesetzt hat, die psychologischen Tatsachen vom Standpunkt der Pädagogik aus zu betrachten. Ihm ist die Pädagogik „unzweifelhaft eine selbständige Wissenschaft: die Wissenschaft von den *Erziehungstatsachen*. Mag sie noch so viel von den Resultaten der allgemeinen Psychologie ... für ihre Zwecke gebrauchen, sie rückt doch *alle* diese Resultate unter einen *neuen*, nur von ihr angewandten Gesichtspunkt: *den der Erziehung*, und infolgedessen *verändern* sich auch alle scheinbar psychologischen, ethischen und anderen Probleme, wenn sie zu *Erziehungsfragen* werden." (I, S. VI) Auch die Bemerkung „Wir betreiben die Jugendforschung auch in ausgedehnter Weise als *vergleichende* Jugendkunde, indem wir die Entwicklungsverhältnisse der Jugend bei allen Völkern, Rassen und in allen Klimaten vergleichend gegenüberstellen" (I, S. 63f.), die eine Universalität in einer anderen Richtung verspricht, muß gleichfalls die konkrete Erfüllung vermissen lassen; denn wenn auch die Schulkinder in verschiedenen Kulturländern untersucht wurden, so waren es bisher doch fast nur Schulkinder von Kulturländern, also eine ziemlich homogene Masse.

In der äußeren Gliederung des Phänomens Jugend schließt sich Meumann der üblichen an, in „1) das eigentliche *Kindesalter* von der Geburt bis zur beginnenden Pubertätsentwicklung (etwa bis zum 14. Jahre, für südliche Länder und andere Rassen und Nationalitäten bis zum 13. Lebensjahre); 2) das *Knaben-* und *Mädchenalter* vom 14. bis etwa zum 18. (bei Mädchen 16. Jahre); 3) das Alter des *Jünglings* und der *Jungfrau*, das wir als den Abschluß der eigentlichen Entwicklung bezeichnen." (I, S. 64) Vor allem bearbeitet wird auch bei Meumann das Kindesalter. Aber da er ausdrücklich als Aufgabe der Jugendforschung bezeichnet: „Besonders wichtig ist es, die charakteristischen *Unterschiede* festzustellen, welche der Jugendliche im Durchschnitt auf jeder Entwicklungsstufe vom

Erwachsenen zeigt und seine *allmähliche Annäherung an den geistigen und körperlichen Habitus des erwachsenen Menschen zu erforschen"* (I, S. 51), werden auch die späteren Perioden unterschiedlich berücksichtigt.

Die allgemeine Richtlinie für die Beurteilung des seelischen Lebens der Jugend ist bei Meumann klar genug gegeben durch die folgenden Sätze: „Wir haben erst durch die Kinderpsychologie der Gegenwart eingesehen, wie groß die Verschiedenheit ist, welche die geistige Eigenart des Kindes vom Erwachsenen in gewissen Schuljahren zeigt" (I, S. 50f.); „ ... daß wir das Kind nur richtig verstehen, wenn wir es als *ein sich entwickelndes Wesen auffassen"* (I, S. 64). „Um die *Entwicklung* des Jugendlichen im *allgemeinen* zu verstehen, muß man vor allem die Vorstellung fallen lassen, daß sie einfach eine qualitative Vervollkommnung und quantitative Zunahme des Körpers und Geistes wäre. Weder ist der jugendliche Organismus nur ein verkleinerter Körper des erwachsenen Menschen, noch ist das geistige Leben des Kindes bloß durch geringere Leistungen ausgezeichnet." (I, S. 65f.) Worin nun diese besondere Qualität bestehen mag, wird wie folgt angedeutet; vorweggenommen wird: „wir können keine geistige Fähigkeit bei dem Erwachsenen nachweisen, die das Schulkind nicht besitzt." (I, S. 118) Aber es „ist die *Verteilung* der geistigen Fähigkeiten bei dem Kinde und damit auch der Gesamtcharakter der geistigen Tätigkeit anders als bei dem Erwachsenen" (I, S. 118); ferner ist „auch die Qualität der Bewußtseinsinhalte, namentlich die der elementaren, beim Kind eine andere als beim Erwachsenen" (I, S. 123); zuletzt scheint sicher, „daß die Entwicklung des Kindes auch darin bestehen konnte, daß seine *quantitative oder intensive* Leistungsfähigkeit geringer ist als die des Erwachsenen." (I, S. 124f.) Es läßt sich zeigen, „daß der Jugendliche auf *allen* Gebieten der geistigen und körperlichen Tätigkeit *qualitativ weniger leistet als der Erwachsene.*" (I, S. 125) Die allgemeine Charakteristik des Jugendlichen im Vergleich zum Erwachsenen ist gegeben durch den Gedanken, „daß das Jugendalter im *allgemeinen* uns den variableren, im höheren Maße veränderungsfähigen Menschen zeigt, das Alter des Erwachsenen dagegen den Menschen mehr unter der Herrschaft des Wiederholungsgesetzes." (I, S. 685)

Diese Bemerkungen beziehen sich auf die Jugend im Sinne Meumanns, also die Zeit von der Geburt bis zum Abschluß der eigentlichen Entwicklung. Von der Zeit, die wir in unserer Arbeit „Jugend" nennen, wird bei Meumann nur die Zeit der Pubertät behandelt, während er über die „Jünglings- und Jungfrauenjahre" kaum eine Bemerkung macht. Die Jugend im engeren Sinne, die Pubertätszeit, wird charakterisiert als *„die eigentliche Bildungsperiode*, in welcher sich das Individuum in einem labilen Entwicklungszustande befindet, in der deshalb körperliche und geistige *Grundeigenschaften*, bleibende Charakterzüge der Persönlichkeit, teils dauernd befestigt, teils noch umgestaltet oder unterdrückt werden können." (I, S. 112) Es „kennzeichnet sich das Pubertätsalter in vieler Hinsicht als *die Übergangszeit vom* rein kindlichen Körper- und Geistestypus zu dem des Erwachsenen; die kindlichen Eigenschaften verlieren sich allmählich, sie mischen sich mit solchen des Erwachsenen und erzeugen jenes Übergangsstadium, das wir beim Knaben als die Flegeljahre, beim Mädchen als die Backfischzeit kennen; ... auf geistigem Gebiete regt sich mehr und mehr das selbständige Urteil; die Kritik an dem Gewohnten und an menschlichen Autoritäten setzt ein, das Gemütsleben erhält bei vielen Individuen eine Bereicherung und Vertiefung, die sich auch im Stil des deutschen Aufsatzes und in ersten poetischen Versuchen verrät. ... der blumenreiche Stil [ist] für dieses Alter charakteristisch. Die Empfindlichkeit und das Ehrgefühl des Schülers ist in dieser Zeit oft hochgradig erregbar; die Zerstreutheit nimmt infolge der zahlreichen sich neu entwickelnden Organengefühle und Triebe zu (Gudden); auch sexuelle Neigungen treten – anfangs oft in ganz unbestimmter Form – auf, der Drang nach Vermehrung der Kenntnis über das Geschlechtsleben nimmt naturgemäß zu" (I, S. 111f.).

Was Meumann an zusammenfassenden Formeln über die Eigenart der Auffassung, der Apperzeption, der Aufmerksamkeit, der Sinneswahrnehmung, des Gedächtnisses, Vorstellens und Denkens gibt, ist für unsere Aufgabe nebensächlich, da es sich fast ausnahmslos auf die Zeit vor der Pubertät beschränken muß. Wir haben somit in dem Bisherigen erschöpft, was an *Beschreibung* der jugendlichen Eigenart in Meumanns Werk zu finden ist, und zwar haben wir nicht Sätze aus dem Zusammenhang gerissen, die uns typisch zu sein schienen, sondern wir haben alle zusammenfassenden Formeln über die allgemeine Eigenart der Jugend nebeneinander gestellt. Es bestätigt sich, was wir oben über den Nutzen sagten, den eine zusammenfassende Darstellung der Jugendpsychologie heute schon bringen könnte; denn eines zum mindesten muß dem Leser dieses kurzen Exzerptes klar werden, daß wenigstens die deutsche Psychologie uns über die Besonderheit des Zustandes „Jugend" soviel wie nichts zu sagen weiß. Und auch der andere Nutzen ist schon aus dem Bisherigen zu ziehen; denn so wenig auch für die Lösung unseres Problems bei Meumann getan ist, so viel ist für die Zukunft vorbereitet, indem ein Rahmen für künftige Forschungen durch den wichtigen Gesichtspunkt gegeben ist, daß die Eigenart der Jugend nicht zu suchen sei in einer quantitativen, sondern in einer qualitativen Verschiedenheit des Bewußtseinszustandes von Jugend und Erwachsenheit. Dies wird an seiner Stelle noch ausführlich erörtert werden; wir möchten hier nur darauf aufmerksam machen, daß Meumann selbst, der dieses Prinzip für die Kindheit konsequent durchführt und so zu neuen und revolutionierenden Ergebnissen kommt, sich für die Darstellung der Pubertät mit den üblichen Gemeinplätzen begnügt, ohne klar zu merken, daß diese mit seinem eigenen Grundsatz unvereinbar sind.

Meumann kennzeichnet die Pubertät als das Alter, in dem sich kindliche und erwachsene Eigenschaften mischen, kurz nachdem und kurz bevor er wiederholt beweist, daß es überhaupt keine erwachsenen oder kindlichen Eigenschaften gibt, sondern daß die kindliche Eigenart in einer besonderen Verteilung der gleichen Eigenschaften besteht, die in einer anderen Struktur den Typus des Erwachsenen konstituieren. Und also wird man höchstens sagen können, daß die Pubertätsstruktur in gewissen Beziehungen der erwachsenen ähnlicher sei als die kindliche, aber damit ist das Problem, worin die beiden eigentlich unterschieden seien, nicht im mindesten gelöst. Die Beantwortung der Frage, welche Eigenschaften an diesen Verlagerungen, wie man vielleicht sagen könnte, welche die seelische Entwicklung ausmachen, beteiligt sind, und wie jene Verteilung im einzelnen beschaffen ist, stellt Meumann zwar hin, aber er vermag sie nach dem gegenwärtigen Stand der Wissenschaft nicht zu beantworten. Und so fassen wir zusammen, daß ein inhaltlicher Begriff von Jugend nicht gegeben wird, nur ein Unterschied qualitativer Art zwischen jugendlicher und erwachsener allgemeiner psychischer Beschaffenheit wird auf Grund der Tatsachen konstatiert.

Wenn nun nach den Ursachen der jugendlichen Eigenart gefragt wird, und diese Frage zu beantworten scheint Meumann eine wichtige Aufgabe der Jugendforschung zu sein, so kann man einmal meinen: Was verursacht das Auftreten einer bestimmten seelischen Struktur in einem bestimmten Lebensalter; ein andermal aber kann man die Frage nach der Ursache der Tatsache „Jugend" überhaupt aufwerfen. Meumann behandelt diese zweite Fragestellung kaum oder doch nicht *explicite*. Er stellt vor allem die erste. Sie zu beantworten sind zunächst die formulierten allgemein-psychologischen Gesetze nötig, so zum Beispiel das der psycho-physischen Entwicklungskorrelation. Diese Gesetze aber, sie mögen übrigens so richtig sein wie nur möglich, lehren uns nichts über die spezifischen Gesetze des jugendlichen Lebens; denn da dieses nur einen Abschnitt des menschlichen Lebens ausmacht, jene aber ständig wirksam sind, so sind offenbar gerade die entscheidenden Formulierungen in ihnen nicht gefunden.

Näher kommt einer Antwort alles, was sich auf die Parallelität zwischen der seelischen und der körperlichen Entwicklung bezieht; denn die Ursachen einer seelischen Erscheinung auffinden heißt, die gesetzmäßigen Beziehungen entdecken, die sie zu allen anderen Tatsachenkomplexen hat. Darum sagt Meumann: „Wir müssen die *Beziehungen* zwischen der körperlichen und geistigen

Entwicklung des Kindes feststellen; beide gehen nicht in allen Punkten parallel, und es ist wichtig, die Frage zu beantworten, ob sich eine Parallelität zeigt zwischen der Entwicklung *einzelner* körperlicher Organe und Funktionen und *bestimmter* geistiger Fähigkeiten." (I, S. 51) Für Meumann ist aber in dieser Parallelität mehr gegeben als eine beliebige Beziehung; er sieht darin vielmehr die tatsächliche Erklärung der psychischen Erscheinungen: „Alle die bisher genannten allgemeinen Eigenschaften des kindlichen Geistes verdanken ihre typische Verschiedenheit vom Erwachsenen und ihren eigenartigen Entwicklungsgang gewissen *physiologischen Grundeigenschaften des kindlichen Organismus.*" (I, S. 205) Die physiologische Beschaffenheit des Organismus gibt aber bloß die Grundlage für die geistige Eigenart. Um ihr Wesen und ihre Entwicklung mehr im einzelnen zu verstehen, versucht Meumann, „einige wenige Grundgesetze" aufzustellen. Die „Gesetze, die diesen Entwicklungsgang beherrschen, *können* nicht einfach sein"; schon darum nicht, weil „wir in jedem Altersstadium des Kindes immer nur das Mischprodukt aus Erziehungs- und Entwicklungsfaktoren vor uns haben" (I, S. 666). Gegen Versuche, eine „einzige Grundregel, durch welche die ganze Entwicklung des Kindes in einheitlicher Weise beherrscht wird" (S. 667f.), aufzustellen, „müssen wir sehr mißtrauisch sein, denn entweder sind sie nur aus einem relativ beschränkten Tatbestande der Entwicklung abstrahiert, ... oder sie ... sind angesichts der Fülle und Verschiedenheit der Umstände, für die eine solche Formel gilt, notwendig nichtssagend und zu allgemein." (I, S. 668)

Es werden hierauf drei Entwicklungsgesetze aufgestellt. *Erstens:* „die Entwicklung des Individuums ist von Anfang an in dominierender Weise bestimmt durch seine angeborenen Anlagen" (I, S. 671). *Zweitens:* „Die Reihenfolge der Entwicklung der psychischen Funktionen ist in hohem Maße durch den Erwerb der menschlichen Gattung bestimmt" (S. 672), und zwar gilt dabei der Satz: „je notwendiger eine Funktion für das Leben des Kindes ist, desto früher wird sie entwickelt." (ebd.) *Drittens:* „die geistige und körperliche Entwicklung des Kindes vollzieht sich nicht gleichmäßig, sondern in großen periodischen Schwankungen" (S. 674). Es werden drei verschiedene Erscheinungskomplexe unter diesen Schwankungen unterschieden: (A) „Die reine zeitliche Periodik ... Sie sagt, daß der *allgemeine* Fortschritt des Jugendlichen ... bald schneller, bald langsamer vor sich geht". (ebd.) (B) „Die qualitative Differenzierung dieser zeitlichen Periodik ... bald entwickelt sich die eine, bald die andere der einzelnen körperlichen und geistigen Funktionen und Leistungen ... schneller oder langsamer. Dadurch entsteht ... die Erscheinung, daß gewisse *Entwicklungsstadien* durch *bestimmte* geistige und körperliche Eigenschaften charakterisiert sind." (ebd.) (C) „*Es gibt Perioden spezifischer Empfänglichkeit des Kindes* für bestimmte, oft ganz eng begrenzte Gruppen von Eindrücken oder Fähigkeiten, die wesentlich als annähernd reine Entwicklungserscheinungen aufzufassen sind." (S. 675)

Von diesen drei Gesetzen scheint uns bloß das dritte eine Erkenntnis darzustellen, die uns einem Begriff der Jugend näher brächte. Das erste, in dieser ganz allgemeinen Form ausgedrückt, enthält nicht viel mehr als eine Selbstverständlichkeit; und das zweite hat seinen Wert als Rahmen für speziellere Ausführungen, und dabei bleibt noch immer sehr bedenklich, daß dieses Gesetz, wenn man es etwa formuliert als: „die seelische Struktur des Jugendlichen ist jederzeit so, daß er lebensfähig bleibt" eine reine Selbstverständlichkeit enthält; wenn aber der Anteil der Gattung besonders betont wird, für jeden, der sich diese Zusammenhänge im konkreten vergegenwärtigen möchte, völlig unverständlich wird. So glauben wir sagen zu müssen: was Meumann an Erklärung der seelischen Eigenart der Jugend bietet, ist selbst dann, wenn man inhaltlich mit ihm völlig übereinstimmte, nicht mehr als ein erster, sehr allgemeiner, lückenhafter Versuch. Dazu kommt, wie bereits angedeutet ist, daß über die Frage, welches die Ursachen des Gesamtphänomens „Jugend" sind, nichts gesagt wird.

Um Mißverständnissen vorzubeugen, sei bemerkt, daß diese Einwände unserer Schätzung des Werks in einer anderen Hinsicht nicht den geringsten Abbruch tun.

Meumann wollte weder eine Psychologie der Jugend schreiben, noch hätte er, der sich streng an die empirisch gefundenen Tatsachen halten wollte, im gegenwärtigen Augenblick eine schreiben können. Er wollte die Grundlagen der Pädagogik als empirischer Wissenschaft schaffen, und auch wir glauben, daß ihm dies gelungen ist. Wenn die Idee, die Meumann dabei geleitet hat, Allgemeingut der pädagogischen Wissenschaft werden wird, wenn also die genaue und vollständige Kenntnis der seelischen Verfassung des Schülers als erste Grundbedingung für einen gedeihlichen Unterricht erkannt sein wird, dann wird auch vieles von dem, was wir als Lücke in der gegenwärtigen Psychologie empfunden haben, ausgefüllt werden; denn eine so gerichtete Pädagogik hat das intensivste Interesse an einer möglichst ausgedehnten Jugendforschung.

Es ist aber zu befürchten, daß eine Jugendpsychologie, die den Hauptanreiz zur Forschung aus den Bedürfnissen der Pädagogik nimmt, vor allem sich um jene Gebiete einer universalen Jugendkunde bemühen wird, die nur für den Unterricht direkt in Betracht kommen. Und weil schon diese Probleme ein überreiches Maß von Arbeit verlangen und die Kraft des einzelnen notwendig beschränkt ist, so kann von hier aus nicht nur eine fragmentarische, sondern selbst eine falsche oder verkehrte Jugendpsychologie erwachsen. Denn es liegt nahe, die Ergebnisse der Schulkinderforschung zu verallgemeinern als psychologische Erkenntnis der Jugend, obwohl im Schulkind nur ein sehr geringer Teil der Jugend (und dies wird nur um wenig gebessert, wenn der Mittelschüler und höhere Schüler mit in den Kreis der Untersuchungen gezogen wird) und von dieser ihrerseits nur ein beschränkter Teil der seelischen Phänomene wirklich beobachtet worden war. Von hier aus ergibt sich das dringende Bedürfnis, an die Erforschung der Psychologie der Jugend von rein psychologischen Gesichtspunkten aus heranzugehen; denn dasselbe, was für die Pädagogik gilt, gilt für die Kriminalistik, die Anthropologie, die Religionsforschung und für jede Wissenschaft, die sonst noch ein Interesse daran haben mag, daß gewisse Phänomene des jugendlichen Seelenlebens genauer bekannt werden. Es kann sein, daß die Summierung aller dieser Anreize das Feld der Psychologie ausfüllt. Aber es bleibt immer willkürlich und ungewiß.

Um wieviel weiter wir bei einer rein psychologischen Erforschung der Jugend in der Fassung eines wissenschaftlichen Begriffs von ihr gelangen könnten, wird überraschend klar bei einem Vergleich zwischen Meumanns Werk und Stanley Halls beiden Bänden über „Adolescence, its Psychology...". Wenn auch ein Teil der größeren konkreten Erfülltheit seiner allgemeinen Formeln über Jugend und ebenso ein Teil seiner Konstruktionen über die Ursachen der jugendlichen Eigenart und den Sinn des Phänomens „Jugend" überhaupt gegenüber denen Meumanns von einer etwas größeren Phantasie und Leichtfertigkeit und einer etwas geringeren Exaktheit und Gründlichkeit herrühren mag, so ist doch der überwiegende Teil dieses Vorsprungs des Amerikaners gegenüber dem Deutschen herzuleiten von dem mehr im Zentrum stehenden rein psychologischen Interesse der amerikanischen Kinder- und Jugendforschung.

Weil aber Stanley Hall sein ganzes Werk der Herausarbeitung des Begriffs und einer Theorie der Jugend gewidmet hat, können wir nicht über sein Buch so referieren wie oben über das Meumanns. Denn in diesem Falle müßten wir so ziemlich das meiste der über 1300 Seiten exzerpieren. Die Methodik der Jugendforschung wird von Hall nur ganz nebenbei erwähnt, während Meumann ihr den größten Teil seiner Arbeit eingeräumt hat; und so wäre bei Hall nur wenig auszulassen, wenn wir sämtliche Stellen zitieren wollten, die sich mit unserem engeren Problem befassen. Daher begnügen wir uns, im folgenden einige typische, längere Stellen herauszuheben, um an ihnen zu zeigen, wie Hall die Eigenart der Jugend beschreibt und wie er ihre gesetzmäßige Besonderheit zu erklären versucht. Dies ist um so leichter möglich, als es sich für ihn um die Darstellung und den Beweis eines einheitlichen Gedankens handelt, der sich gleicherweise durch alle psychologischen Kapitel hindurchzieht, sie mögen nun ausführlich behandeln „sexuelle Entwicklung"[12], „Periodizität", „jugendliche Liebe", „jugendliches Naturgefühl", „Psychologie der jugendlichen Bekehrung" (conversion), „soziale Instinkte und Institutionen", Themen, die von Meumann entweder überhaupt nicht erwähnt oder kaum angedeutet sind; oder sie mögen den Problemkreis der deutschen Jugendpsychologie enthalten, wie „Veränderungen der Sinne und der Stimme" oder „intellektuelle Entwicklung".

Ein Versuch, „die besonders spezifischen seelischen Veränderungen, welche die Jugend bezeichnen" (the more specific psychic changes which mark adolescence; II, S. 70), darzustellen, ist im zweiten Band (S. 70–88) gemacht:

„Die wichtigsten und grundlegendsten von diesen (Problemen) hängen mit der Tatsache zusammen, daß jetzt Kräfte und Fähigkeiten auftreten, die im wesentlichen vorher nicht existierten; von allen früheren Trieben und Instinkten werden einige verstärkt und sehr entwickelt, während andere zurückgedrängt werden, so daß neue Beziehungen auftreten und das Ich einen neuen Mittelpunkt findet. In Verbindung mit der Zeugungsfähigkeit entsteht Liebe mit allen damit zusammenhängenden Leidenschaften – Eifersucht, Rivalität und vielschichtigen Erscheinungsformen menschlicher Werbung. Alle früheren religiösen Gefühle werden erneuert, und einige treten zum ersten Mal auf". (The most important and basal of these are connected with the fact that powers and faculties, essentially non-existent before, are now born, and of all older impulses and instincts some are reenforced and greatly developed, while others are subordinated, so that new relations are established and the ego finds a new center. In connection with the reproduction function, love is born with all its attendant passions – jealousy, rivalry, and all the manifold phenomena of human courtship. All

---

12 Die angeführten Zitate aus Hall werden von mir nach dem englischen Text der unter (9) zitierten Ausgabe übersetzt. „Jugend" ist hier immer im engeren Sinn zu verstehen und trifft so genau die Bedeutung des englischen „adolescence". [Der Wortlaut aus dem Original wird hier mit Angabe der Seitenzahl ergänzt.]

the previous religious sentiments are regenerated and some now arise for the first time; II, S. 70.) – „Die Natur wird empfunden und übt auf die Seele die ganze reiche Skala ihrer Einflüsse aus. Die Kunst kann in dieser Zeit Begeisterung erzeugen und wird jetzt zum erstenmal tief und wahrhaftig gefühlt, selbst wenn sie schon vorher gekannt und ausgeübt worden war. Das sittliche Leben ist unendlich erweitert, weil jetzt erst eine viel tiefere Möglichkeit und Bedeutung von Sünde und Unreinheit entsteht." (Nature is felt and plays upon the soul with all its rich orchestra of influences. Art at this time may become an enthusiasm and is now first deeply and truly felt, even though it had been known and practised before. The ethical life is immensely broadened and deepened, because now a far deeper possibility and sense of sin and impurity arises. II, S. 70) – „Heldenverehrung entsteht; Jugend trachtet danach, sich auszuzeichnen, zuerst vielleicht ... in körperlichen Kämpfen, dann in geistigen." (Hero worship arises; youth aspires to exel, first perhaps by the order of nature in athletic contests, then in those of mind. II, S. 72) – „Der Jugendliche will alles, was er muß oder kann, ganz; er möchte weise, stark, berühmt, begabt, gelehrt, reich, geliebt und überdies gut und vollkommen sein." (The youth wills all that he must or can; would be wise, strong, famous, talented, learned, rich, loved, and withal good and perfect. II, S. 72) – „Die transzendentale Welt öffnet sich vor ihm, er träumt von einer idealen Zukunft der Menschheit oder von einem Jenseits, wo alle seine Wünsche ... erfüllt sein werden". (The transcendental world opens before him; he dreams of an ideal future of the race or of a heaven where all his wishes shall be realized in the glory of the world to be; II, S. 72) – „Wir sehen die für diese Zeit so charakteristische schwankende Unruhe, die Emotionen entwickeln sich durch Kontrast und Reaktionen in ihr Gegenteil. Einige wenige dieser bezeichnenden antithetischen Tendenzen wollen wir betrachten." (We here see the instability and fluctuation now so characteristic. The emotions develop by contrast and reaction into the opposite. We will specify a few of its antithetic impulses now so marked. II, S. 75)

„1. Es gibt Stunden, Tage, Wochen und vielleicht Monate von über-energischer Tätigkeit. Der junge Mensch trainiert sich mit Eifer." Er „ist weichlich, matt, träge, gleichgültig, ermüdet, apathisch, schläf-rig, faul". (There are hours, days, weeks, and perhaps months of overenergetic action. ... (He) is limp, languid, inert, indifferent, fa-tigued, apathetic, sleepy, lazy; II, S. 75.)

„2. Eng verbunden damit ist das Hin- und Herpendeln zwischen Freude und Leid ... Die Schwankungen der Stimmungen bei Kindern sind rasch und ohne Unterlaß. Tränen und Lachen lösen einander stetig ab." – „Mit dem Beginn der Jugend sind die Schwankungen geringer, aber oft für eine Zeitlang krasser". (Closely connected with this are the oscillations between pleasure and pain ... The fluctua-tions of mood in Children are rapid an incessant. Tears and laughter are in close juxtaposition. ... With the dawn of adolescence, the fluc-tuations are slower and often for a time more extreme; II, S. 75f.) – „Jugend kann nicht mäßig sein im philosophischen Sinn. Sie neigt vielleicht zu übertriebenem Lachen und Fröhlichkeit und gibt sich Freuden hin, aus denen oft nach und nach Schmerz entsteht." – „Die Freuden des Lebens werden von niemandem so stark empfunden; die Jugend lebt für die Freude". – „Aber sie verwandelt sich auch in Schmerz und Disphorie". – „Die Statistiken zeigen ... eine erschrek-kende Zunahme von Selbstmorden." – „„Die Kurve des Kleinmuts beginnt mit dem 11., wächst beständig und rasch bis zum 15., kulmi-niert im 17. und fällt dann beständig bis zum 23. Lebensjahr!'" (Youth can not be temperate, in the philosophical sense. Now it is prone to laughter, hearty and perhaps almost convulsive, and is abandoned to pleasure, the field of which ought gradually to widen perhaps the pain field, although more. ... The joys of life are never felt with so keen a relish; youth lives for pleasure... But this, too, re-acts into pain and disphoria... Hence statistics show ... a strange rise in the percentage of suicides. ... ‚The curve of despondenca starts at eleven, rises steadily and rapidly till fifteen, culminates at seventeen, then falls steadily till twenty-three.' II, S. 77 [Zitat nicht nachgewie-sen])

„3. Das Selbstbewußtsein wächst, und wir finden alle Grade von Egoismus und alle Formen des Selbstgefühls." – „Aber die Ebbe die-ser Flut ist nicht weniger deutlich". (Self-feeling is increased, and we have all degrees of egoism and all forms of self-affirmation. ... But the ebb of this tide is no less pronounced; II, S. 79f.)

„4. Eine andere, deutlich verwandte Alternation ist die zwischen Selbstsucht und Altruismus." (Another clearly related alternation is that between selfishness an altruism. II, S. 81)

„5. Nahe verwandt mit dem obigen sind die Alternationen zwi-schen gutem und schlechtem Betragen im allgemeinen." (Closely connected with the above are the alternations between good and bad conduct generally. II,S. 82)

„7.[13] Verwandt damit ist der Wechsel von außerordentlicher

---

13 Nr. 6 wird in Bernfelds Zitat ausgelassen.

Empfindlichkeit und Unerschütterlichkeit, selbst Apathie, Harther-
zigkeit und vielleicht Grausamkeit." (Closely akin to this are the
changes from exquisite sensitiveness to imperturbability and even
apathy, hard-heartedness, and perhaps cruelty. II, S. 85)

„8. Neugier und Interesse sind im allgemeinen die ersten Regungen des intellektuellen Vermögens. Jugend ist gewöhnlich wißbegie-
rig und das nicht nur in einer, sondern in manchen Richtungen." –
„Aber auch das Gegenteil hängt nicht weniger mit diesen Jahren zusammen. Hier finden wir die trägen Verfassungen und Typen, welche stumpf sind, die leidenschaftliches geistiges Interesse als
schlecht betrachten, die Blasiertheit kultivieren, die nicht bewundern
können noch wollen." (Curiosity and interest are generally the first
outcrop of intellectual ability. Youth is normally greedy for knowledge, and that, not in one but in many directions. – But the opposite
is no less germane to these years. Here we find the inert moods and
types, which are apathetic, which cannot be prefoundly stirred, that
regard passionate mental interests as bad form, and cultivate indiffe-
rence, that can not and will not admire. II, S. 85f.)

„9. Ein anderes Hin- und Herschwanken steht zwischen Wissen
und Tun. Da bezaubert das Leben des Gelehrten, und das Streben
geht darauf, gelehrt, belesen zu sein". – „Aber eine Reaktion ist fast
immer unvermeidlich, wenn diese rezeptive Leidenschaft außerordentlich wird, und bald treibt ein unbewußter Instinkt oder irgend
ein Zweck den Jüngling aus den Toren heraus, da er für die Natur
schwärmt oder auch seine Muskeln üben will." (Another vacillation
is between knowing and doing. Now the life of the study charms,
and the ambition is to be learned, bookish, or these is a passion to
read. – But a reaction is almost always inevitable where this recep-
tive passion is extreme, and soon either unconscious instinct or else
purpose takes the youth out of doors, because he has fallen in love
with nature, or, it may be, to cultivate muscle. II, S. 86)

„10. Weniger oft sehen wir die Abwechselung zwischen Herrschaft konservativer und radikaler Instinkte." (Less often we see one
or more alternations between dominance by conservative and by ra-
dical instincts. II, S. 87)

„12.[14] Im engeren Zusammenhang damit steht die Gegenüberset-
zung von Weisheit und Tollheit." (Closely connected with this is the
juxtaposition of wisdom and folly. II, S. 88)

Im Wesen gleich mit dieser Darstellung ist Halls Auffassung über die Eigenart der Jugend in bezug auf die Entwicklung der Sinne, den Begriff in einer etwas weiteren
Bedeutung gefaßt als üblich. „Die Jugendjahre sind das
goldene Alter der Sinne ... In ihnen bietet die Seele ge-

---

14 Nr. 11 wird in Bernfelds Zitat ausgelassen.

wissermaßen die meiste Oberfläche der Außenwelt dar. Die Augen besonders sind so weit offen, wie sie nur können ... der Gefühlston (feeling tone) und die allgemeine Sinnesempfindlichkeit (general sense feeling) ... sind äußerst gesteigert, so daß die Fähigkeit, die Welt zu erkennen und Erfahrungen zu erwerben, ... jetzt am meisten entwickelt ist ... Das Wachstum der Geschlechtsorgane und -funktionen erzeugt ... eine verwirrende Masse von Eindrücken, die nicht erklärt und zunächst nicht einmal lokalisiert werden können ... Diese Jahre sind die wertvollste Dekade des Lebens, kein Alter ist so aufnahmebereit für die edelsten und vernünftigsten Bestrebungen der Erwachsenen."

Man hat in der deutschen Psychologie merkwürdigerweise das Gebiet der jugendlichen Sexualität so gut wie gar nicht studiert, obwohl dies nahe genug gelegen wäre, da doch das Stadium der Jugend beginnt mit der Pubertät. Hall stellt die Sexualität der Jugend fast in den Mittelpunkt seiner Untersuchungen: „Weder die Psychologie noch die Pädagogik der Jugend kann ohne sorgfältige Berücksichtigung des ganzen Problems der Geschlechter behandelt werden." Hier wie überall ist seine Methode die Darstellung der verschiedenen Stufen der seelischen Entwicklung, wie sie im Laufe der Jugendzeit aufeinander folgen. Als allgemeine Charakterisierung mag hier genügen, daß nach seiner Ansicht „der Beginn der Jugend bezeichnet ist durch ein besonderes Geschlechtsbewußtsein. Die jungen Menschen sind psychologisch im Zustand von Adam und Eva, die zum ersten Mal sehen, daß sie nackt sind." (The dawn of adolescence is marked by a special consciousness of sex. Young people are psychologically in the condition of Adam and Eve when they first knew they were naked. II, S. 97) Er skizziert etwa die folgenden Stadien:

„Die typische Entwicklung des Liebesgefühls im Individuum kennen wir auch noch sehr wenig.

1. Eine infantile Erscheinungsform desselben beobachtet man oft bei Knaben und Mädchen unter 8 Jahren. ... Es ist platonisch und in einem gewissen Sinn ungeschlechtlich, eine seelische Neigung von einer Reinheit, wie sie im allgemeinen später nicht mehr möglich

ist." (As to the typical development of the sentiment of love in the individual, we still know too little. 1. An infantile form of it is often seen between boys and girls under the age of eight. ... It is Platonic and in a sense sexless, a purer affinity of soul than is generally possible later. II, S. 102)

„2. Später ..., etwa vom 8. bis zum 12. oder 14. Jahr, folgt eine andere Phase der jugendlichen Liebe. Es herrscht ein akutes Interesse für eine bestimmte Person des anderen Geschlechts, aber diese bleibt nicht mehr unbewußt. Man nähert sich dem Objekt der Neigung, aber nur bis zu einer gewissen Entfernung." (Later ... at from perhaps eight to twelve or fourteen, comes another phase of juvenile love. There is acute interest in some person of the other sex, but it is no longer unconscious. The object of attraction is followed, but at a distance. II, S. 103)

„4.[15] Hier ist eher eine genau umschriebene Periode, die mit der Pubertät beginnt; sie ist bezeichnet durch eine allgemeine Tendenz bei den Geschlechtern, sich für eine Zeit in die Einsamkeit zurückzuziehen. ... Die neuen Interessen, die nun entstehen, sind eher mannigfaltig, fremd, plötzlich und ausfüllend. Jeder wird ein neuer Mensch; auch alle Beziehungen, Ideen und Ideale ändern sich. ... Lebensweisen, Interessen und Pläne für die Zukunft differenzieren sich." (In the fourth stage, there is a rather distinct period that begins with puberty which is marked by a general tendency of the sexes to draw apart for a season. ... The new interests now born are too many, strange, sudden, and absorbing. Each is a new creature, and all relations, ideas, and ideals are changed. ... Modes of life, interests, and plans for the future differentiate. II, S. 108)

„5. Die Zeit der Liebe, in der vollen und reinen Bedeutung des Wortes, kommt allmählich herauf, wenn Körper und Seele reifen". (The age of love, in the full and proper sense of the word, slowly supervenes when body and soul are mature; II, S. 108)

Wenn Hall diesem Thema zwei ausführliche Kapitel widmet, so geschieht dies nicht allein deshalb, weil das Gebiet selbst schwierig und weit verzweigt ist, sondern weil er ihm eine über die offenbar zutage liegende Bedeutung für die Eigenart des Jugendlichen und seine Erziehung hinausgehende beimißt: „Gewöhnlich ist die Entwicklung der Sexualfunktion vielleicht der größte aller Antriebe zum geistigen Wachstum" (The development of the sex functions is normally, perhaps, the greatest of all stimuli to mental growth. II, S. 108); und: „die Tatsache, daß Liebe die Seele für die Einflüsse der Natur feiner empfindlich macht, ist ein genetischer Faktor in

---

15 Nr. 3 wird in Bernfelds Zitat ausgelassen.

der Entwicklung der Kunst, Literatur und Religion und vielleicht in gewissem Grad der Wissenschaft." (The fact that love sensitizes the soul to the influences of nature makes it a genetic factor in the evolution of art, literature, natural religion, and perhaps to some extent of science. II, S. 129)

Solche Bemerkungen, ausführlich begründet, bezeichnen den Standpunkt, den Hall auf Grund seiner Untersuchungen in dieser Frage einnimmt. Ihm wird gewissermaßen die Tatsache und die Art der sexuellen Entwicklung der Jugend zum Schlüssel für die Erkenntnis der Tatsache und der Art des höchstgesteigerten jugendlichen Interesses für Kunst und Wissenschaft, der liebevollen Hingabe an Natur und Religion. Außerdem gewinnt die Tatsache der jugendlichen Sexualentwicklung eine besondere Bedeutung dadurch, daß sie intensive Triebe zum „Guten" erzeugt. „Struggles for absolute purity and perfection germane to this age are met by the influences that seem to spring from the prince of darkness and his abode" (I, S. 439f.; gemeint ist die Masturbation die mit ihr verbundenen sexuellen Verirrungen und Gefahren). Und hier ist eine Möglichkeit gegeben für fruchtbare pädagogische Einwirkung, denn es ist Halls Überzeugung, daß „the ideals of chastity are perhaps the very highest that can be held up to youth during this ever lengthening probationary period." (I, S. 453)

Geben die bisherigen Exzerpte vielleicht einen Einblick oder selbst eine abgerundete Darstellung dessen, was Stanley Hall als Eigenart der Jugend aus dem gegenwärtigen Zustande der Psychologie erkannt hat, so ist damit seine Leistung noch nicht voll erschöpft; denn der eigenartige, aber wohl auch weniger unbestreitbare Teil seiner Arbeit ist der Lösung der Frage gewidmet, was die Ursachen dieser Besonderheit sein mögen. Er findet die Antwort in einer großzügig entworfenen Theorie der Entwicklung des Bewußtseins, besser des Seelenlebens, der als Muster die Entwicklungstheorie diente, wie sie den Naturwissenschaften die wertvollsten Dienste geleistet hat. Er übernimmt die Begriffe der Phylo- und Ontogenie etwa in der Form, wie sie von Haeckel zuerst aufgestellt

wurden, und ebenso im großen und ganzen dessen bio-
genetisches Grundgesetz. Bekanntlich besagt diese, daß
die Entwicklung des Einzelwesens eine abgekürzte und
durch die Bedingungen seines Gegenwartslebens veränderte Wiederholung der Stammesentwicklung darstellt.
Dieses Prinzip anwendend, gelangt Hall zur Erklärung
der jugendlichen Eigenart als der Wiederholung eines in
früheren Zeiten der Menschheitsgeschichte tatsächlich
vorhanden gewesenen, allgemeinen seelischen Zustands.
Das gleiche gilt für die Kindheit, nur daß diese ein noch
weiter zurückliegendes Stadium andeutungsweise darstellt. Dementsprechend ist für die Tatsache, daß sich die
Kindheit zur Jugend und diese zur Erwachsenheit fort-
entwickelt, als Ursache gegeben, daß sich die Menschheit
über den Urzustand, den die Kindheit repräsentiert, fort-
entwickelt hat zu jenem, den die Jugend darstellt und
sich über ihn hinaus auch gegenwärtig unaufhörlich entwickelt. Als Illustration für diese Anschauungen setzen
wir einige Stellen hierher:

„In der Überzeugung, daß Kindheit und Gattung jeder der Schlüssel
zum Verständnis des anderen ist, habe ich ständig phyletische An-
wendungen in allen Graden der Möglichkeit vorgeschlagen. Einige
von diesen, glaube ich, wurden so deutlich bewiesen, als es gegenwärtig auf diesem dunklen und komplizierten Gebiet möglich ist.
Die Grenzen und Möglichkeiten der Rekapitulationstheorie auf dem
Gebiet der Biologie beachtend, bin ich überzeugt, daß ihre psychoge-
netische Anwendung ihre eigene Methode hat, und obgleich die Zeit
noch nicht gekommen ist, wo alle solchen Formulierungen vollkommen wären, habe ich so gut ich konnte jede Gelegenheit, die sich mir
bot, ergriffen. Mit dem Gefühl für die außerordentliche Bedeutung
weiterer Koordinierungen von Kindheit und Jugend mit der Entwicklung der Gattung wuchs die Überzeugung, daß wir nur von
hier aus Wahrheit zu erkennen hoffen dürfen über die Tendenz zur
Frühreife". (Holding that the child and the race are each keys
to the other, I have constantly suggested phyletic explanations of all
degrees of probability. Some of these, I think, have been demonstra-
ted so far as is now possible in this obscure and complicated domain.
Realizing the limitations and qualifications of the recapitulation
theory in the biologic field, I am now convinced that its psychogene-
tic applications have a method of their own, and although the time
has not yet come when any formulation of these can have much va-
lue, I have done the best I could with each instance as it arose. Along
with the sense of the immense importance of further coordinating
childhood and youth with the development of the race, has grown

the conviction that only here can we hope to find true norms against the tendencies to precocity in home, school, church, and civilization generally, and also to establish criteria by which to both diagnose and measure arrest and retardation in the individual and the race. I, S. VIII)

„Ungeduldig wie die Erwachsenen oft gegen die Exzentrizitäten des jugendlichen Appetits und der Neigung zur Unpünktlichkeit bei beiden Geschlechtern sind, so haben diese doch wahrscheinlich mit bestimmten Grenzen ihre Berechtigung. Denn dies ist das Alter, wo die Jugend in primitiven Gesellschaften bei der frühen Reife in den Tropen von der Hilfe der Eltern bei der Futterversorgung entwöhnt wird ..., bevor sie noch voll erfahren ist in den beiden Künsten Nahrung zu erwerben und zu bereiten; also eine Zeit, wo die Unregelmäßigkeiten, die ohnehin immer mit dem Leben der Naturvölker verbunden sind, vergrößert werden." (Impatient as adults often are at the eccentricities of juvenile appetites and the proneness to time-ir-regularities in both sexes, these probably have their justification within limits. This is the age when at early tropical majority youth in primitive society cut loose from parental aid in procuring food supply and set up for themselves in new environments, before they were fully skilled in the arts both of providing and preparing food, and so at a time when the irregularities always found in savage life were increased. II, S. 14)

„Jugendliches Seelenleben ist bezeichnet durch allseitige Mobilisation. Das Kind von neun bis zwölf ist an die Umgebung gut angepaßt und harmonisch entwickelt; es repräsentiert vermutlich einen alten und relativ vollkommenen Zustand der Entwicklung der Gattung, der heute noch immer in gewissem Sinn und Maß in warmen Klimaten möglich ist, der aber ... eine lange Periode hindurch als Endstufe der menschlichen Entwicklung zu einer bestimmten postsimianen Zeit andauerte. Mit der beginnenden Jugend bricht die alte Einheit und Harmonie mit der Natur ab; das Kind ist aus dem Paradies vertrieben und muß den langen Leidensweg des Aufstiegs antreten, muß für sich selbst das höhere Königtum der Menschlichkeit erobern, eine neue Sphäre sich eröffnen und einen neuen Abschnitt seiner psychophysischen Entwicklung beginnen." (Psychic adolescence is heralded by all-sided mobilization. The child from nine to twelve is well adjusted to his environment and proportionately developed; he represents probably an old and relatively perfected stage of race-maturity, still in some sense and degree feasible in warm climates, which, as we have previously urged, stands for a long-continued one, a terminal stage of human development at some post-simian point. At dawning adolescence this old unity and harmony with nature ist broken up; the child is driven from his paradise and must enter upon a long viaticum of ascent, must conquer a higher kingdom of man for himself, break out a new sphere, and evolve a more modern story to his psycho-physical nature. II, S. 71)

„Diese lange Wanderschaft der Seele von ihrer alten Stufe zu einer höheren Reife, welche die Jugend wiederholt, muß in bestimmten, hauptsächlichsten Linien in der Gattung lange vor der historischen Periode stattgefunden haben". (This long pilgrimage of the soul from its old level to a higher maturity which adolescence recapitulates must have taken place in the race in certain of its important lines long before the historic period; II, S. 73).

„Eine große Anzahl der phyletischen Korrelate zu einigen der markantesten Stadien, die die heranwachsende Kindheit auf dem Weg zur Reife durchlebt, existiert nur in den späteren Phasen der Entwicklung vom Anthropoiden zu den Naturvölkern, obgleich einige früher und manche erst später auftreten. Sehr oft ist dabei in diesem dunklen Zeitraum der einzige Schlüssel zur Erkenntnis die frühe Jugend, aber gerade hier ist der Zusammenhang so verwirrt, gefälscht, so oft verwischt, so gemengt mit Bestandteilen, die zu einer späteren Phase gehören, daß wir ihn nur wenig zu gebrauchen wissen." (A great number of the phyletic correlates of some of the most marked stages by which prepubescent boyhood passes to maturity exist only in the later phases of this transition from anthropoid to savage life, although many are found earlier and others later yet. To much in this dark interval early adolescence is the only key, but even here the record is so distorted, falsified, so often inverted, so mingled with what belongs to later phases, that we know as yet but little how to use this key. II, S. 93)

Was wir bisher mitgeteilt haben, ist so ziemlich alles, was von der heutigen Psychologie zum Begriff der Jugend mitgeteilt werden kann. Beide Werke verarbeiten sämtliche Spezialuntersuchungen in sich, jedes von einem anderen Gesichtspunkt, und diese beiden Werke sind die einzigen, die sich die Aufgabe gestellt haben, zusammenfassend darzustellen. Wenn wir nun im folgenden bemerken, was uns an diesen beiden Darstellungen falsch oder unvollkommen zu sein scheint, so üben wir nicht an ihnen allein, sondern zugleich an der gesamten gegenwärtigen Jugendpsychologie Kritik. Sollte es uns aber gelingen, wertvolle positive Anregungen zu bringen, so würde dies zugleich einer Förderung der Psychologie gleichkommen. Ihr gegenwärtiger unvollkommener Zustand läßt hoffen, daß dies wirklich möglich sein werde.

Das sicherste Ergebnis der Jugendpsychologie steht in einem merkwürdigen, direkten Widerspruch zur allgemeinen Anschauung. Gilt der naiven Ansicht die Jugend als spezifisch unfertig, so lehrt uns die Wissenschaft, in einem gewissen Sinn Jugend als einen fertigen Zustand anzusehen. Denn die Entwicklung der elementaren seelischen Fähigkeiten ist bis zum 14. Lebensjahr so ziemlich, bis zum 16. Lebensjahr nahezu völlig abgeschlossen. In dieser Beziehung ist kein Unterschied zwischen Jugend und Erwachsenheit zu konstatieren. Vielleicht ist auch tatsächlich keiner vorhanden. So unwahrscheinlich dies jenem gilt, der allein an die höhere Schuljugend denkt und dem allzu deutlich die völlig verschiedenen Anforderungen vor Augen stehen, die ihr im Gegensatz zu den Erwachsenen gestellt sind, so wahrscheinlich klingt es dem, der sich den Zustand der ganzen Jugend vergegenwärtigt. Die Anforderungen, die der erwerbstätigen Jugend in Handel und Industrie gestellt sind, unterscheiden sich im wesentlichen nicht von denen, die den Erwachsenen derselben gesellschaftlichen Schicht zugemutet werden, und die Jugend vermag sie zu befriedigen. Was allein einen Unterschied erzeugt, ist, daß die Jugend gewisse Kenntnisse und Fertigkeiten nicht besitzt; dies aber kommt nicht daher, daß ihre gegenwärtige seelische Art sie am Erwerb derselben hinderte, sondern ihrer vergangenen, ihrer Kindheit, die soeben abgeschlossen wurde, fällt es zur Last. Der Jugendliche ist imstande, dieselben Aufgaben wesentlich zu lösen wie der Erwachsene; nur daß seine Leistung durch das geringere Maß von Übung geringer ist. Dies gilt für alle Sinnesfunktionen, isoliert sowohl als kombiniert, und in etwas beschränktem Maße für die Intelligenz. Aus diesem Grund vermag die eigentliche experimentelle Forschung keine Eigenart der Jugend zu konstatieren. Für sie gibt es streng genommen überhaupt nicht den Begriff „Jugend". Denn jedes eigentliche Experiment ist eine gestellte Aufgabe, und diese vermag der Jugendliche im allgemeinen ebenso zu lösen wie der Erwachsene. Solange die einzelnen seelischen Elementarprozesse zur gleichen Zeit auf verschiedenen Stufen ihrer Entwicklung stehen, kann für jedes Lebensjahr oder doch für bezeichenbare, kurze Perioden eine diesen spezifische Struktur festgestellt werden. Diese Möglichkeit endet, wenn die einzelnen Entwicklungsreihen ihr Ende erreicht haben und also ihr gegenseitiges Verhältnis hinfort das gleiche bleibt. Beim Ende der Kindheitsperiode, in der Zeit von 14 bis 16 etwa, tritt dies ein.

Diese Einsicht in die notwendige Begrenztheit des Anwendungsgebiets der experimentellen Psychologie gibt uns die Erklärung dafür, warum uns Meumanns Versuch, die Eigenart der Jugend darzustellen, so völlig unbefriedigend erschien. Er stützt sich, wie bereits öfter erwähnt, fast ausschließlich auf die Ergebnisse der experimentellen Methode. Während diese aber für die Zeit der Kindheit sehr mannigfaltige und bedeutungsvolle Ergebnisse zeitigt, versagt sie in dem Augenblick, in dem alle seelischen Prozesse, die überhaupt ein quantitatives Wachstum besitzen und also allein einer Messung zugänglich sind, ihr Maximum erreicht haben. Nun ist ja freilich zuzugeben, daß zum mindesten noch nicht einwandfrei bewiesen ist, ob tatsächlich das Ende der Kindheit charakterisiert ist durch das Ende des Wachstums aller elementaren, seelischen Fähigkeiten, aber im allgemeinen trifft dies zweifellos zu, und von nun ab sind die trotzdem konstatierten Zu- oder Abnahmen (etwa die Merkfähigkeit) auf individuelle Schwankungen zurückzuführen. Trotzdem vermag Stanley Hall sehr wohl eine Eigenart der Jugend, und zwar äußerst konkret und lebendig, zu beschreiben.

Dieser große Fortschritt der Psychologie, wie wir sagen müssen, geradezu die Gründung der Jugendpsychologie, ist auch hier, wie so oft in der Wissenschaft, durch einen Fortschritt der Methode ermöglicht worden. Die Kinderpsychologie ist, genau wie die Tierpsychologie, auf die indirekte, sogenannte objektive Methodik der Tatsachenfeststellung angewiesen. Denn das kleine Kind vermag weder eine Introspektion zu vollziehen noch gar dieselbe mitzuteilen. Das gleiche gilt auch für das ältere Kind, freilich nicht mehr im vollen Umfang. So wenig es auch imstande wäre, seine seelischen Vorgänge zu beschreiben, so einwandfrei vermag es deren Inhalte anzugeben, vorausgesetzt, daß es der Sprache völlig mächtig geworden ist, und angenommen, daß der Forscher nicht versäumt, sich genaue Kenntnis über den Umfang des Tatsächlichen zu verschaffen, das von dem Kind mit dem einheitlichen Namen belegt wird. Von hier aus sehen wir die Möglichkeit, jener indirekten Methode – der Hervorrufung und Beschreibung physischer Reaktionen auf psychische Reize – eine zweite, gewissermaßen eine direkte Methode hinzuzufügen: das Ausfragen. Es kann schwerlich ein Zweifel darüber sein, daß es sich bei der Ausfragemethode weder um eine eigentlich experimentelle noch um eine exakte im engsten Sinn handelt. Man hat zuweilen mit Aufwand von vielem Geist auch dies zu beweisen versucht. Wir glauben, daß es zum mindesten überflüssig war; denn gegenüber einer einzig möglichen Verfahrensweise ist die Frage sinnlos, ob sie die exakteste sei. Genug, daß sie allein uns die Möglichkeit gibt, Kenntnisse zu erlangen, die uns sonst völlig verschlossen geblieben wären. Nur muß man nicht messen wollen, wo man nur zählen kann, und nicht mathematisch behandeln, wo man höchstens graphisch darstellen kann.

Um einem Mißverständnis vorzubeugen, sei hier erwähnt, daß man mit der Bezeichnung „exakt" auch noch etwas anderes meint als die Beschreibung einer bestimmten wissenschaftlichen Verfahrensweise. Das Wort hat auch eine ethische Nebenbedeutung. Und man denkt unwillkürlich an den Unterschied von gewissenhaft und leichtfertig, wenn von exakter und nicht-exakter Methode die Rede ist. Darum sei ausdrücklich darauf hingewiesen, daß man jene zweite Methode der Kinderpsychologie, die nicht-exakte, peinlich gewissenhaft, „exakt" verwenden kann und muß.

Hall hat versucht, das Ausfragen der Kinder zur Methode zu erheben. Der größte Teil seines Materials besteht aus den vielen Tausenden, selbst Zehntausenden von Antworten, die er und seine Schüler systematisch nach Fragebogen von Kindern meistens in Volksschulen Nordamerikas sammelten. Auf diese Weise haben wir Kenntnis erlangt von den Inhalten des jugendlichen Seelenlebens.

Wenn die experimentelle Methode uns zum Beispiel gelehrt hat, daß der Sechzehnjährige ebenso wie der Dreißigjährige imstande ist, beliebige Inhalte nach einer bestimmten Anzahl von Wiederholungen eine bestimmte Zeit reproduzierbar zu erhalten, und dies als unterschiedlich beim Zwölfjährigen konstatiert hat, der nicht allein einer anderen Zahl und einer anders gearteten Form der

Wiederholungen bedarf, um einen bestimmten Inhalt jene Zeitlang reproduzierbar zu bewahren, und außerdem noch gewisse Unterschiede für verschiedentliche Inhalte festgestellt hat, so lehrt uns die Fragebogenmethode, welche Inhalte nun der Sechzehnjährige im allgemeinen tatsächlich spontan bewahrt, und daß diese Inhalte völlig verschiedene sind von denen, die im Neunzehnjährigen, und von den anderen, die im Dreißigjährigen latent sind.

Es ist möglich geworden – wir haben im obigen Proben davon gegeben –, eine Art psychologischer Stratigraphie zu konstituieren. So wie der Geologe imstande ist, den Verlauf der Erdgeschichte darzustellen als eine Folge wohlunterscheidbarer, übereinander lagernder Schichten verschiedener Zusammensetzung und Konsistenz, und ihm seine Aufgabe in einem Teil gegeben ist, sowohl die Zusammensetzung und Konsistenz dieser Schichten zu beschreiben, als auch die gesetzmäßige Aufeinanderfolge derselben festzustellen, so ergibt sich als Aufgabe für den Psychologen, soweit er sich der Fragebogenmethode bedient, die Beschreibung der Zusammensetzung jener Schichten im Seelenleben der Jugend und die Erforschung ihrer gesetzmäßigen Aufeinanderfolge. Wenn diese Aufgabe gestellt ist, dann ist tatsächlich nunmehr diese geschilderte Methode verwendbar, denn wir können auf keinerlei andere Weise uns über die Inhalte des Seelenlebens eines anderen unterrichten als durch seine eigenen Mitteilungen.

Die kritische, sorgfältige Verarbeitung großer Mengen solcher Mitteilungen hat uns gelehrt, daß wirklich ein Unterschied besteht zwischen der Jugend und der Erwachsenheit. Die Inhalte des jugendlichen Seelenlebens sind wesentlich andere als die des Erwachsenen. Dies würde an sich nur bedeuten, daß die Zeit der Kindheit über das 14. Jahr hinaus dauert und daß wir also anzunehmen haben, es entwickle sich die mannigfaltige Komplexität der Inhalte des erwachsenen Seelenlebens Schritt für Schritt aus den ganz wenigen, einfachen Inhalten des Neugeborenen. Die Forschung aber lehrt uns etwas Entgengengesetztes. Sie lehrt uns zunächst eine Einteilung der verschiedenen Inhalte von der Geburt bis zur Mannheit nach zwei völlig verschiedenen Einteilungsgründen, die einander zeitlich ablösen, und zwar um das 14. Lebensjahr. Die Struktur der Inhaltsschichten dieser ersten Periode ist bedingt durch das Wachstum der elementaren seelischen Fähigkeiten. Dies gilt für den zweiten Abschnitt, die Jugend, nicht, denn in ihr ist von jenem Wachstum nicht mehr die Rede. Die Art der Schichtstruktur der Jugend ist daher eine völlig andere als in der Kindheit, und wir können daher von hier aus einen Begriff der Jugend fassen als jener Zeit, in der nach beendetem Wachstum der elementaren seelischen Fähigkeiten ein gesetzmäßiger Ablauf eigener Art der Inhalte und der komplexen Verbindungen jener Fähigkeiten erfolgt.

Die Struktur der Schichten im einzelnen und die allgemeinen Regeln ihrer Aufeinanderfolge versucht zwar Hall anzugeben, aber wie uns scheint, können diese Versuche noch bei weitem nicht den Anspruch auf Endgültigkeit erheben. Denn ähnlich wie in der Geologie zur Erforschung der Erdgeschichte nicht die Kenntnis der nordamerikanischen Schichtenfolge genügt, sondern erst eine Durchdringung der Ergebnisse von Schürfungen auf der ganzen Erde ein endgültiges Bild geben, genügt für die Psychologie noch lange nicht die Schichtenfolge beim nordamerikanischen und deutschen Volks- und höherem Schüler, sondern erst die Ausdehnung jener Untersuchung auf alle Schichten der Jugend, also vor allem der erwerbstätigen und der Naturvölker, wird uns zeigen, was im einzelnen normale Schichtenfolge und was eine Störung ist.

Während die Korrektur der unvollkommenen Anwendung dieser Methode leicht herbeigeführt werden kann eben durch eine vollkommenere, d.h. ausgedehntere, vielseitigere Anwendung, müssen die viel wichtigeren Mängel, die sich aus dem Wesen der Methode selbst ergeben, unbehoben bleiben; wenigstens so lange, wie es nicht gelingt, einen dritten Weg der Tatsachenfeststellung für die Jugendpsychologie gangbar zu machen. Man kann der Methode mit Recht vorwerfen, daß ihre Ergebnisse zu subjektiv und zu komplex, zu vieldeutig sind. Wir wollen diese Fehler an einem Beispiel näher erläutern.

Eine ganze Anzahl von Untersuchungen (auch deutscher Forscher) liegt vor über das sogenannte Problem der Kinderideale. Man hat versucht, durch Fragen festzustellen, an welche konkreten Inhalte in verschiedenen Lebensjahren die Begeisterung, Liebe, die Wünsche der Kinder geknüpft sind. Fragen von der Art: „Welchem Manne der Geschichte möchtest du am ähnlichsten sein?" oder „Welche Eigenschaften müßte dein Freund haben?" usw. haben gezeigt, daß nicht eine etwa erwartete völlige Regellosigkeit und Willkür die Wünsche und Ideale in den Kindern sich bilden läßt, sondern daß eine erstaunliche Homogenität innerhalb der einzelnen Altersstufen und eine sehr regelmäßige Aufeinanderfolge verschiedener Idealgruppen in der Jugendzeit zu finden ist. So läßt sich mit größter Deutlichkeit etwa um das 12. bis 13. Lebensjahr ein Übergang des Idealbildners von den Eltern und den Personen der nächsten Umgebung zu politischen, historischen und literarischen Persönlichkeiten feststellen. Je mehr Untersuchungen dieser Art aber angestellt werden, um so weniger vermögen sie uns zu sagen. Zwar wird die Regelmäßigkeit im Eintreffen dieses oder anderer Resultate immer deutlicher, aber weder sind wir imstande, aus den neuen Untersuchungen feinere Details dieser Vorgänge zu erfahren, noch gar Licht zu werfen auf die möglichen Ursachen der zu erforschenden Erscheinungen. Und daran werden auch geistreiche Veränderungen der Fragestellung wenig zu ändern vermögen. Denn die Antwort des Kindes erfolgt subjektiv.

Wir haben bereits im ersten Abschnitt einiges über die naive Begriffsbildung bemerkt. Jene Schwierigkeiten wiederholen sich hier sämtlich und unter Umständen noch gesteigert. Das Kind, vor die Frage gestellt „Wen liebst du am meisten?", befindet sich in einer völligen Ratlosigkeit. Die Schwierigkeiten, sie zu beantworten, mögen sich beim Jugendlichen verringern durch die größere Ausdrucksmöglichkeit und dadurch, daß die Antwort auf solche Fragen aus der Erinnerung geschöpft werden kann und nicht im Moment improvisiert werden muß, in Reflexionen solcher Art oft genug angestellt sein mögen; aber es bleibt immer gleicherweise die Verleitung bestehen, daß nicht vorhandene Tatbestände oder Unterscheidungen durch die Frage suggeriert werden. Auf diese Weise wird im besten Fall ein vorübergehender Zustand als allgemein fixiert, oft aber eine völlige Scheinantwort erzeugt. So kann die Frage nach dem beliebtesten Schulfach die Antwort „Geometrie" herbeiführen aus einer augenblicklichen, vielleicht völlig zufälligen Neigung zu diesem Gegenstand, der möglicherweise eine vergangene oder auch nur latente intensive Abneigung gegenübersteht; sie kann aber auch die Tatsache suggeriert haben, daß überhaupt eine unterschiedliche Bewertung der einzelnen Schulfächer in der Versuchsperson vorhanden ist.

Es ist richtig, daß solche Fehler zu vermindern sind durch umsichtige Fragestellung, und es ist wahrscheinlich, daß sich viele dieser Subjektivitäten bei genügend großem Umfang der Rundfragen gegenseitig aufheben. Überdies kann, was an Ungenauigkeit noch übrig bleibt, ziemlich ausgeglichen werden durch eine kritische Bearbeitung, die alle Fehlerquellen und vor allen die in der naiven Begriffsbildung gelegene berücksichtigt. Wir können auch zum Vorteil der Methode daran erinnern, daß es sich bei ihr vielfach gerade um die Erhebung dieses subjektiven Tatbestandes handelt.

Trotzdem bleibt bestehen, daß ihrer Anwendung eine Grenze gesetzt ist durch jene Tatsachen. Ob gewisse Inhalte überhaupt in einer bestimmten Altersgruppe vorhanden sind oder als unterschiedliche erkannt sind, ist durch sie allein nicht festzustellen. Dazu kommt zweitens: die Antwort der Versuchspersonen ist komplex. Auf die Frage „Wen liebst du am meisten?" mögen wir etwa die Antwort „Mutter" erhalten haben, und ferner mögen wir erfahren haben, daß die Versuchsperson Freunde liebt, die stolz sind. Diese Antworten, und wenn wir sie zehntausend Mal bekommen hätten, vermögen uns nicht im entferntesten Aufschluß darüber zu geben, was nun an dieser Mutter geliebt wird, und dies ist nicht anders, wenn statt des Substantivs ein Adjektiv geantwortet wird; denn wir können daraus nicht erfahren, welche Stelle sozusagen in der Ökonomie jener jugendlichen Seele diese Liebe einnimmt. Wir können uns zwar ein ungefähres Bild der geliebten Person machen, aber erstlich fehlt uns in diesem Bilde all das, was die Versuchsperson selbst nicht weiß, was sie nicht bemerkt, nicht adäquat oder gar nicht auszudrücken vermag. Zweitens: Die komplexe Antwort auf eine komplexe Frage gibt uns keine Möglichkeit der Zuordnung einzelner, im Fragenkomplex mitgesetzer Teile als Teilursachen zu einzelnen, im Antwortkomplex mitenthaltenen Teilen als Teilwirkungen. Liebe, Freundschaft, Ideal sind äußerst komplexe Zusammenhänge heterogenster psychischer Natur. Und wir haben auch nicht die entfernteste Möglichkeit, einzelne dieser Teile, also etwa die Komponente der primitiven Tastlust, zuzuordnen einzelnen Teilen der komplexen Verknüpfung verschiedenster psychischer Elemente, die gewissermaßen symbolisiert wird durch eine Sprachgebräuchlichkeit „Stolz". Das ist eine zweite Begrenzung, die der Methode Halls und seiner Schüler für ihre Anwendung gezogen ist.

Soll die Jugendpsychologie weitere wesentliche, nicht bloß quantitative Fortschritte machen, so muß eine Möglichkeit gefunden werden, in jene Gebiete einzudringen, die nicht nur der experimentellen, sondern auch der Methode der Rundfrage notwendig verschlossen sind. Wir bedürfen eines „Antworten"-Materials, das nicht durch eine gestellte Frage angeregt, sondern das spontan entstanden ist, um die Fehlerquelle des subjektiven Antwortens zu vermeiden oder um doch wenigstens gewissermaßen echte jugendliche Subjektivität zu erhalten, die einen ganz anderen Erkenntniswert repräsentiert als jene „künstliche". Und ferner müßte dieses Material gleicherweise die einfachen Teile der „Frage" und die einfachen Teile der Antwort in genügender Beweglichkeit enthalten, um eine beliebige versuchsweise Zuordnung zu ermöglichen, aus der allein die gesetzmäßige Wirkung zu einer bestimmten, genau umgrenzbaren Ursache aufzufinden wäre.

Alle Produkte jugendlicher spontaner Tätigkeit sind als Material dieser Art verwertbar: Zeichnungen, Sammlungen, Gedichte, Tagebücher, Briefe, Notizen, Gespräche, Organisationen. Die Erforschung dieser Materialien könnte uns ein Doppeltes lehren. Sie sind natürliche, spontane „Antworten". In ihnen ist unter anderem die Begriffsbildung der Jugend enthalten, bei der der Bildner unterschiedlicher Begriffe nicht die Frage des Experimentators, sondern die Bedingungen des Alters und der Personen sind. Wir haben als Fortschritt der Enquêtenmethode gegenüber der experimentellen bezeichnet, daß sie uns die tatsächlichen Inhalte einer Lebensperiode zeigt, während jene die möglichen bezeichnet. Der vorgeschlagene Weg geht darüber hinaus: er läßt uns nicht nur die tatsächlichen Inhalte, sondern er läßt uns auch das Relief dieser Inhalte erkennen. Wir erfahren nicht nur, welche Inhalte überhaupt im bewußten Seelenleben der Jugend spontan enthalten sind, sondern durch ihn sehen wir auch, welche Wertbetonung, welches Ausmaß, welche Formen im einzelnen sie haben. Und alles dies ohne eine vorhergegange Frage, so daß sich nicht Inhalte verbergen können, um die zu fragen der Forscher vergessen oder nicht für wichtig erachtet hat.

Diese Quellen wurden bisher so gut wie gar nicht benützt, weil sie dem einzelnen Forscher immer nur äußerst bruchstückweise und zufällig zugänglich waren. Gerade hier aber ist eine große Zahl der Materialien unerläßliche Voraussetzung, soll ihr Wert nicht zum bloß heuristischen herabgemindert werden. Aber so wie das einzelne Tagebuch etwa dem Psychologen kaum mehr sein kann als eine mehr oder minder reichlich fließende Quelle der Anregung zu Einfällen, wäre ein sehr umfangreiches Material jener Art die Basis für sehr genaue statistische Untersuchungen, um nur dieses eine zu erwähnen. Worauf es also ankäme, um diesen Fortschritt der Jugendpsychologie zu ermöglichen, wäre eine einwandfreie und umfangreiche Sammlung der genannten Produkte jugendlicher spontaner Tätigkeit. (Wir verweisen für die Einzelheiten einer solcher Sammlung auf unsere kleine Mitteilung „Ein Archiv der Jugendkultur"[16] und einem

---

16 Ein Archiv für Jugendkultur. In: Zeitschrift für angewandte Psychologie 8 (1914), S. 373–376. – Auch in: Der Anfang 1 (1913), S. 51–54.

demnächst erscheinenden größeren Aufsatz „Ein Institut für Psychologie und Soziologie der Jugend. Entwurf zu einem Programm"[17].) Diese Sammlung böte nicht nur die Antworten der Jugend auf alle möglichen Fragen des Experimentators im vorhinein, so daß ihm nur die Arbeit übrig bliebe, sich für eine bestimmte Frage die betreffenden Antworten herauszulegen, sondern sie enthielte überdies die der Jugend natürlichen „Fragen". Aus ihr ist zu entnehmen, was die Jugend als Problem, das Wort im weitesten Sinne genommen, fühlt; indirekt, indem wir aus den Produkten auf ihren inneren und äußeren Anreiz schließen können, direkt, indem sich in ihnen selbst die Schilderungen dieser Anreize befinden.

Diese Art der Jugendforschung hat eine gewisse Ähnlichkeit mit der experimentellen im Vergleich zur Ausfragemethode. Handelt es sich in dieser um die Verwertung mitgeteilter Introspektionen, so beruhen jene beiden auf der Untersuchung außerpsychischer Reaktionen auf psychische Vorgänge. Freilich handelt es sich nicht um wirkliche Experimente und auch nicht um Reaktionen im eigentlichen Sinn, sondern vielmehr um Endstadien psychischer Vorgänge. Auf jeden Fall aber um ein objektives, dem Forscher dauernd und unveränderlich Gegebenes, und was an Subjektivität unvermeidlich ist, liegt im Forscher und seinen Deutungen, nicht aber in der „Versuchsperson" und ihrem Produkt.

Die Frage, wie weit aus solchen Produkten etwas zu schließen sei auf die Vorgänge, die sie erzeugten, kann hier nicht erörtert werden. Nur soviel sei angeführt, daß dies jedenfalls ein Problem der Jugendpsychologie ist, das gelöst werden muß; daß dabei vermutlich Licht fallen wird auf manches noch dunkle Gebiet; und daß schließlich die erkenntnistheoretische Frage, die dahinter steht, eine ähnliche ist wie die der Psychophysik, die blüht und wichtig ist, obwohl diese in keiner Weise eindeutig gelöst sein dürfte.

---

17 Ein Institut für Psychologie und Soziologie der Jugend. In: Annalen der Natur- und Kulturphilosophie 13 (1920), S. 217–251.

Komplex freilich sind auch diese „Antworten". Und auch die größte Sammlung der angedeuteten Art gibt uns an sich keine Möglichkeit, diese Komplexität zu analysieren. Eine Einschränkung aber ist hier zu machen, durch welche die Brauchbarkeit der Methode vergrößert wird. Wenn an den Materialien ersichtlich wäre, von welchen Autoren sie stammen, und wenn der Sammlung angegliedert wäre eine Zusammenstellung physiologischer, psychologischer und soziologischer Daten, auf jeden einzelnen Autor bezüglich, dann wären wir freilich imstande, bis zu einem gewissen Grad aus der Komplexität der „Frage", d.h. hier der inneren und äußeren Bedingungen, die bei der Schaffung jenes Produktes im jugendlichen Autor latent waren, jene Teilbedingungen auszusondern, die wir jedesmal mit dem Auftreten einer bestimmten Form oder eines bestimmten Inhalts der vorliegenden Produkte verbunden finden. So könnte uns mancher Zusammenhang klar werden, den die Ausfragemethode allein nicht aufzudecken vermochte.

Es ließe sich darüber streiten, wieviel im einzelnen durch die vorgeschlagene Bearbeitung der Produkte jugendlicher spontaner Tätigkeit für die Erkenntnis des jugendlichen Seelenlebens gewonnen werden kann das aber wird auch ihr einseitigster Verteidiger den Gegnern zugestehen, daß sie nicht der Schlüssel ist, der alle Türen öffnet. Der Gedanke liegt nahe genug, daß lange nicht alle Jugendliche auswertbare Produkte spontaner Tätigkeit liefern, und dieser Einwand wird nur eingeschränkt – nicht aufgehoben – durch den Hinweis darauf, daß zwar nicht Gedichte und Tagebücher, wohl aber Briefe von sehr vielen Jugendlichen zu erhalten wären. Dazu kommt noch, daß ganze Gesellschaftsschichten Jugendlicher durch diese Methode überhaupt nicht betroffen werden; und zuletzt ist sehr wichtig, daß diese spontane Tätigkeit keinesfalls alle seelischen Vorgänge und Inhalte umfaßt und objektiviert. Auf jeden Fall also ergibt sich die Notwendigkeit, das Studium jener Produktionen zu ergänzen durch eine andere Methode. Sie muß uns die Möglichkeit geben, auch jene seelischen Vorgänge festzustellen, die nicht spontan zu irgendeiner Art von Produktion führen oder in keiner allseitig beschrieben werden. Und hier sind wir nun wieder die Stufe hinunter verwiesen, die wir hinaufgestiegen waren, als wir statt der subjektiven und äußerst komplexen Antwort zur objektiven und vereinfachbaren „Antwort" fortgeschritten waren. Sollen wir nicht hier einen Zirkel beschreiben, so müssen wir natürlich von vornherein darauf verzichten, durch eine Fragemethode jene Art uns Auskunft zu verschaffen.

Es sind zwei Möglichkeiten gegeben, durch die sich ein seelischer Vorgang uns bemerkbar machen kann: durch willkürlichen oder unwillkürlichen Ausdruck. Den unwillkürlichen Ausdruck, soweit er sich objektivierte, d.h. soweit er ablösbar ist von der objektivierenden Person, ist von uns in jener Sammlung erschöpft worden, und es bleibt all dies, was notwendig an die Person gebunden ist. Die Psychologie hat für das, was wir hier meinen, eigentlich nur in der Tierpsychologie sich ein Arbeitsgebiet geschaffen, etwa das, was die Engländer „behaviour" nennen: das Studium der Gewohnheiten und des Gehabens der Tiere. Etwas dieser Art ist auch für die Jugendpsychologie unerläßlich. Es muß systematisch beobachtet und festgestellt werden das physische Gehaben der Jugend in verschiedensten Situationen, soweit es ein Ausdruck ist oder sein könnte für psychische Vorgänge. Hier liegen auch „Antworten", die wir ergänzend verwenden müssen in jenen Fällen, wo wir noch andere zur Verfügung haben und die sonst unser einziges Erkenntnismittel sind. Besonders die beiden Problemgebiete des jugendlichen Gemeinschaftslebens und der jugendlichen Sexualität werden ihre Lösungen zum großen Teil auf dieser Methode aufbauen müssen.

Was von seelischen Prozessen willkürlich ausdrückbar ist, enthält zum großen Teil jene Sammlung. Sie enthält aber nicht alles, was ausdrückbar, sondern nur, was dem Jugendlichen wert ist, ausgedrückt zu werden, oder wessen er sich für fähig hält. Der Forscher aber will von allem direkt erfahren, soweit es nur überhaupt direkt mitteilbar ist. Hier versagt nun die einfache Fragemethode völlig und natürlicherweise; denn hier handelt es sich gerade um jene Inhalte, die, vergessen oder nie bemerkt, zwar von äußerster Wichtigkeit für den wirklichen Verlauf und den jeweiligen Zustand des psychischen Geschehens sind, die aber vom einzelnen naiven Menschen in dieser ihrer Wirksamkeit nicht erkannt oder auch überhaupt nicht bemerkt werden. Die allgemeine Psychologie hat sich um diese Erscheinungen bisher wenig gekümmert, und zwar vor allem darum, weil sie der experimentellen Methode unzugänglich sind.

Wir aber, die wir uns vorgenommen haben, das Seelenleben der Jugend zu erforschen und alle Wege zu gehen, die uns zum Ziel führen könnten, dürfen nicht einen Pfad unbetreten lassen, weil er noch ungeebnet ist. Schon die tägliche Erfahrung lehrt uns, daß Situationen, die, um ein Beispiel zu nehmen, längst vergessen sind, bei konzentriertem Nachdenken langsam wieder bis in die kleinsten Details uns deutlich werden oder auch manchmal aus unbekannten Gründen plötzlich ganz klar vor unseren Augen stehen. Wir lernen diese Tatsache verstehen durch eine Anzahl von Untersuchungen und Versuchen, die von einer psychiatrischen Schule unternommen wurden, der Psychoanalyse, und von der wir, so unsicher im übrigen ihre Resultate im einzelnen und so angefochten ihre Grundlagen im allgemeinen sein mögen, zweifellos das eine lernen können, daß es einen Weg gibt, um jene längst vergessenen oder nie bemerkten Inhalte mit großer Gewißheit ins Bewußtsein zu rufen. Dies wird die Jugendpsychologie verwenden müssen.

Man muß nicht glauben, daß hiermit vorgeschlagen wird, nun im größten Umfang an Jugendlichen die allzu sehr verpönten Psychoanalysen vorzunehmen. Es handelt sich lediglich darum, mit Hilfe der freien Assoziation und der Überwindung von Hemmungen und Widerständen Kenntnis zu erlangen von den dem Jugendlichen selbst unbewußten Vorgängen, die sein bewußtes Seelenleben begleiten. Auf diese Weise schließt sich uns der Kreis des willkürlich und unwillkürlich Ausdrückbaren. Jetzt erst können wir die Komplexität, von der oben die Rede war, völlig auflösen, indem wir nun die Reihe der Antworten, so gut wie die Reihe der Fragen, ziemlich lückenlos vor uns haben. Nun ist uns die Möglichkeit gegeben, konkrete Abschnitte, die wir in einer der beiden Reihen festsetzen, in ihrem gesetzmäßigen Auftreten im Zusammenhang mit anderen Abschnitten, die wir in der anderen Reihe festsetzen, einander zuzuordnen.

Auf den vorausgegangenen Seiten habe ich versucht, eine Kritik der Arbeiten von Meumann und Hall zu geben, soweit es sich um die Methodik handelt, deren sie sich bedienen, um die Eigenart der Jugend festzustellen. Im folgenden wird es meine Aufgabe sein, diese Kritik in einigen Punkten zu ergänzen und den Teil anzufügen, der sich mit der Frage nach den Ursachen jener jugendlichen Eigenart beschäftigt. In dieser Kritik haben wir uns bemüht, möglichst wenig negativ, sondern vor allem positiv zu sein. Es schien uns nicht vereinbarlich mit der außerordentlichen Geistesleistung, die in jenen Werken niedergelegt ist, zu „kritisieren", sondern wir haben versucht, anzuknüpfen an das dort Geleistete und es ein Stück weiterzuführen, wo es uns unzulänglich erschien. Dadurch aber dürfte manches unklarer geworden sein, als zum richten Verständnis notwendig wäre, und dies um so mehr, als es schon an sich schwierig ist, allgemein von einer Methodik zu sprechen, in der noch keine Untersuchungen vorliegen, so daß die Möglichkeit genommen ist, einzelnes zu konkretisieren.

Es ist nicht möglich, eine Formel für die Eigenart der Jugend zu geben, ehe nicht mittels dieser angedeuteten Methoden die vielen, bisher gar nicht oder unvollständig erforschten Gebiete derselben genügend untersucht sind; darum sind auch Meumanns und Halls Arbeiten in dieser Beziehung unvollständig. Wir haben oben versucht (S. 102) zu formulieren, was wir trotzdem als gegenwärtig sicheres Resultat bezeichnen können. Diese Formel wird vollständig sein erst dann, wenn wir nicht von gewissen Inhalten und komplexen Verbindungen im allgemeinen werden sprechen müssen, sondern wenn es möglich sein wird, diese konkret beim Namen zu nennen. Das ist heute noch nicht möglich, aber doch dürfte eine kurze Erörterung uns fördern.

Wir müssen uns fragen, worin möglicherweise der Unterschied der Inhalte des seelischen Lebens einerseits der Jugend gegenüber dem Alter, andererseits der einzelnen Jugendstufen untereinander gelegen sein könnte. Er könnte zunächst in der Zahl der Inhalte zu finden sein. Dann käme ihre Qualität in Betracht und drittens die Art ihrer gegenseitigen Verknüpfung. Es ist von vornherein wahrscheinlich, daß wir es mit allen drei Arten des Unterschieds werden zu tun haben, und es wird sich darum handeln festzustellen, ob nicht eine dieser Arten oder die andere für die Jugend spezifisch ist. Es ist kein Zweifel, daß die Jugend eine geringere Anzahl von Inhalten bestimmter Art besitzt wie das Alter. Wir haben darauf mehrfach hingewiesen. Alle Inhalte, die aus irgendwelcher Art Übungszuwachs resultieren, müssen in der Jugend in geringerer Zahl vorhanden sein als später. Ferner alle Inhalte, die durch das Lernen in Schule und Leben erworben werden, fehlen stufenweise nach abwärts immer mehr. Aber da sich der Übungszuwachs auch über die Zeit der Jugend hinaus erstreckt, da ferner mit ihr die Lernmöglichkeiten nicht abgeschlossen sind, da endlich Übungsfähigkeit eine menschliche Eigenschaft ist, die theoretisch keine Grenzen hat, finden wir hier kein Charakteristikum für die Jugend. Im Gegenteil, es will scheinen, [daß der Sachverhalt,] daß die absolute Zahl der Inhalte nach dem 14. Lebensjahr konstant bleibe, dadurch gefunden wurde, daß die dabei beteiligten Faktoren, zum Beispiel das Gedächtnis, in ihrer Wachstumsentwicklung ihren Abschluß erreichen. Überdies spricht manches dafür, daß einer Zunahme von Inhalten einer Art während der Jugendzeit eine Abnahme von Inhalten einer anderen Art parallel läuft. So wird wohl die Zahl der Inhalte schwerlich ein charakteristisches Merkmal der Jugend bilden können.

Wenn wir nun nach den möglichen Verschiedenheiten in der Art der Inhalte fragen, so vermehren sich die sachlichen Schwierigkeiten durch die Unsicherheit der psychologischen Nomenklatur, durch die Vieldeutigkeit des Wortes „Inhalt". Als Inhalte des Bewußtseins oder des seelischen Geschehens pflegt man jene Elementarerscheinungen zu bezeichnen, von denen man glaubt, daß sich aus ihnen bei fortgeschrittener Forschung würden alle komplizierten Vorgänge und Erscheinungen des Seelenlebens ableiten lassen. Dies zu beweisen, ist der Hauptinhalt der meisten psychologischen Systeme. Die Zahl der angenommenen elementaren Klassen von Inhalten ist sehr verschieden; Höfler, um nur ein Beispiel zu nennen, hält die vier: Vorstellung, Urteil, Gefühl und Begehren für hinreichend und notwendig.[18]

Wenn wir aber in dieser Arbeit von Inhalten sprechen, so meinen wir weder diese oder solche Inhaltskategorien noch überhaupt einzelne elementare Inhalte, sondern wir denken an jene komplizierten psychischen Gebilde, die aus einer verschiedenen Anzahl verschiedener Inhalte aus verschiedenen Inhaltskategorien zusammengesetzt sind, und bei denen noch überdies Erscheinungen zu konstatieren sind, die sich nicht leicht in irgendeines der bekannten Schemen einfügen lassen; schon darum nicht, weil sie bisher kaum beobachtet und weil sie überhaupt schwer zu beobachten und zu beschreiben sind. Wir meinen hier das ganze Gebiet der Einstellungen, der Bewußtseinslage, des Wissens von Etwas usw. Wir meinen zum Beispiel unter dem Wort „Inhalt" in dieser Arbeit sowohl den ganzen seelischen Komplex, den man im Sprachgebrauch etwa eine „elegische Stimmung" nennen würde und den auf jene elementaren Inhalte restlos zurückzuführen bisher wohl keinem Forscher gelungen ist, als auch die speziellen Vorstellungen, die diesen Zustand begleiten oder ihn hervorgerufen haben und die man im engeren Sinne den Inhalt der Stimmungen nennen könnte.

Es ist kein Zweifel, daß ein solcher Gebrauch des Begriffs „Inhalt" nicht ganz einwandfrei ist; da es aber selbstverständlich völlig unmöglich ist, als eine Art Einschiebung eine eindeutige Nomenklatur der Psychologie zu schaffen, so müssen wir uns damit begnügen, hier mit

18 Alois Höfler (1853–1922), Professor für Pädagogik und Philosophie in Wien, Lehrer Bernfelds und 1. Referent dieser Dissertation, veröffentlichte zahlreiche philosophische, pädagogische und psychologische Werke. Das Seelenleben trennte er in Geistes- und Gemütsleben, Vorstellungen und Urteile, Gefühle und Begehrungen. (Hg.]

den Worten Tatbestände mehr anzudeuten, als sie wirklich zu bezeichnen.

Es ist von vornherein nicht unwahrscheinlich, daß jene konstatierte Verschiedenheit der Inhalte nach ihrer Art im Laufe der Jugend auch in einem gewissen Vorherrschen einzelner Inhaltskategorien auf bestimmten Altersstufen besteht. Es ist zum Beispiel üblich anzunehmen, daß in der Jugend die Gefühle gegenüber den Urteilen vorherrschen. Daß es sich aber hier, wenigstens bei dieser Formulierung, nicht um sehr wesentliche Differenzen handeln kann, wird äußerst klar, wenn man sich überlegt, daß ein gewisses Maß von Inhalten aus allen Kategorien zu jeder komplizierten psychischen Leistung nötig ist. Es gibt keine Gefühle ohne Vorstellungen und irgendwelche Urteile, so wenig wie es irgendwelche Vorstellungen ohne begleitende Gefühle gibt. Und also kann es sich nicht wirklich darum handeln, daß in der Jugend einfach mehr Gefühle vorhanden wären als im späteren Alter. Wir könnten uns höchstens denken, daß gewisse Vorstellungen, die im Alter nur einen ganz unausgesprochenen Gefühlston zu haben pflegen, in der Jugend von intensiven positiven oder negativen Gefühlen begleitet sind; es könnte auch sein, daß gewisse Vorstellungen, die immer mit intensiven Gefühlen verknüpft sind, in der Jugend prävalieren, während sie in einem späteren Alter mehr zurücktreten. Dies alles könnte den Schein erwecken, der zu jener Tatbestandsformulierung geführt hat.

Wir können das Gesagte noch etwas mehr präzisieren, wenn wir uns vor Augen halten, daß im komplexen Seelenleben kaum etwas besteht, das dem Tatbestand „Vorstellung" entspräche, sondern daß es in ihm nur jenen „Strom des Bewußtseins" gibt, aus dem sich aufeinanderfolgende Vorstellungen deutlich abheben. In der Beziehung nun könnte es sehr bedeutende Unterschiede zwischen der Jugend und dem Alter geben, wieviel indifferenzierten Zwischenraumes zwischen den Vorstellungen vorhanden ist, wieviele „unbewußte Mittelglieder der Assoziation" existieren. Diese theoretische Überlegung schon macht uns sehr skeptisch gegenüber jenen allgemeinen Formulierungen des seelischen Unterschieds zwischen Jugend und Alter, von denen ein Beispiel war, die Jugend hätte mehr Gefühle. Keinesfalls ist anzunehmen, daß es sich zur Unterscheidung von Jugend und Alter um ein einzelnes Charakteristikum handeln kann, es sei denn, wir wären imstande, eine so tiefgehende Ursache jener Unterschiede zu entdecken, daß die ganze Mannigfaltigkeit, die etwa Hall an Unterschieden formuliert, durch sie allein bedingt erschien.

Wir sehen zwei Möglichkeiten der Beantwortung der Frage: „Welches sind die Unterschiede in der Art der Inhalte bei Jugend und Alter?" *Erstens* kann eine systematische restlose Aufzählung aller jener Inhalte gegeben werden, welche die Forschung als different nachgewiesen hat. Hall hat dies versucht. Seine Ergebnisse sind nicht befriedigend deshalb, weil die Forschung bisher noch keine vollständige Aufzählung dieser Art zu geben vermag. *Zweitens* wäre es möglich, irgendeinen Unterschied zu entdecken, aus dem heraus sich alle aufgezählten Einzelfälle als bedingt erweisen ließen. Hall versucht dies nicht einmal, wenn wir nicht einzelne Andeutungen über die Bedeutsamkeit des spezifisch jugendlichen Sexualgefühls für das ganze übrige seelische Leben in dieser Richtung auffassen wollen. Wir können hier nicht, künftige Forschung vorwegnehmend, eine solche gesuchte Grundursache behaupten, aber wir können versuchen, hypothetisch anzugeben, wo etwa des näheren nach ihr zu suchen wäre. Dies wird sich uns ergeben, wenn wir unsere Aufmerksamkeit auf jene Unterschiede der Inhaltsart wenden, die wir nicht wie alles bisher Gesagte als unwesentlich oder gar als falsch anzusehen genötigt sind.

Zu diesem Zweck müssen wir die Frage stellen, ob, gemäß unserer bisher erarbeiteten Formel, um die Zeit des beendigten Wachstums der wachstumsfähigen seelischen Phänomene irgendwelche Inhalte ganz neu auftreten. Wir glauben, daß dies nicht der Fall ist in bezug auf jene elementaren Inhalte; wir glauben ferner, daß dies nicht der Fall ist oder doch nicht sehr wesentlich, wo es etwa eintritt, in bezug auf die „Gegenstände" des Bewußtseins. Vielleicht aber ist dies wirklich gegeben in einer besonderen Verknüpfung von Vorstellen, Urteilen und Fühlen, die wir etwa kurz und hilfsweise bezeichnen könnten als Auftreten des Wertungserlebnisses.

Vielleicht charakterisiert sich die Jugend gegenüber der Kindheit durch eine besondere Art der Stellungnahme zu den Dingen der Außenwelt und zu den eigenen seelischen Erlebnissen. Und vielleicht tritt mit dem Ende der Jugendzeit auch eine sehr bedeutsame Änderung dieses Stellungnehmens ein. Man hat oft genug darauf hingewiesen, daß das Kind unethisch und antisozial sei, d.h. daß das Kind nicht imstande sei, die Außenwelt anders als nach der Kategorie „für mich nützlich oder schädlich" (ist gleich: lust- oder unlusterzeugend) zu gruppieren. Gut und schlecht, häßlich und schön sind für das Kind Urteile, mit denen es vermutlich kein komplizierteres Gefühl verbindet als einfach Lust oder Unlust, Schmerz oder Freude nach sich ziehend. Die Formel für diesen Zustand hat der Dichter gegeben mit den Worten: „Weh spricht: Vergeh!, doch Lust will tiefe, tiefe Ewigkeit." In der Jugend ist dies tatsächlich fundamental anders. Nicht nur, daß Inhalte als gut oder böse, schön oder häßlich, heilig oder verbrecherisch bezeichnet werden, die keineswegs auf einem so einfachen Anziehungs- oder Abstoßungsmechanismus beruhen, sondern diese Tatsache des Alleswertens wird als eine „heilige Pflicht" gefühlt und wird nicht nach persönlichen, sondern nach irgendwelchen ewigen, objektiven Maßstäben vorgenommen. (Es bleibt gleich, ob man von einem gewissen psychologischen oder ethischen Standpunkte aus meint, es ließe sich auch dieses Werten auf jenen Lust-Unlust-Mechanismus zurückführen; genug, daß es doch in seinem komplexen Anblick etwas wesentlich anderes darstellt.) Überdies beginnt die Jugend auch ihr eigenes Handeln, Fühlen und Denken von diesen gleichen Standpunkten zu beurteilen. Man könnte in einem gewissen Sinn sagen, Jugend sei wesentlich ethisch eingestellt, wenn man darunter nichts anderes meint als alles wertend, und zwar von wenigstens vorgeblich objektiven Maßstäben geleitet. Das Werterlebnis, Wertgefühl oder wie man es sonst nennen will, ist ein wesentlicher Bestandteil aller Inhalte des jugendlichen

Seelenlebens und unterscheidet diese dadurch von den im übrigen selben Inhalten aller übrigen Lebensalter.

Wir haben hier ein Prinzip des Unterschieds der Inhaltsarten angedeutet, das nun freilich an sich noch nicht imstande ist, jene Grundursache darzustellen. Aber wir glauben, daß es auf sie hinweist, wie später auszuführen sein wird, und daß es auch an sich bereits eine Anzahl von Vereinfachungen zuläßt. Denn Wertgefühl ist nicht ein Inhalt einer bestimmten Kategorie; wir möchten darum das Wort „Werterlebnis" vorziehen, weil das erstere die Kategorie der Gefühle suggeriert, während es sich in Wirklichkeit um ein äußerst komplexes Gebilde handelt, in dem vielleicht eigentliche Gefühle eine mehr sekundäre Rolle spielen. Ebensowenig handelt es sich um einen „Gegenstand", der als Jugend charakterisierend hingestellt wird; beides, wie wir gezeigt haben, unzulässige Versuche. Sondern wir bezeichnen damit nur eine besondere Färbung, die in der Jugend die meisten Inhalte annehmen, abgesehen davon, in welcher Zahl und welcher Verknüpfung die Inhalte verschiedener Art vorhanden sind.

Von hier aus können wir den bisher feststellten Begriff von Jugend formulieren als jene Jahre, die nach abgeschlossenem Wachstum der psychophysischen Elemente charakterisiert sind durch das prävalierende Werterlebnis.

Das Werterlebnis charakterisiert die Jugend nicht nur gegenüber der Kindheit, sondern auch gegenüber der Erwachsenheit. Natürlich kann man keinesfalls annehmen, daß das Werterlebnis allein der Jugend zukomme, daß also der erwachsene Mensch es überhaupt nicht mehr besitze, so daß er in dieser Beziehung wieder der Kindheit gliche. Aber im späteren Alter handelt es sich mehr um eine Wertgewohnheit, d.h. man handelt nach Prinzipien, die meistenteils von außen aufgenommen oder aufgedrungen sind. Man handelt nach Zwecken, und keinesfalls ist man gegenüber allem wertend eingestellt, noch viel weniger nach wenigstens vermeintlich objektiven Maßstäben. Der Erwachsene kennt eine ganze Werteskala; er wird im allgemeinen geneigt sein, die Wertungen als von jeweiligen Umständen veränderbar anzunehmen. Die Jugend kennt nur gut oder schlecht, sie ist gewissermaßen durch eine ethische Schwarz-Weiß-Manier gekennzeichnet. Dies alles gilt wenigstens in der Einstellung gegenüber dem eigenen Seelenleben. Hier wird verworfen und heiliggesprochen mit entschiedener Strenge. Das ganze Leben der Jugend ist getränkt von dieser Atmosphäre des Werterlebnisses, und nach ihm möchte sie wenigstens ihr Handeln im großen und kleinen bestimmen.

Konnten wir für das Auftreten dieser charakteristischen Einstellung gegenüber sich und den Dingen einen einigermaßen bestimmten Zeitpunkt angeben, konnten wir also den Beginn der Jugend gesetzmäßig feststellen, so ist dies nicht gleicherweise für ihr Ende möglich. Es scheint, als wäre die Dauer der Jugend nicht nur von inneren, sondern sogar sehr weitgehend auch von äußeren Zuständen abhängig. Wir können wohl konstatieren, daß nach beendeter Entwicklung der elementaren psychischen Funktionen nicht gleich die kindliche Struktur des Seelenlebens sich in die erwachsene verwandelt, sondern daß eine Art Latenzperiode eingeschoben ist, deren Hauptcharakteristikum in formaler Beziehung eben jenes Werterlebnis ist; wir finden aber nicht dieselbe Gesetzmäßigkeit für die Dauer dieser Latenzperiode. Recht häufig scheint diese „reine Jugendzeit" nur zwei oder drei Jahre lang, zuweilen auch kürzer zu bestehen, um nach einer ebenfalls sehr verschieden langen „Übergangszeit" vom reinen Typus des Erwachsenen gefolgt zu sein. Nicht selten aber sehen wir Menschen, die in seelischer Beziehung charakteristisch jugendlich sind, in einem Lebensalter bis weit in die zwanziger Jahre hinein. Andererseits will es mir scheinen, als wäre in weiten Schichten der Jugend, ich denke hier vor allem an die schwer erwerbstätige Jugend, der eigentliche seelische Typus „Jugend" nur ganz kurz, wie aufleuchtend, vorhanden, um unmittelbar in die psychische Uniform des Berufsmenschen überzugehen.

Diese Schwierigkeit, eine Regel für die Dauer der Jugend aus der bloßen psychologischen Betrachtung heraus zu finden, weist uns auf unbekannte Zusammenhänge hin, und es erhebt sich hier die Frage, was denn überhaupt der Grund sein mag für die merkwürdige Tatsache, daß überhaupt die Art Latenzperiode des psychischen Wachstums eingeschoben ist. Die Frage ist, präziser formuliert, die folgende: Wenn sich uns im allgemeinen das seelische Leben des Menschen als eine Entwicklung der einzelnen psychischen Funktionen aus dem einfachen Zustand des Neugeborenen zum komplizierten des voll erwachsenen Menschen darstellt: aus welchen Ursachen erleidet diese stetige Entwicklung eine mehr oder minder lang dauernde Unterbrechung um die Zeit der Pubertät? Dabei verweisen wir für die Erörterung der Berechtigung dieser Fragestellung auf später.

Stanley Hall sieht die Ursache für diesen Entwicklungsumweg in der Tatsache, daß die geistige Entwicklung der Menschheit einen analogen Umweg gemacht hatte, den nun der einzelne wiederholt. Wir können ihm in diesem Punkt in keiner Weise zustimmen. So sehr wir den Versuch bewundern, der hier zum erstenmal unternommen wird, eine großzügige Erklärung des Phänomens „Jugend" oder besser der Existenz des Phänomens „Jugend" zu geben, so sehr halten wir die Gedanken, mit denen er unternommen wird, für völlig unvollziehbar. Ich möchte völlig davon absehen, daß die Beantwortung ungezählter einzelner Fragen von dem Standpunkt des biogenetischen Grundgesetzes aus äußerst schwierig wäre; vielleicht hat Hall recht, wenn er eindringlich die Unvollkommenheit der bisherigen Wissenschaft von den hier gehörten Tatsachen betont; wir wollen das Prinzipielle seines Versuchs erörtern.

In der Zoologie, aus der jenes Gesetz übernommen ist, handelt es sich um den folgenden Tatbestand: Wir sehen, daß die Entwicklung aller, auch der kompliziertest gebauten Tiere ihren Ausgang nimmt von einer einzigen Zelle, und es ist die Frage, welche Ursachen die Keimzelle des Seeigels bestimmt, sich nach dem Seeigel-Bauplan und die des Säugetiers sich nach dem Säugetier-Bauplan zu teilen. Die Antwort ist gegeben durch den Begriff der Vererbung. Es wird gesagt: Gewissermaßen war der Weg, den die tatsächliche Veränderung der Vorfahren der Säugetiere genommen hatte, die beste Lösung des Problems, wie aus einem einzelligen Lebewesen das komplizierte Säugetier werden könnte; und die Natur, bei jedem neugezeugten Säugetier aufs neue vor das Problem gestellt, aus der Einzelzelle, in diesem Falle dem befruchteten Ei, den Säugetier-Bauplan zu erzeugen, geht immer wieder den Weg, den sie schon einmal bei der Entstehung jenes Bauplans genommen hatte. Sowohl die Stammesentwicklung als auch die Einzelentwicklung sind in gewissem Sinne als mechanische Vorgänge aufgefaßt. Es handelt sich in beiden um das gleiche Raumproblem: die aus einer Zelle durch Wachstum und Teilung entstehende Vielzahl von Zellen zu ordnen, wobei Ausgangspunkt und Endpunkt gegeben sind. Hier ist das Wort „Entwicklung" im eigentlichen Sinne gebraucht: es ist wirklich eine räumliche Kontinuität gegeben, bei der allein der Begriff „Entwicklung" anwendbar ist. Und diese räumliche Kontinuität ist im Gebiet des Psychischen nicht gegeben. Während wir uns in der physischen Stammesentwicklung eine Entwicklung im eigentlichen Sinne vorstellen können und vielleicht sogar vorstellen müssen, ist dies im psychischen nur im übertragenen Sinne möglich. Es kann ein einfaches Gebilde von Vorstellungen einem komplizierten folgen, sogar gesetzmäßig folgen. Es kann ein Lustgefühl einem Unlustgefühl, es kann irgendein Gefühl einer Wahrnehmung folgen. Aber wir gestehen, uns nichts dabei denken zu können, wenn man sagt, das komplizierte psychische Gebilde habe sich aus dem einfachen entwickelt usw.

Dies gilt gleicherweise für die Menschheitsgeschichte wie für die Geschichte des Einzelnen. Natürlich kann niemandem verwehrt werden, eine gesetzmäßige Folge eine „Entwicklung" zu nennen nach einer äußerlichen Analogie mit räumlichen Vorgängen. Aber eine Analogie ist keinesfalls eine Erklärung für bestimmte Zustände. Das bleibt natürlich bestehen: daß eine merkwürdige Parallelität zwischen gewissen gesetzmäßigen Aufeinanderfolgen seelischer Erscheinungen beim Einzelnen und bei der Gattung vorhanden ist; aber dies ist ein ganz eigenes

Problem. Keinesfalls kann die Tatsache und die Besonderheit der einen Reihe durch die Tatsachen und Besonderheiten der anderen Reihe begründet werden, wohl aber weisen beide auf eine gemeinschaftliche Ursache hin. Welchen Sinn soll es haben zu sagen: „der Zustand ‚Jugend' wiederholt einen ehemaligen seelischen Zustand der Menschheit", wenn es nicht möglich ist, mit dem gleichen Prinzip auch die psychische Besonderheit des Greisenalters zu erklären? Zu allem diesem kommt hinzu, was auch Meumann gegen die Anwendung des biogenetischen Grundgesetzes als eines erklärenden Prinzips auf die Psychologie einwendet: „Es scheint mir aber, daß wir eher imstande sind, auf Grund des empirischen Nachweises einzelner solcher Parallelen zwischen der kindlichen Entwicklung und der der Menschheit die Gültigkeit dieses Gesetzes zu erläutern, als daß wir umgekehrt imstande wären, durch eine prinzipielle Anwendung des biogenetischen Grundgesetzes uns die einzelnen Stadien der kindlichen Entwicklung verständlich zu machen. Das ist dadurch unmöglich, daß wir die notwendigen Ausnahmen von diesem Gesetz gar nicht a priori voraussagen können." (I, S. 673f.)

Man hat sich gewöhnt, das Wort „Entwicklung" in der Psychologie zu gebrauchen, und da es sich als besonders brauchbar erwies, hat man vergessen, daß es in ihr nicht autochthon ist, sondern nur gleichnisweise gelten kann. Nun ist die Verwendung von gleichnisweisen Ausdrükken so lange nicht von Schaden, als sie nicht zu einer falschen Apperzeption der Tatsachen führt. Vielleicht ist das aber in der Psychologie bereits eingetreten. Man hat sich gewöhnt anzunehmen, daß die seelische Entwicklung des Menschen eine stetige Vermehrung seiner geistigen „Zellen" darstelle, die sich nach einem bestimmten Prinzip fortschreitend ordnen, so daß sie schließlich den Bauplan der erwachsenen menschlichen Seele darstellen. Als man die Entdeckung machte, daß es sich nicht um eine stetige Fortentwicklung handle, sondern daß unterschiedliche eigenartige Strukturen vorhanden sind, die, wenn man den gedachten Anfangspunkt und Endpunkt miteinander vergleicht, einen Abweg von der geraden Verbindungslinie bilden, hat man versucht, diese Umwege als determiniert vom historischen Gang der Menschheitsentwicklung aufzufassen.

Hier ergibt sich die folgende, nach unserer Ansicht im Rahmen dieser Anschauungen unlösbare Schwierigkeit: vom Bewußtsein des Neugeborenen haben wir keine Kenntnis. Wir konstatieren bei ihm lediglich physische Reaktionen, deren Art und Zusammenhang allerdings eine gewisse Ähnlichkeit mit jenen physischen Vorgängen aufweist, die bei uns selber mit Bewußtseinsphänomenen verbunden zu sein pflegen. Diese physischen Erscheinungen vermögen wir zu studieren und in ihren Veränderungen bis zum Typus des Erwachsenen fortlaufend verfolgen. Es hat sich gezeigt, daß hier eine Entwicklung im eigentlichen Sinn bis zum sechzehnten Lebensjahr etwa stattfindet. Für eine Psychologie, die sich auch beim Erwachsenen auf das Studium dieser physischen Erscheinungen beschränkt, hat der Begriff „Entwicklung" einen eigentlichen Sinn, ebenso wie der des „Wachstums".

Man mag darüber streiten, ob mit diesen Erscheinungen die Aufgabe der Psychologie erschöpft ist oder noch gar nicht in Angriff genommen; jedenfalls ist gewiß, daß in diesem Fall ein Gebiet von Erscheinungen der wissenschaftlichen Erforschung übrig bleibt: das der Bewußtseinsphänomene. Nun sind diese, wie nicht bestritten werden kann, nicht auf die Erwachsenen beschränkt. Auch in der Jugend und mindestens in der späteren Kindheit gibt es ein Bewußtsein und also eine wissenschaftliche Aufgabe. Hier aber haben die Begriffe „Wachstum" und „Entwicklung" keine eigentliche Anwendungsmöglichkeit. Und wenn wir nun gezeigt haben, daß Jugend im allgemeinen nur durch eine Eigenart der komplexen Bewußtseinsphänomene von den anderen Altern unterschieden ist, so sinkt die psychophysische Forschungsmethode in der Jugendpsychologie zu einer untergeordneten Bedeutung herab, und mit ihr alle Erklärungen, die mit den Begriffen des „eigentlichen Wachstums" und der „eigentlichen Entwicklung" operieren. Ebenso alle Anschauungen, die von diesen Begriffen abhängig sind.

Wenn wir von hier aus die Entwicklung, das Wort in der übertragenen gleichnisweisen Bedeutung gebraucht, des menschlichen Bewußtseins betrachten, so finden wir dasselbe bestimmt durch einen nicht stetigen, sondern im Gegenteil sprungweisen Fortgang. Man hat auf diese Tatsache schon hingewiesen, nur hat man sie, verleitet durch die Unklarheiten des Begriffs „Entwicklung", nicht ganz so scharf fassen können, und man hat sich begnügt, von einer Periodizität der seelischen Entwicklung zu sprechen. Dies trifft im einzelnen völlig zu, indem nämlich die Entwicklung unterschiedlicher Bewußtseinserscheinungen nach einer plötzlichen Veränderung eine mehr oder minder lange dauernde Ruhezeit durchmacht, um dann wieder von einer plötzlichen Veränderung gefolgt zu sein. Auch die Zahl jener plötzlichen Veränderungen kann verschieden groß sein, so daß es sich scheinbar um das Abwechseln von Fortschritt- und Stillstandsperioden handelt. Es muß aber betont werden, daß diese sogenannten Fortschrittsperioden nichts anderes sind als eine Zeit gehäufter plötzlicher Veränderungen, die wir allerdings als nach einer bestimmten Richtung hin verlaufend auffassen können.

Solange wir von der „Entwicklung" einzelner Bewußtseinserscheinungen sprechen, gibt die uneigentliche Ausdrucksweise von der periodischen Entwicklungsart ein richtiges Bild. Es verleitet uns aber zu einer nicht ganz richtigen Auffassung der Entwicklung des Bewußtseins überhaupt; denn weder ist eine Periodizität in der Aufeinanderfolge der einzelnen Stadien von Kindheit, Jugend, Erwachsenheit und späteren Altern vorhanden, noch ist – was uns hier besonders angeht – der Übergang aus der Kindheit in die Jugend und von der Jugend in die Erwachsenheit ein stetiger; vielmehr folgen diese Stadien einander plötzlich, und der Schein einer Stetigkeit rührt daher, daß sich nicht plötzlich, das ist mit einem Mal, alle kindlichen psychischen Phänomene in jugendliche verwandeln, sondern daß dies nacheinander, für jedes für sich plötzlich, geschieht. Und man könnte diese Zeit die Übergangszeit nennen, wenn man sich bewußt bleibt, daß nur eine ganz kurze Spanne Zeit diesen Namen wirklich verdient, während alles nachher sich Verändernde bereits eines der zu unterscheidenden Stadien der Jugend ausmacht, weil es bereits charakterisiert ist unter anderem durch das Werterlebnis.

Wollten wir uns das Gesagte bildlich vorstellen, so müßten wir an eine Treppe denken, deren untere Stufe die Kindheit, deren mittlere die Jugend, und deren obere das darauffolgende Stadium symbolisieren würde. Der Stufenabsatz deutet die kurze Zeit intensiver plötzlicher Veränderungen an. Zwei Korrekturen wären an diesem schematischen Bilde noch vorzunehmen: *Erstens* ist jede Stufe wieder für sich eine Treppe im kleinen. *Zweitens* wird die Übergangszeit aus der Kindheit in die Jugend sehr bedeutend verlängert dadurch, daß das Auftreten der Jugend charakterisierenden psychischen Inhalte und die Beendigung des Wachstums der elementaren psychophysischen Erscheinungen nicht genau zusammenfallen, sondern daß sich unter Umständen Differenzen im einzelnen von ein bis zwei Jahren ergeben; daß ferner aus der Kindheit gewisse Hemmungen herübergenommen sein können, die eine schnelle Ausbreitung des jugendlichen Typus auf alle Bewußtseinserscheinungen verhindern, die größere oder kleinere infantile Inseln erzeugen. Die Übergangszeit aus der Jugend in die Erwachsenheit kann eine nicht näher gesetzmäßig zu erfassende Verlängerung erfahren durch Fixierung von Wünschen, Anschauungen, Handlungsweisen usw., die gewaltsam in jene um das Ende der Jugend einsetzenden seelischen Veränderungen oft ganz bewußt eingreifen und dadurch mehr oder weniger große Gebiete des Bewußtseins selbst mehrere Jahre lang „jugendlich" erhalten. So mildert sich die Steilheit der Stufenabsätze je nachdem außerordentlich oder wenig, einmal auf Kosten der Länge der Stufe „Jugend", ein anderes Mal die der Stufe „Erwachsenheit" verkürzend. Doch sind dies Erscheinungen, die offenbar nicht im Wesen der Jugend liegen, sondern in sekundären Bedingungen, so daß sie die nicht mit einer Formel zu erfassende Vermannigfaltigung jener Grundgesetzlichkeit darstellt.

Wenn wir oben abgelehnt haben, die Erklärung der

Tatsache der Stufe „Jugend" und ihrer besonderen Form in der Tatsache einer ähnlich verlaufen Menschheitsentwicklung zu finden, so bleibt uns doch die Notwendigkeit übrig, sie auf irgendeine Weise zu erklären. Wenn man jene biogenetische Anschauung ihres Mantels von Analogien entkleidet, so reduziert sie sich auf die Lehre von der ererbten Anlage; denn das ist offenbar ihr innerster Kern, daß die Art der Menschheitsentwicklung irgendeine Disposition zu einer bestimmten Entwicklungsweise in der Keimzelle zurückläßt. Wir glauben nicht, daß sich dieser Gedanke aus der Psychologie völlig ausschalten läßt. Aber er kann in ihr auch nur uneigentlich gelten, er ist im Grunde ein Verlegenheitsausdruck, statt dessen wir vielleicht ebensogut sagen könnten: wir wissen nicht. Gerade darum aber ist äußerste Sparsamkeit mit dem Gebrauch des Begriffs der „Anlage" geboten, und auch von hier aus begründet sich die Ablehnung jener biogenetischen Theorie, die schließlich die ganze Eigenart der Jugend auf eine vererbte Anlage in der Keimzelle zurückführen möchte. Eine Anschauung, die im biologischen Denken berechtigt, weil aus der biologischen Wirklichkeit heraus gedacht ist, die aber im Gebiet des Bewußtseins keinen anderen Sinn als den eines vagen und hinkenden Vergleichs hat.

Darum ist an und für sich Meumanns Methode in dieser Hinsicht ein Fortschritt. Denn er sucht die Ursache für die Existenz und die Besonderheit der Stufe „Jugend" nur zum Teil in der psychischen Anlage. Zum anderen Teil sucht er die jugendliche Eigenart aus dem jeweiligen Zustand des physischen Organismus sich verständlich zu machen. Unleugbar sind die gesetzmäßigen Zusammenhänge zwischen der Existenz der Stufe „Jugend" und einem bestimmten Grad physischer Entwicklung. Trotzdem glauben wir nicht, daß sich aus diesem Zusammenhang ein Erklärungsprinzip wird ableiten lassen. Auch zwischen der Menschheitsentwicklung und der des Einzelnen besteht eine unleugbare Parallelität. Nun ist freilich zuzugeben, daß wir zwar sagen können, niemals trete eine bestimmte psychische Struktur auf ohne einen bestimmten physischen Zustand, während wir das gleiche bei jener Parallelität nicht konstatieren *können*, und darum kann gegen beide nicht gleicherweise verfahren werden. Aber die Schwierigkeit, die wir oben angedeutet haben, daß die Eigenart der Jugend eine Bewußtseinserscheinung ist, bleibt auch hier bestehen. Wohl vermögen wir in einem bestimmten physischen Zustand eine Teilbedingung für das Vorhandensein seines bestimmten psychischen sehen; uns ist aber völlig unklar, wie es möglich sein würde, hier mehr als einen sehr allgemeinen und sehr weiten Rahmen für eine Erklärung abzustecken. Hier gilt keine Vertröstung auf Kenntnisse, die die Forschung erst später erlangen wird; denn hier ist die prinzipielle Frage gestellt, ob Ursache und Wirkung so völlig wesensverschiedene Erscheinungen sein können wie die Bewußtseinsphänomene und die physischen.

Wie dem aber auch immer sei (wir vermögen uns eine ursächliche Beeinflussung der Bewußtseinserscheinungen durch physische Vorgänge überhaupt nicht vorzustellen): keinesfalls haben wir die Möglichkeit, bestimmten Gehirnvorgängen etwa bestimmte komplexe Inhalte des Bewußtseins zuzuordnen; und also können wir auch nicht in jenen die Erklärung für diese finden. Der Versuch, es zu tun, ist berechtigter, als die weitabliegende und als Realität überhaupt nicht konstatierbare Menschheitsentwicklung herbeizuziehen, denn – wie bemerkt – ist irgendein Zusammenhang zwischen körperlicher und seelischer Jugend, und wir dürfen ihn keinesfalls übersehen. Aber Jugendpsychologie ist Psychologie der komplexen Bewußtseinsphänomene, und im Grunde ist es das gleiche, ob wir als Erklärung für die Vorgänge im Bewußtsein die Molekülbewegung der Nervensubstanz oder den Willen des lieben Gottes annehmen. Beide wären keine psychologischen, sondern außerpsychologische Theorien. Jener psychisch-physische Zusammenhang ist ein Problem, ist ein Forschungsgebiet mit seinen eigenen psychisch-physischen Methoden, Theorien und Erklärungsprinzipien. Die komplexen Vorgänge im Bewußtsein sind ein anderes Problem, ein anderes Forschungsgebiet mit anderen Methoden, Theorien und Erklärungsprinzipien.

Auch die psychologische Theorie der Jugend, die uns vorschwebt, wird natürlich letzten Endes ausmünden in die Frage nach dem Zusammenhang zwischen den Besonderheiten des jugendlichen physischen Organismus und denen des psychischen. Aber bis dahin ist ein weiter Weg, auf dem als Erklärung für psychische komplexe Erscheinungen nichts anderes wird gelten dürfen als andere komplexe oder einfache psychische Erscheinungen; und zwar denken wir hier nicht in erster Linie an den so oft gemachten Versuch, die komplexen psychischen Gebilde zu analysieren, d.h. sie aufzulösen als eine Summierung und Kombination einer kleinen Anzahl sogenannter elementarer seelischer Erscheinungen. Denn dies könnte uns zwar jene komplexen Gebilde verständlich machen, uns den konstatierten Übergang des einen in das andere erklären, nicht aber die Frage beantworten, warum gerade in der Jugend gerade diese komplexen Gebilde auftreten und gerade so ineinander übergehen, aufeinander folgen.

Es handelt sich um die Auffindung sozusagen des Motors aller dieser Veränderungen. Stanley Hall erkennt diesen Motor in den bestimmten Dispositionen, die durch Vererbung aus der Zeit der vorgeschichtlichen Entwicklung der Menschheit im Kinde liegen, und es wird ihm die Eigenart jener Veränderungen restlos verständlich aus dem Zusammenwirken dieser Entwicklungsdisposition und den besonderen Lebensumständen. Meumann betrachtet als treibende Ursache die allgemeine physische Konstitution und ihre Entwicklung. Diesen beiden Theorien gelingt es nicht, uns mehr als eine allgemeine Andeutung zu geben; sie bezeichnen höchstens eine Richtung, ganz abgesehen davon, daß wir noch prinzipiellere Einwände gegen sie geltend gemacht haben. Eine psychologische Theorie der Jugend wird den gesuchten Motor in psychischen Vorgängen suchen und die Frage offen lassen müssen, welches überdies die psycho-physische Verkettung und der Zusammenhang mit der Entwicklung der Gattung ist. Beides sind Problemstellungen von großer Wichtigkeit, aber von ganz anderer Methodik als die ist, welche wir anwenden müssen, um die von uns gestellte Frage zu lösen.

Auch Stanley Hall weist darauf hin, daß wir das Verständnis für gewisse Erscheinungen des jugendlichen Seelenlebens wie die Stellung zur Wissenschaft und Kunst nur gewinnen können durch eine genauere Betrachtung der sexuellen Entwicklung bei der Jugend. Es ist auch von vornherein wahrscheinlich, daß wir in der Art des jugendlichen Sexuallebens besonders charakteristische Unterschiede zu den anderen Altern finden werden. Man pflegt ja allgemein anzunehmen, daß die Kindheit sexuelle Erlebnisse überhaupt nicht besitze, daß diese sich um die Zeit der Pubertät zu entwickeln beginnen, und daß mit ihrer vollen Reife das Ende der Jugend erreicht wird. Die naive Anschauung betrachtet somit das sexuelle Erlebnis als das zentrale der Jugend, in dem diese geradezu als die Geburtszeit des Geschlechtstriebes angesehen wird. In einem gewissen Sinn gibt die psychologische Forschung dieser populären Anschauung recht (soweit nämlich dieses Gebiet überhaupt ernsthaft untersucht wurde). Es kann kein Zweifel bestehen darüber, daß ein großer Teil der Inhalte des jugendlichen Bewußtseins sexueller Natur sind, und zwar sind es sowohl sexuelle Stimmungen verschiedenster Art als auch Vorstellungen und Wünsche, die es erfüllen. Nicht zu vergessen sind ferner die sexuellen Betätigungen. Dazu kommt noch, daß nicht wenig psychische Gebilde, die auf den ersten Blick asexuell zu sein scheinen – wie zum Beispiel manche Liebe zur Wissenschaft, manche künstlerische Betätigung – sich dem genaueren Beobachter mindestens als sexuell determiniert erweisen. Trotzdem ist nach unserer Ansicht weder die Zahl der sexuellen Inhalte noch deren Art für die Jugend charakteristisch.

Die Forschung hat erwiesen, daß die populäre Ansicht von der Asexualität des Kindes falsch ist. Wohl sind sich noch nicht alle Parteien darüber einig, wie weit in die Kindheit hinab psychische Gebilde sexueller Natur reichen. Es ist bekannt, daß die Schule Freuds, allerdings bei Gebrauch des Wortes in einem ungewöhnlich erweiterten Sinn, die erste Lebensbetätigung des Säuglings als sexuell auffaßt. Kein Zweifel aber besteht – oder kann vernünftigerweise bestehen – über das Vorhandensein der Sexualität beim älteren Kind (zweites Jahrfünft), und wir glauben, daß die Pubertät schwerlich irgendwelche sexuelle Vorstellungen oder Wünsche neu erzeugt; vielmehr waren sie alle mindestens hier und da auftauchend oder weniger deutlich bewußt schon seit geraumer Zeit vorhanden.

Das gleiche gilt für das Ende der Jugend: auch beim Übergang in die Erwachsenheit dürfte kaum wesentlich ein Zuwachs in der Zahl der Veränderung in der Art der sexuellen Gebilde erfolgen. Wohl aber unterscheidet sich das Sexualleben des Jugendlichen von dem des Erwachsenen durch die Art der Sexualbetätigung. Was für jenen Vorstellung oder Wunsch war, ist für diesen Erfahrung. So erhält das jugendliche Sexualleben gegenüber dem erwachsenen sein Spezifikum. Der Wert, den die sexuellen psychischen Gebilde für den Jugendlichen haben, ist ein ganz anderer als der, den der Erwachsene damit verbindet. Es steht, um hier mit einem Satz anzudeuten, in höherem Wert bei der Jugend, da es für sie das Unerreichbare ist. Aber nicht so, als würde direkt die Sexualität oder eine Form von ihr bewußt höher bewertet werden; sondern vielmehr, indem der Raum, den sie einnimmt, ein größerer ist. Sie nimmt sozusagen, da ihr das normale erwachsene Endglied fehlt, allerhand Verwandlungen vor, und so – als Kunstbetätigung, als Naturliebe, als Religiosität usw. – beherrscht sie das Bewußtseinsleben, und in dieser Form erfährt sie jene bezeichnete höhere Bewertung.

Wir können an dieser Stelle nicht mehr tun, als diese Dinge anzudeuten und müssen im einzelnen auf die Untersuchungen von Stanley Halls Schülern und von Freud hinweisen. In diesem Zusammenhang genügt soviel zu sagen, was einigermaßen unbestritten in der Psychologie feststeht. Steht die Sexualität bei der Jugend mehr im Zentrum der seelischen Struktur als bei den Erwachsenen, weil sie gewissermaßen eine größere Irradiation besitzt und so Betätigungen, Vorstellungen und Gefühle ergreift, die an sich asexuell sein mögen, so steht sie als solche, als klar bewußte, weniger im Mittelpunkt. Dies kommt daher, daß die sexuelle Betätigung, für den Erwachsenen ein natürlicher und selbstverständlicher Vorgang, für die Jugend entweder überhaupt nicht vorhanden ist oder doch mit mehr oder minder schlechtem Gewissen, mit mehr oder minder innerem oder äußerem Zwang zur Heimlichkeit vollzogen wird. Wenn wir dies alles bedenken, so wird uns einleuchtend, daß jene Vorstellungen und Gefühle, die beim Erwachsenen ihren adäquaten Ausdruck, ihre motorische Abfuhr erfahren, die aber beim Jugendlichen ohne dieses befreiende Endglied verbleiben müssen, eine Art Gefühlsstauung hervorrufen, und zwar gesetzmäßig hervorrufen, die für die Jugend als Zustand bezeichnend ist.

Obwohl wir auch für die Kindheit sexuelle psychische Gebilde als regelmäßig vorhanden angenommen haben und bei ihr das von der Sexualhandlung Gesagte noch ausschließlicher zutrifft, besitzt sie doch nicht diese für die Jugend bezeichnende, sozusagen diffuse Sexualität. Was die Jugend von der Kindheit in dieser Beziehung unterscheidet, ist, daß die Jugend ihre Sexualität bewertet, während das Kind sie völlig naiv erlebt. Denn selbst wenn etwa einem spontan masturbierenden Kinde von seinen Eltern diese Betätigung strengstens verboten wurde, so wird ihm das höchstens Anlaß, diese Betätigung als schlecht, d.h. als Hiebe nach sich ziehend zu bewerten, keinesfalls aber die Handlung als solche oder die sie begleitenden oder hervorrufenden Vorstellungen und Gefühle. Die Jugend bewertet gerade diese, und zwar als solche, unabhängig von den Folgen, die sie möglicherweise nach sich ziehen. Und wenn es auch sein sollte, daß diese absolute Bewertung entstanden ist aus Erfahrungen und Reaktionen aus früherer Zeit, so ist für uns hier dennoch wichtig, daß dies unbewußt bleibt. Gewisse Sexualgebilde werden mit beginnender Jugend als schlecht an und für sich erkannt, und es beginnt ein Kampf gegen sie. Im allgemeinen dürfte die Einstellung so zu charakterisieren sein, daß von der Jugend als schlecht alles bezeichnet wird, was sie als sexuell in einem engeren Sinne erkannt, und als gut, was ihr diese „dummen Gedanken" austreibt. Die geistige Betätigung in Kunst und Wissenschaft, die Religion, die Liebe zur Natur erscheinen als solche Gegenpole des Sinnlichen, und je schwerer es wird, die aufsteigenden Vorstellungen, Wünsche und Gefühle dieser Art zu unterdrücken, um so höhere Bewertung, um so hingebendere Liebe erfahren jene.

Es zeigt sich hier, daß das Wertungserlebnis, von dem wir oben sprachen, keine zufällige und keine Teilerscheinung des jugendlichen Seelenlebens ist, sondern daß es wirklich für die Jugend und nur für die Jugend bezeichnend ist. Es hängt auf eine Weise, die freilich im einzelnen bisher noch nicht festgestellt ist, innig zusammen mit der spezifischen Art der jugendlichen Sexualgebilde, reicht aber über sie weit hinaus, sich auf alle Inhalte erstreckend. Ganz allgemein dürfte gelten, daß das Wertungserlebnis verursacht ist von jenem spezifischen Sexualgefühl. Wir denken das weniger so, als wäre das Werterlebnis selbst ein sexuelles Erlebnis oder doch dessen Derivat, auch nicht, als würde die einzelne Tatsache des Wertens eine sexuell bedingte sein; sondern es scheint uns wahrscheinlich, daß nur das Auftreten des Wertungserlebnisses in dem außerordentlichen Maß, mit der ungewöhnlich intensiven Energie, mit der inadäquaten Überschätzung, mit der Ausschließlichkeit des objektiven Maßstabs und der übergangslosen Gegeneinandersetzung von heilig auf teuflisch, wie es eine gewisse Spanne Zeit nach abgeschlossener Kindheit bei jedem Menschen charakterisiert, in unmittelbarem Zusammenhang steht mit der um dieselbe Zeit regelmäßig eintretenden Bewertung der psychischen Sexualgebilde und den übrigen Veränderungen in dieser Beziehung.

Wenn wir versuchen wollten, eine Formel zu finden für die Veränderungen des Sexuallebens in der Jugend gegenüber der Kindheit, so dürfte sich als einigermaßen zutreffend erweisen, wenn man sagt, daß um diese Zeit das Bedürfnis nach sexueller Betätigung im engeren Sinne eine außerordentliche Intensivierung erfährt. Um diese Zeit erhöht sich, um nur ein Beispiel zu nennen, die Zahl der masturbierenden Kinder zu einem Prozentsatz, über den zwar die einzelnen Forscher nicht in Übereinstimmung gekommen sind, der aber sicherlich im zweiten halben Hundert liegt, und um diese Zeit beginnen die

Fälle der adäquaten Sexualbetätigung, vor allem in der Prostitution, von Jahr zu Jahr progressiv zu wachsen.

Diese Tatsachen finden ihre *conditio sine qua non* in der um eben diese selbe Zeit beginnenden Geschlechtsreife. Sie und das mit ihnen zusammenhängende Wertungserlebnis aber einfach mit diesem Hinweis erklären zu wollen, reicht nicht aus, weil dadurch ein äußerst komplizierter Tatbestand allzusehr vereinfacht würde. Physische und psychische Geschlechtsreife decken einander nicht vollständig. Weder ist die psychische Reife – darunter sei etwa verstanden die Möglichkeit, eine klare Vorstellung der adäquaten Sexualbetätigung sich zu bilden – immer erst dann gegeben, wenn zugleich die physische Möglichkeit, diesen Traum zu erleben, vorhanden ist, noch sind alle physisch reifen Personen imstande, „zu leben statt zu träumen". Es scheint, daß hier nicht nur soziale Determinationen mitspielen, sondern es scheint, daß die funktionale Abhängigkeit des Psychischen vom Physischen, hier wie sonstwo, nirgends in der Wirklichkeit rein dargestellt wird. Eine spätere Forschung wird uns dabei hoffentlich über die dabei im einzelnen waltenden Gesetze aufklären.

Uns genügt an dieser Stelle zu konstatieren, daß im allgemeinen um das Ende der Kindheit eine Diskrepanz zwischen sexuellem Bedürfen und sexuellem Vermögen eintritt, dessen beide möglichen Formen – daß nämlich *einerseits* das dumpfe Drängen „des Blutes" Vorstellungen und Gefühle verlangt, die das Bewußtsein noch nicht zu fassen vermag; oder daß *zweitens* deutliche Vorstellungen und Gefühle Handlungen fordern, die noch nicht zu vollziehen sind – das gleiche erzeugen: einen Bewußtseinszustand von höchster Unruhe, Inkonsequenz, Gärung und Verwirrung. In diesem Zustand droht jedem einzelnen der Untergang, wenn er nicht irgendein Festes und Sicheres als unzerbrechlichen Rückhalt und letzte Zuflucht findet. Von hier aus verstehen wir, welche Bedeutung das Wertungserlebnis in dieser Zeit gewinnen muß und wie es, auf das ganze Seelenleben sich erstreckend, gewissermaßen die festen, untersten Zementquadern erzeugt oder doch vortäuscht, auf denen sich der

Bau der jugendlichen psychischen Struktur gründen kann.

Wir sehen in jener Diskrepanz zwischen sexuellem Bedürfen und Vermögen die Ursache für das Charakteristikum der jugendlichen Eigenart, für das prävalierende Wertungserlebnis. Damit haben wir die Hypothese ausgesprochen, die künftige psychologische Forschungen, angestellt mit den oben bezeichneten Methoden, entweder zur psychologischen Theorie der Jugend verfestigen werden, indem sie an dem Leitfaden der Hypothese weiterarbeitend beweisendes Material werden anhäufen können, oder die sie seinerzeit als einen Irrtum werden ablehnen müssen. Wir wollen nichts anderes als ein heuristisches Prinzip, zunächst für unsere eigenen künftigen Arbeiten, in zweiter Linie auch die anderer aufgestellt haben, an dem wir unkorrigierbar festhalten wollen nur das Prinzip: die Eigenart der Jugend aus psychischen Ursachen verständlich zu machen. Das, glauben wir, haben die angedeuteten Gedanken gegenüber der phylogenetischen und der psychophysischen Theorie der Jugend voraus. Sie nehmen ihren Ausgang von der feststellbaren psychischen Tatsache der Diskrepanz von psychischem und physischem Sexualvermögen und -bedürfen. In der Bindung und Auslösung seelischer Energien, die durch sie verursacht werden, um uns hier gleichnisweise verständlich zu machen, sehen wir den Motor, der jene Veränderungen der kindlichen psychischen Struktur herbeiführt, die wir als jugendliche charakterisiert haben. Sie ist die Ursache der jugendlichen Eigenart.

Wir können hier den psychologischen Begriff von Jugend folgendermaßen formulieren, wobei wir einige Einschränkungen und Klarstellungen noch später anzufügen uns vorbehalten: Jugend ist die Zeit der Diskrepanz zwischen psychischem und physischem Sexualbedürfen und -vermögen; sie setzt ein, wenn die Entwicklung der psychischen elementaren Fähigkeiten und deren physische Grundlagen im großen und ganzen abgeschlossen ist. Sie ist charakterisiert durch das prävalierende Werterlebnis, das, von jener Diskrepanz determiniert, sich im Laufe der Jugendzeit auf immer weitere Gebiete des Seelenlebens erstreckt. Die psychischen Inhalte in ihrer Zahl, ihrer Art, ihrem Auftreten und ihrer Aufeinanderfolge sind ebenfalls bedingt von jener Diskrepanz und ihren ausstrahlenden Wirkungen einerseits, andererseits von der allgemeinen psychischen Gesetzlichkeit. Der Übergang von der Kindheit in die Jugend und von dieser in die Erwachsenheit findet durch eine plötzliche Veränderung der wesentlichen Einstellungen und Reaktionsweisen statt. Die Jugend endet mit der völligen Aufhebung dieser Diskrepanz.

Diese Formel enthält auffallenderweise keine Zeitbestimmung für den Eintritt und die Dauer der Jugend. Man hat sich gewöhnt, Jugend wenigstens ungefähr einer bestimmten Zahl durchlebter Jahre gleichzusetzen. Vielleicht geschieht dies mit Recht für die physiologische Entwicklung. Hier kann man, wie uns ein oberflächliches Studium der physiologischen Literatur gelehrt hat, eine Zeit der Entwicklung der sekundären Geschlechtsmerkmale ungefähr abgrenzen. Dies ist die Zeit vom 14. bis ca. 21. Jahr beim Mann, vom 12. bis ca. 16. Jahr bei der Frau der im gemäßigten Klima autochthonen Rassen. Der psychologische Begriff Jugend deckt sich aber mit diesem physiologischen keineswegs. Nur der Beginn der Jugend fällt ungefähr mit dem Beginn jener physischen Sexualentwicklung zusammen, denn im allgemeinen wird erst durch sie jene Diskrepanz erzeugt. Nicht in gleicher Weise verhält es sich aber mit dem Ende der physiologischen Entwicklung und seiner Beziehung zum Ende des psychologischen Zustands „Jugend". Wenn richtig wäre, was dem oberflächlichen Betrachter so erscheint, daß nämlich die Möglichkeit zur adäquaten sexuellen Betätigung gegeben ist mit der erlangten physischen Reife, d.h. mit der vollendeten Entwicklung der Sexualorgane und der sekundären Geschlechtsmerkmale, dann wäre das Problem einfach genug zu lösen.

Der Schwerpunkt liegt aber nicht in der physischen Fähigkeit, sondern vielmehr in der seelischen Struktur, in den Wünschen, Befürchtungen, Bewertungen, Hemmungen und Einstellungen aller Art, die sich auf das Gebiet des Sexuallebens überhaupt und seiner einzelnen Ausdrucksformen beziehen. Es kommt hier nicht darauf an, ob die jugendliche Person in einem bestimmten Alter die physische Fähigkeit zu irgendeiner Art der Sexualbetätigung besitzt und ob sie dieselbe auch ausübt; es kommt hier im wesentlichen überhaupt nicht darauf an, welche Form sexueller Befriedigung physischer Art sie sich gewährt oder ob sie keinerlei taktile Lust sich gestattet; sondern es kommt für die Charakterisierung des jugendlichen Typus einzig und allein darauf an, auf welche Weise die betreffende Person psychisch zu ihrer eigenen physischen Betätigung eingestellt ist, wie sie auf dieselbe psychisch reagiert. Soweit die physische Betätigung als inadäquat empfunden wird, handelt es sich um eine jugendliche Persönlichkeit. Inadäquat kann hier aber Doppeltes heißen: einmal nicht entsprechend den vorhandenen Vorstellungen, Wünschen usw., das andere Mal zwar diesen „leider", nicht aber den Bewertungen und Idealen gemäß.

Wir glauben uns zu der Annahme berechtigt, daß die angedeutete Diskrepanz naturgesetzlich um jene Zeit eintritt. Ob es einer künftigen Forschung möglich werden wird, die Ursache dieses Eintretens im einzelnen restlos auf eine empirisch gegebene Unmöglichkeit der genauen Übereinstimmung von physischer und psychischer Entwicklung zurückzuführen, oder ob es notwendig werden wird, hier eine allgemein organische oder wenigstens psychische Gesetzmäßigkeit zu suchen, ist heute nicht zu entscheiden; und wir müssen uns hier begnügen festzustellen, daß in der heutigen Menschheit, soweit sie der psychologischen Erfahrung zugänglich geworden ist, gesetzmäßig jene Diskrepanz auftritt; je nach dem Tempo des elementarpsychischen und -physischen Wachstums tritt sie früher oder später, immer aber nach seiner Beendigung im großen und ganzen ein. Und nach einer ebenfalls im einzelnen noch nicht festgestellten psychologischen Gesetzmäßigkeit entwickelt sich aus ihr die seelische Struktur, die durch das Prävalieren des Wertungserlebnisses gekennzeichnet ist. Die Aufhebung der Diskrepanz erzeugt die Struktur des Erwachsenen. Wir können die Konstatierung dieser Tatsachen zusammenfassen mit der Bezeichnung: Jugend als Gesetz der psychischen Entwicklung.

Darüber hinaus aber müssen wir festhalten, daß die von uns gekennzeichnete Struktur „Jugend" nicht nur jenes schwankend lange, aber gewöhnlich nur ein bis zwei Jahre dauernde Stadium der menschlichen Entwicklung in sich faßt, sondern daß wir auch „Jugend" als psychologischen Typus kennen. Die Wertungen, Wünsche, Handlungen, Beschlüsse, die in der Zeit der Diskrepanz auftauchen, vereinigen sich unter Umständen zu einem festen psychischen Gebilde, das nicht sogleich sich zu verändern vermag, wenn an sich die Möglichkeiten zur Auflösung jener Diskrepanz auch schon gegeben wären. Sie wird durch sie verlängert. Theoretisch wäre es möglich, sich diese Verlängerung ohne Grenze vorzustellen. In der Wirklichkeit scheint es aber so zu sein, als würde auch der Typus „Jugend" nicht unabhängig sein von der Höhe des Lebensalters, als wäre er also kein allgemeiner psychologischer Typus, sondern jedenfalls ein Entwicklungstypus, das Wort im ureigentlichen Sinn gebraucht. Es will uns scheinen, als würde die Aufrechterhaltung des Typus „Jugend" über das fünfte Jahrfünft etwa hinaus nicht möglich sein, ohne daß eine mehr minder große Anzahl pathologischer Erscheinungen hinzuträte. Eine Verlängerung aber bis in die ersten zwanziger Jahre hinein scheint nicht nur noch völlig im Bereiche des Normalen zu liegen, sondern scheint unter bestimmten Bedingungen gesetzmäßig einzutreten. Dieser Gedanke wird nahegelegt durch die Erfahrung, daß in der Mittelschul- und Hochschuljugend der Prozentsatz der Personen eigentlich jugendlich-psychischer Struktur ein außerordentlich viel höherer ist als unter der gleichaltrigen erwerbstätigen Jugend.

Wir vermögen an dieser Stelle über diese Bedingungen nichts auszusagen, nur soviel ist sicher, daß unter ihnen die äußeren Lebensbedingungen, nicht zum geringsten die Art und die Intensität der Bewertung der seelischen Vorgänge und der Dinge durch die umgebenden Personen eine wichtige Rolle spielen. Wir dürfen hoffen, daß die Erforschung der soziologischen Stellung der Ju-

gend in Beziehung gesetzt zu den Resultaten der Jugendpsychologie uns über diese Frage aufklären wird. Wir
selbst machen im zweiten Teil[19] dieser Arbeit einen ersten
Versuch in dieser Richtung, indem wir in ihm versuchen,
den soziologischen Begriff der Jugend zu fassen. Die Psychologie wird uns die inneren Bedingungen jener konstatierten Verlängerungsmöglichkeit kennen lehren.

Von hier aus lösen sich uns die Widersprüche im naiven Begriff von Jugend, die auf den ersten Seiten angedeutet wurden als Verwirrung der drei prinzipiellen Erscheinungsformen von Jugend: der physiologischen, die
der Altersbestimmung zu Grunde liegt, der Jugend als
Entwicklungsgesetz und der Jugend als Typus.

---

19 Handschriftlicher Zusatz von Bernfeld unter dem Text: Dieser
   zweite Teil, behandelnd den soziologischen Begriff von Jugend,
   liegt dieser Probearbeit nicht bei.

ÜBER EINE TYPISCHE FORM
DER MÄNNLICHEN PUBERTÄT[1]

(1923)

Das Studium der sexualwissenschaftlichen und psychologischen Literatur lehrt bald, daß sich die Untersuchungen und Ergebnisse dieser Wissenschaften nicht auf alle Stadien des unerwachsenen Menschen gleichmäßig erstrecken. Und insbesondere das Lebensalter der sogenannten Pubertät hat bisher wenig Beachtung gefunden, ist weniger gut beschrieben und noch weniger verständlich geworden als die früheren Perioden der psychischen und sexuellen Entwicklung. Das kann um so mehr Verwunderung und Ansporn zur Arbeit erregen, als in der Pubertät offenbar eine spezifisch menschliche Erscheinung vorliegt. Die Entwicklung der Tierpsyche und -sexualität kennt kein zwischen Kindheit und Erwachsensein eingeschobenes Stadium von charakteristischen Eigenschaften.[2] Es scheinen auch die wenigen vorgenommenen Untersuchungen an primitiven Völkern zu zeigen,[3] daß die Pubertät nicht einmal notwendig zur Psychologie des Menschen gehört, sondern daß ihre Ausbildung in einer gewissen Beziehung zu Tatsachen steht, die wir „kulturelle" oder „soziale" nennen müssen.

Einer der Gründe für diesen befremdlichen Mangel in

---

1 Vortrag, gehalten in der Wiener Psychoanalytischen Vereinigung am 15. Februar 1922.
2 Peter Chalmers Mitchell: Die Kindheit der Tiere. Stuttgart 1913.
3 Vgl. Erich Franke: Die geistige Entwicklung der Negerkinder. Ein Beitrag zur Frage nach den Hemmungen der Kulturentwicklung. (Diss.phil. Leipzig 1913.) (Beiträge zur Kultur- und Universalgeschichte, 35.) Leipzig 1915.

der wissenschaftlichen Literatur liegt wohl im Objekt selbst. Die Pubertät ist ein außerordentlich vielgestaltiges Phänomen. Sie äußert sich auf den verschiedensten Gebieten: physiologisch, psychologisch und nicht zumindest auch soziologisch. Die psychischen und psychophysischen Erscheinungen allein umfassen eine Fülle von Gebieten. Aber nicht genug an dieser materialen Extensität des Objekts, es kommt eine sehr beträchtliche formale Mannigfaltigkeit hinzu. Wer sich um diese Phänomene wissenschaftlich bemüht, ist angesichts der zahllosen individuellen, sozialen, kulturellen, historischen und physischen Differenzen, die sie aufweisen, immer wieder geneigt anzunehmen, daß es überhaupt nicht angebracht sei, die in Rede stehenden Erscheinungen in *einem* Begriff und Namen zusammenzufassen. Andererseits scheint doch unleugbar die Berechtigung gegeben, von *der* Pubertät, ihren Determinanten und ihrer Funktion zu sprechen. Diese Auffassung teilen die Forscher mit dem naiven Begriff von der Sache, den die Sprache festhält.

Die Psychoanalyse hat zu allen anderen Motiven, welche die Wissenschaft veranlassen, die Pubertät in allen ihren Erscheinungsweisen als einen einheitlichen Prozeß aufzufassen, ein sehr entscheidendes hinzugebracht. Die Libidotheorie verlangt, daß alle gleichzeitigen psychophysischen (oder doch psychischen und sexuell physischen) Vorgänge in gegenseitiger Abhängigkeit voneinander stehen und als die gemeinsamen Folgen der vorangegangenen Stadien aufgefaßt werden. Sie gibt auch die Möglichkeit, das Wesentliche (Spezifische) einer Entwicklungsstufe zu präzisieren und von den variablen Anteilen zu sondern, indem ihr die Schicksale der Objektlibido und Ichlibido als die zentralen, bis in sehr abgelegene psychische und physische Gebiete hinein verursachenden Faktoren erscheinen. Gewiß hat die Psychoanalyse es nicht unternommen – und sie ist dazu vielleicht auch gar nicht berechtigt und befähigt –, *sämtliche* Erscheinungen der Pubertät als eine in sich zusammenhängende Einheit zu erweisen, aber sie hat dies doch für einen, nicht den unwichtigsten Komplex derselben in Aussicht gestellt: für die libidinösen Prozesse während der Pubertätszeit.

Freud formulierte als das Charakteristische der Pubertät, ihrer Erscheinungen sowohl als ihrer psychischen und biologischen (oder wenigstens sexualbiologischen) Funktion: in der Pubertät erfährt das infantile Sexualleben zwei wichtige Veränderungen, die es zum definitiven, erwachsenen, umgestalten. Es findet *erstens* „die Unterordnung aller sonstigen Ursprünge der Sexualerregung unter das Primat der Genitalzonen" statt. Diese Veränderung „vollzieht sich durch den Mechanismus der Ausnützung der Vorlust, wobei die sonst selbständigen sexuellen Akte, die mit Lust und Erregung verbunden sind, zu vorbereitenden Akten für das neue Sexualziel, die Entleerung der Geschlechtsprodukte werden". *Zweitens* vollzieht sich in der Pubertät der „Prozeß der Objektfindung". Und zwar geschieht diese endliche, zweite Objektwahl „geleitet durch die infantilen, zur Pubertät aufgefrischten Andeutungen sexueller Neigung des Kindes zu seinen Eltern und Pflegepersonen und durch die mittlerweile aufgerichtete Inzestschranke von diesen Personen weg auf ihnen ähnliche gelenkt."[4]

Die Betrachtungsweise unseres Problems, die in diesen Formulierungen sich darstellt, hat einige wichtige Vorzüge gegenüber der landläufigen und den von etlichen Autoren vorgeschlagenen Modifikationen derselben. Sie macht die Pubertät zu einem funktionalen Prozeß, dessen Ausgangs- und Endpunkt gegeben ist, und dessen Dauer und Form offenbar von diesen beiden Faktoren wesentlich mitbestimmt ist. Sie erfaßt aber überdies das Problem psychologisch und enthebt uns so aller Schwierigkeiten, die durch den physiologischen Begriff der „Geschlechtsreife" in jede Untersuchung gebracht werden. Und schließlich der Begriff der „normalen Erwachsenheit" wird durch die Betonung *eines*, aber eines ihn durchweg charakterisierenden Merkmals, und zwar eines normalen Merkmales, präzis, wertfrei und zur wis-

---

4 Drei Abhandlungen zur Sexualtheorie (1905). Gesammelte Werke. Bd. V, London 1942, S. 136; Studienausgabe. Bd. V, Frankfurt/M. 1972, S. 137.

senschaftlichen Verwendung tauglich. Demgegenüber bedeutet die – natürlich auch von Freud bemerkte – Tatsache, daß weder eine Beschreibung noch eine Erklärung des Phänomens durch sie gegeben ist, bloß eine Aufgabe und nicht etwa eine Wertverminderung.

Vor allem aber eine Tatsache, die jedem sich aufgedrängt hat, wenn auch, soviel wir sehen, niemand daraus nachdrückliche Konsequenzen gezogen hat, wird von hier aus zu einer gewissen Wichtigkeit: daß nämlich die Dauer der Pubertät so außerordentlich großen Variationen unterliegt. Es ist keineswegs bloß Angelegenheit der Definition oder der Definitionslosigkeit, wenn die Autoren in Angaben zwischen zwei, drei und sieben, acht Jahren schwanken. Vielmehr ermöglichen nur gewisse Definitionen eine annähernd präzise Zeitangabe, so wenn die Pubertät vom physiologischen Gesichtspunkt oder vom soziologisch-historischen aus betrachtet wird. Und das ist um so merkwürdiger, als doch sonst die psychischen Entwicklungsstadien zwar eine gewisse Variation der Dauer, aber doch eine verhältnismäßig eng begrenzte aufweisen. Nach der Freudschen Formulierung, der wir uns, wie ja kaum ausdrücklich bemerkt zu werden braucht, anschließen, hört die Dauer ganz auf, ein irgendwie bezeichnendes Charakteristikum der Pubertät überhaupt zu sein, sondern sie wird ebenso natürlich zu einem Einteilungsprinzip für verschiedene Formen des Pubertätsverlaufes.

Nach oben hin ist die mögliche Dauer der Pubertät theoretisch unbegrenzt. Es gibt Personen, die das Endstadium der erwähnten Objektfindung Zeit ihres Lebens nicht erreichen. Es ist eine Frage der Konvention oder der – jedenfalls außerwissenschaftlichen – Praxis, welche Typen von ihnen man Neurotiker nennen will; desgleichen aber auch, ob man für jene von ihnen, die man als „normal" gelten lassen will, den Ausdruck einer permanenten Pubertät oder einen, der an die Pubertät gar nicht erinnert, anwenden will. Der Mißerfolg rührt jedenfalls von einer Fixierung der Libido her, die nicht mehr gelöst werden konnte.

Die untere Grenze ist jedenfalls bemerklich schärfer

gezogen. Denn das Sexualziel, das aufzustellen und zu erreichen Aufgabe der Pubertät ist, bindet sich an physische Bedingungen, deren Vorbereitung eine gewisse Anzahl von Jahren in Anspruch nimmt, und zwar bei Annahme eines mittleren Wertes nach den Angaben der Autoren zwei Jahre. Von diesem Zeitpunkt an ist die Einnahme der Endposition *möglich*. Wenn sie aber nicht bezogen wird, so muß dies an einer Fixierung der Libido oder einem Schicksal liegen, das für eine gewisse Zeit im Resultat einer solchen gleichkommt.

Es sind somit zwei verschiedene Entwicklungsvorgänge von einander zu unterscheiden. *Erstens* das Sexualvermögen, das Resultat eines physiologischen Prozesses, das wir im weiteren Verlauf durch φ symbolisieren wollen. Und zwar sei unter Φ jener Zustand des Genitalapparates im weiteren Sinne des Wortes verstanden, in dem Erektions- und Ejakulationsfähigkeit vorhanden ist (wobei die Zeugungsunfähigkeit neutral ist) und jener psychophysische Zustand, in dem geeignete Reize sexuelle Erregung im Genitalapparat zu erzeugen vermögen. *Zweitens* das Φ entsprechende Sexualbedürfen: das Resultat einer bestimmten Libidoentwicklung, das wir als ψ andeuten. Und zwar ist unter Ψ ein Zustand verstanden, in dem geeignete Reize zur Sexualerregung im Genitalapparat habituell verwendet werden und die so entstehenden Spannungen ihre Lösung an einem Objekt zu erfahren suchen. Die Pubertät ist danach zu verbildlichen als in zwei Teile zerfallend, der Anfang durch die Gabelung der bisherigen Entwicklung in eine φ und in eine ψ-Linie, der Wendepunkt durch den Augenblick Φ auf der φ-Linie, der Endpunkt durch den Augenblick Ψ auf der ψ-Linie symbolisiert.

Von diesen beiden Teilen der Pubertät ist offenbar die Dauer des ersten (Φ) verhältnismäßig konstant. Schwankungen sind gewiß nicht auszuschließen, doch haben sie normalerweise eine geringere Variationsbreite. Die Entwicklung des Sexualvermögens ist an physiologische Prozesse gebunden, deren Bedingungen bei allen normalen Individuen einigermaßen die gleichen sind. Der zweite Teil der Pubertät könnte die Anpassung des Sexualbedürfens an die neue Situation genannt werden. Er ist der eigentlich variable Teil der Pubertät; seine Variationsbreite ist eine außerordentlich große, jedenfalls größer als sie sonst bei regelmäßig verlaufenden Prozessen der Entwicklung zu sein pflegt. Er ist der psychische Anteil der Pubertät. Es ist leicht einzusehen, daß demnach die Länge der Pubertät psychisch bedingt ist.

Theoretisch ergäbe sich als kürzeste Pubertät Φ. Und diese wäre auch die notwendige, die physisch bedingte – wenn die Tatsache der Pubertät überhaupt einmal hingenommen ist –, und die ψ-Pubertät jeder Dauer wäre demnach als eine gestreckte Pubertät zu bezeichnen. Wie das Namenssymbol bereits andeutet, ein vor allem psychisches Phänomen. Es kann dies beim gegenwärtigen Stand der empirischen Grundlagen nicht strikt abgelehnt werden. Aber der aufmerksame Beobachter der Pubertätsphänomene wird recht geneigt sein, hier eine oft bemerkte Komplizierung als den allgemeingültigen Vorgang anzusprechen: daß ψ nämlich immer etwas größer als Φ ist; daß die Anpassung des Psychischen an das Physische, die durch diese Differenz ausgedrückt ist, jedesmal eine gewisse Zeit beansprucht, wenn auch zweifellos nur eine recht geringe.

Definieren wir zunächst jene Form der Pubertät, die uns des weiteren allein beschäftigen soll. Als gestreckte Pubertät wollen wir eine bezeichnen, deren Ende im Bereich des Normalen liegt, aber erst nach Abschluß der Entwicklung des Sexualvermögens (Φ) plus der kürzesten empirisch festzustellenden Anpassung des Sexualbedürfens an das entwickelte Sexualvermögen eintritt. Wir wollen im folgenden die gestreckte Pubertät als ψPb symbolisieren. Die gestreckte Pubertät stellt eine Form der Pubertät dar, die gewiß häufig genug ist, um sie als typische zu bezeichnen. Besser freilich spräche man vom Formenkreis der gestreckten Pubertät; denn wie sich bald zeigen wird, ist auch der Ablauf der ψPb keineswegs in allen Fällen gleich, sondern es sind auch in ihr eine Reihe von Formen sonderbar und beschreibbar.

Wenn nun der Versuch unternommen wird, eine der

Formen des Kreises ψPb herauszugreifen und durch einige auffällige Merkmale zu charakterisieren, so hat dies nicht wenig Mißliches an sich. Denn es ist derzeit nicht möglich, solche Abgrenzung und Beschreibung an Hand von sorgfältig ausgewählten, wohlstudierten Einzelfällen zu unternehmen. Die Literatur bietet kein geeignetes Material hierfür, und die ausführliche Darstellung auch nur eines gut ausgebildeten Falles von ψPb würde eine Publikation von starkem Umfang verlangen. Solche Publikationen werden früher oder später nicht zu umgehen[5] sein. Bis dahin aber erscheint es nicht ganz wertlos, vorwegnehmend eine Orientierung über den Formenreichtum zu versuchen aufgrund der Eindrücke, die die eindringende, wenn auch unmethodische Beobachtung zahlreicher Jugendlicher, persönlich oder aus der Literatur (der biographischen und belletristischen) bekannter, und ihrer Produktionen und Äußerungen zurückläßt.

In den Kreis der ψPb gehört die auffälligste und lärmendste Pubertätsform, die sich auch soziologisch einen sichtbaren, ja auffälligen Ausdruck geschaffen hat in einem sehr weitverzweigten Organisationswesen, das heute in Deutschland und Österreich unter dem Namen „Jugendbewegung" bekannt ist, in anderen Ländern ähnliche, aber minder bekannte und berühmte Gebilde schuf und als studentische Organisation seit Jahrhunderten sich eine gewisse Beachtung, selbst Geltung zu erzwingen wußte. Zweifellos sind all diese sozialen Gebilde so wenig psychisch identisch wie die in ihnen tätigen Jugendlichen. Aber um innerhalb der ψPb zu Sonderungen zu gelangen, ist es nötig, sie als Ganze in ihren Erscheinungen festzustellen.

Also: die ψPb meint man, wenn man von Jugend im kulturellen Sinne spricht; wenn man von der Jugend einer Partei, von der Jugend in einer Kunstbewegung, in

---

5 Teilversuche in dieser Richtung bringen meine „Beiträge zur Jugendforschung", deren erster Band unter dem Titel „Vom Gemeinschaftsleben der Jugend" im Psychoanalytischen Verlag 1922 erschienen ist; der zweite mit dem Titel „Vom dichterischen Schaffen der Jugend" ist in Vorbereitung [erschienen 1924].

der Revolution und dergleichen handelt. Insofern man das Wort „Jugend" nicht bloß im metaphorischen Sinn gebraucht, sondern damit einen gewissen, in vielen Beziehungen dem erwachsenen sehr ähnlichen oder mit ihm sogar identischen, in anderen Beziehungen aber unbezweifelbar unerwachsenen Lebensabschnitt meint. Diese Jugend ist von direkter, aktiver kultureller Bedeutung, einerlei ob man sie gegebenenfalls für fördernd oder für schädlich erklärt; denn sie nimmt an den Inhalten der Kultur und an ihren Veränderungen teil. Das Kulturgebiet, an dem sie beteiligt ist, war nicht zu allen Zeiten das gleiche: Religion, Politik, Kunst, Wissenschaft, „Geselliges Leben", Sport und dergleichen mehr, um nur einige Begriffe anzudeuten, mögen abwechselnd oder gleichzeitig davon betroffen sein. Sicher ist auch, daß die ψPb im Kulturleben nicht immer gleich stark oder deutlich in Erscheinung tritt; es dürfte auch manche Kulturperiode gegeben haben, wo sie gar nicht wirksam war (wo ψPb noch nicht oder für eine Zeitlang nicht in einer irgendwie soziologisch in Betracht kommenden Zahl von Individuen sich entwickelte?). Häufig ist die Form dieser kulturellen Erscheinung der ψPb die gleiche: sie wirkt in irgendeinem Sinn revolutionär, d.h. sie erhebt Forderungen, vertritt Inhalte, Anschauungen, Weisen, die denen der jeweiligen Erwachsenen widersprechen, also relativ neu sind. Aber dies muß keineswegs zutreffen, gilt weder für jede ψPb-Generation noch für die ganze.

In einer zweiten Richtung aber ist die kulturelle Funktion viel allgemeiner (wenn auch gewiß nicht ausnahmslos *jedes* ψPb-Individuum an ihr notwendig beteiligt sein muß). Das Alter der ψPb ist nämlich für bestimmte Inhalte und Formen des Kulturlebens die spezifische Zeit der „Fortpflanzung". Wenn ein bestimmtes Individuum für sie ein gewisses Interesse nimmt, ihnen eine beträchtliche Rolle in seinem psychischen Ganzen zukommen läßt, dann geschieht es zuerst und gewöhnlich auch am nachhaltigsten während seiner ψPb. Vorher niemals und nachher nur selten und unter besonderen, nicht mehr ganz normal zu bezeichnenden Bedingungen. Individuen, die keine ψPb entwickelten, entbehren folgerichtig auch der

Erlebnisse dieser Kategorie und die Folgen psychischer oder geistiger Art, die mit dem Bestand jener Erlebnisse oder mit der Tatsache, daß sie eine gewisse Zeitlang bestanden hatten, verknüpft zu sein pflegen. Es sind dies gerade jene Inhalte und Formen, die als die „geistigen", kulturellen im engeren Sinn des Wortes, eine nicht unbeträchtliche Rolle spielen. Die Pädagogik und Kulturpolitik hat daher immer der ψPb eine besondere Aufmerksamkeit geschenkt – ohne freilich zu wissenschaftlicher Betrachtungsweise zu gelangen. Wir hoffen am Ende dieser Untersuchung gezeigt zu haben, daß deren Einführung die Probleme viel komplexer und die pädagogischen Schlüsse viel waghalsiger erscheinen läßt, als ohne sie – offenbar – vermutet wurde.

Was sich so als soziales Phänomen ψPb andeutungsweise bezeichnen läßt, ist nicht ebenso leicht individualpsychologisch zu charakterisieren. Selbstverständlich können sich recht heterogene individuelle Typen zu einer verhältnismäßig einheitlichen Kollektiverscheinung zusammenfinden. Es ist nicht einmal nötig, daß alle Individuen, die das soziale Phänomen ψPb bewirken, ausnahmslos auch selbst am psychischen Phänomen der ψPb teilhaben. Uns aber diente die soziale Betrachtung nur zur schärferen Aufzeigung des psychologischen Typus, und den werden wir wohl am ehesten unter den führenden Personen der ψPb-Generation antreffen. Unter den Führern nun in der ψPb-Generation, soweit sie selbst noch Jugendliche sind, läßt sich leicht eine Gruppe aussondern, die durch das Zusammentreffen einer Anzahl von Merkmalen bezeichenbar ist.

Erstens fällt der gedachte Typus durch eine Fülle von Interessen auf, die er Dingen oder Verhaltungsweisen widmet, welche sich sonst einer solchen Bevorzugung nicht zu erfreuen pflegen. So verschieden die Objekte des Interesses inter- oder intraindividuell sein mögen – sie sind so beschaffen, daß das Interesse idealistisch genannt werden muß. Sie dienen weder unabgelenkter Libido noch der Befriedigung der Ichtriebe in direkter Form. Häufig sind die Objekte dieses Interesses die obengenannten „geistigen Werte" Kunst, Politik, Menschheit und dergleichen, nicht selten aber auch individueller gefärbte, eigenbrödlerische oder spezialisiertere. Jedenfalls aber stehen sie von adäquaten Zielen der beiden Grundtriebe, Erwerb und Frau, mehr oder weniger erheblich ab; ja überaus häufig werden sie so formuliert, daß zwischen ihnen und diesen die Beziehung völligen Ausschließens gegeben ist. In extremen, nicht gerade seltenen Fällen erscheint die ganze Libido und Ichtriebkraft auf jene „geistigen" Ziele gerichtet, in den meisten aber nur ein verschieden großer, jedoch recht beträchtlicher Betrag. Bezeichnend ist auch, daß die anderen Interessen und Ziele verborgen, verheimlicht, entstellt oder indirekt verfolgt werden, daß sie niemals in irgendeinem erwähnenswerten Maße Bestandteile des Idealichs des gedachten Jugendlichen sind.

Zweitens hat das Verhältnis zu jenen Zielen noch eine sehr charakteristische Note: es ist ein produktives. Phänomenal läßt sich dieser Zug nicht leicht, alle Erscheinungsformen umfassend, beschreiben. Der ψPb-Jugendliche, der sich etwa für Kunst in der angedeuteten besonderen Weise interessiert, läßt es sich nicht genügen, die von anderen geschaffenen Kunstwerke zu genießen oder an die hohe Bedeutung der Kunst zu glauben, sondern er versucht, wenigstens auch selbst solche Werke zu schaffen, die hohe Bedeutung der Kunst durch sein Handeln zu verwirklichen. Nicht immer entstehen aus dieser Tendenz auch wirkliche Werke – ganz zu schweigen davon ob sie irgendwelchen Kunstwert haben, denn dies wäre eine außerpsychologische Frage –, es gibt Motive und Situationen genug, die dies verhindern können, aber die Tendenz zur Produktivität wird dem ψPb-Jugendlichen nie fehlen. Noch undeutlicher wird die Tatsache der Produktivität, wenn das zentrale Interesse nicht Kunst, Philosophie, Wissenschaft ist, wenn es Werke im eigentlichen Sinne des Wortes nicht kennt oder zuläßt. Aber auch hier ist eine Tendenz feststellbar, die analog dem Werke-Schaffen-Wollen wäre. So wenn etwa zwei 17jährige, die sich der „Idee der Menschheit widmen", einen „Freien Zusammenschluß Werdender" gründen[6], der keinerlei reale Funktion hat und haben kann und verständlich nur aus dem Drang der beiden Jugendlichen wird, etwas, irgend etwas, für ihre Idee zu tun, und wäre es auch bloß die teilweise illusionshafte[7] Realisierung einer Phantasterei. Ganz allgemein handelt es sich bei der Produktivität der ψPb vielleicht um zwei Momente: (a) das Interesse an dem „idealistischen" Ziele nach außen wahrnehmbar zu manifestieren; (b) diese Manifestation persönlich – womöglich sogar spontan und originell – zu gestalten.

Dabei darf nur nicht übersehen werden, daß diese phänomenale Charakterisierung der Motive zwar bezeichnen kann, dies aber keineswegs für alle tut, und auch gar nicht beabsichtigen darf.

Drittens. Nie fehlt in diesen beiden Charakteren ein ausgeprägtes Selbstbewußtsein oder reichliche Symptome seiner mißglückten Verdrängung. Die eigene Person und ihre Werke werden sehr hoch eingeschätzt – überschätzt, empfinden alle, außer den nächsten Freunden –, beides wird sehr wichtig genommen. Sehr oft erstreckt sich diese Selbstliebe manifest nur auf einzelne Körper- oder Charakterzüge, nur auf gewisse Werke oder einzelne ihrer Qualitäten. Zuweilen scheint sie sogar zu fehlen, denn zahlreiche Äußerungen des „Minderwertigkeitsgefühls", des Selbsthasses sind überaus vordringlich bemerkbar. Es bedarf aber nicht einmal der Analyse, um die ambivalente Natur dieses Verhaltens oder seine Genese aus Verdrängungen, und zwar aus recht oberflächli-

---

6 Siehe meinen Aufsatz: Über Schülervereine. Ein Beitrag zur Gruppenpsychologie und ihrer Methodik. In: Zeitschr. f. angewandte Psychol. 11 (1916), S. 167–213. Auch Gerhard Fuchs: Ein Schülerverein. In: Siegfried Bernfeld (Hrsg.): Vom Gemeinschaftsleben der Jugend. Beiträge zur Jugendforschung. (Quellenschriften zur seelischen Entwicklung, Bd. II.) Leipzig/Wien/Zürich 1922, S. 58–75.
7 Zum Verständnis solchen Handelns siehe vorläufige Bemerkungen bei Willi Hoffer: Über wissenschaftliche Grundlagen des Kinderspiels. Diss.phil. (masch.schr.) Wien 1922.

chen Verdrängungen, zu erkennen. Zudem fehlt gewiß gerade in diesem Fall nicht eine sehr markante Äußerungsweise der Selbstliebe: die Herabsetzung der anderen, und zwar entweder die der älteren Generation oder der gleichaltrigen, wenigstens ihrer Mehrheit. Nicht selten finden wir beide in gleichem Maß vereint.

Dieser Trias fügen sich noch einige Charakteristika an, die nicht in der gleichen Ausschließlichkeit und vollen Ausprägung, aber doch häufig und bemerklich genug der zu schildernden Form der ψPb zukommen. Vor allem zwei seien wegen ihres später zu besprechenden theoretischen Wertes erwähnt.

Viertens. Während die Herabsetzungstendenzen gegen die „Anderen" zuweilen die äußerste Intensität annehmen und sich schlechthin gegen alle persönlich Bekannten, gegen die „Menschen" im allgemeinen oder insbesondere gegen die Generation der Gleichaltrigen und gegen die Autoritäten richten können, pflegt je einer – oder einige wenige – von den Genossen der gleichen Generation und von den Alten ausgenommen zu sein: der Freund und Meister (der übrigens keineswegs unter den Lebenden ausgewählt sein muß). Diesen beiden – oder ganz wenigen – gilt Liebe und Verehrung.

Fünftens. Die Liebe zum Freund ideologisch zu fundieren und auf einen ganzen Kreis oder eine Gemeinschaft gleichgerichteter, gleichstehender, gleichwertvoller, gleichempfindender Freunde zu erweitern, ist eine sehr häufige Tendenz der gedachten ψPb[8]. Es hängt von noch unerkannten psychischen – gewiß auch sozialen – Bedingungen ab, wie sich diese Tendenz manifestiert und ob dies geschieht. Ist aber schon die Manifestierung überaus häufig, so gilt dies gewiß noch mehr vom Wunsch zu ihr. Wozu noch zu bedenken ist, daß im Zusammenhang dieser Betrachtung nicht allein die Fälle wirklicher

---

8 Eine Anzahl von Beispielen für die Motive und Gestaltungsformen dieser Tendenz findet sich in den zitierten Beiträgen zur Jugendforschung.

Gesellung oder des Wunsches (Triebes, Tendenz) zu ihr einzuschließen sind, sondern die reiche Fülle von nicht eigentlich gruppenhaften Bildungen. Ein gutes Beispiel ist die Mitarbeiterschaft einer Schülerzeitschrift, die miteinander keine Gruppe bilden, einander vielleicht nicht einmal kennen und sich doch durch ein gemeinsames Etwas verbunden fühlen, das, um einige charakteristische Fälle anzudeuten, etwa formuliert wird: „Wir haben die Pflicht, da die Forderung des Geistes ... nicht rein erfüllt werden konnte, dies auf dem andern Wege zu versuchen."[9] Oder: „Wir wollen nur Ruhe und Zeit haben, uns mit uns selber ... auseinander ... setzen zu können."[10]

Diese Beschreibung des Phänomenalen einer Form der ψPb wurde unter Vermeidung präziser Termini gegeben. Beim Leser kann nicht durchgehends eine konkrete, genügend breit basierte Anschauung der Pubertät vorausgesetzt werden; die mangelnde Anschauung in dieser kleinen Arbeit durch Kasuistik zu ersetzen, ging aus mancherlei Gründen nicht an – so mußte versucht werden, durch eine Darstellung, die nicht abstrakte und resultierende Formulierungen gibt, die Anknüpfung von Erinnerungen und Erfahrungen zu ermöglichen. Für die weitere Betrachtung aber würde dieses Verfahren weder empfehlenswert noch fruchtbar oder nur erlaubt sein. Verständnis erschließt uns nur die Einordnung in die präzise Nomenklatur der Psychoanalyse. Dies erweist sich gleich beim ersten Versuch der „Übersetzung". Denn eine Anzahl der genannten Charakteristika erhält sogleich eine einheitliche Wurzel, indem sie sich unbezweifelbar den „narzißtischen" Erscheinungen einordnen.

Das Ich hat im Vergleich zur Situation der Latenzperiode und der anderen Formen der Pubertät eine außerordentlich verstärkte libidinöse Besetzung erfahren, und zwar auf Kosten der Objekte. Die Folge sind Erscheinun-

---

9 Der Anfang, Zeitschrift der Jugend. Herausgegeben von Georges Barbizon und Siegfried Bernfeld. 2. Jg., Berlin 1914, S. 45.
10 Der Neue Anfang. Herausgegeben von Hermann Schlicht. München 1919, S. 109.

gen, die den von Psychosen her für den gleichen Fall bekannten bis zu einem gewissen Grad sehr ähnlich sehen. Doch ist der Unterschied deutlich genug: die Objekte werden nicht völlig libidoleer, denn selbst richtige Verliebtheit ist in der ψPb gedachter Art nicht selten und gewiß nicht ausgeschlossen. In diesem Zusammenhang werden häufige – wenn auch nicht unerläßliche – Erscheinungen dieser Pubertätsform verständlich, zum Beispiel die überaus häufige, wenigstens vorübergehende narzißtisch-homosexuelle Fixierung.

Theoretisch ist dies recht wichtig und, soviel ich sehe, noch nicht genügend gewürdigt: Die in der eingangs zitierten Freudschen Formel erkannte Aufgabe der Pubertät erfährt eine Störung; anstatt daß sich die Sexualtriebe auf ein Objekt definitiv sammeln, verwandelt sich ein beträchtlicher Teil von ihnen in Ichlibido, und erzeugt so eine sekundäre – wenn man will auch tertiäre – narzißtische Situation, neben der, zu ihr wahrscheinlich nicht immer in gleicher Beziehung stehend, auch eine objektlibidinöse vorhanden bleibt.

Aber dieser Pubertätsnarzißmus ist vom infantilen durch ein ökonomisches Moment sehr scharf unterschieden. Er ist nicht, oder nur zum geringen Teil, lustvoll, sondern nicht selten an Zustände der Melancholie gemahnend, jedenfalls von zahlreichen und tiefen Depressionen begleitet. Der Grund dafür ist die Bildung eines Idealichs, das eine sehr beträchtliche Quantität der Libido an sich bindet, und je stärker diese Bindung wird, um so mehr sich vom realen Ich distanziert und, für die ψPb absolut bezeichnend, zu ihm in Gegensatz tritt. Der Konflikt, der in der ψPb allemal zwischen Realich und Idealich entsteht und zuweilen zu beträchtlicher Stärke anwächst, erlaubt verschiedene Ausgänge, die aber bisher noch wenig studiert sind. Darum können wir kaum mehr leisten als zu sehen, ob nicht der typischen Form der ψPb, die wir betrachten, eine typische Lösung des Konfliktes entspricht.

Man kann diesen Konflikt etwa so beschreiben: Den libidinösen Strebungen, die ins Ich zurückkehren, oder in ihm sich entwickeln, wird vom Idealich verwehrt, sich an das Ich zu binden; sie werden von ihrem Ziel abgelenkt und suchen Besetzungsmöglichkeiten, die das Idealich gestattet. Als solche bieten sich endopsychische Gebilde: Phantasien, Wertungen, Ideen, die durch die ichlibidinöse Besetzung, die sie erfahren, zu einer Art Objekt werden. Freilich zu Objekten, die sich von den mit Objektlibido besetzten in einer nicht leicht formulierbaren Weise unterscheiden. Man nennt solche Auch-Objekte „Ideale". Die ungestörte Besetzung ist mit Lust verbunden, die Sexualbetätigung – auch die abgelenkte –, die an ihnen möglich ist, ist aber eine andere als bei den Objekten der Objektlibido. Ein Gegensatz, in den uns ein Dichterwort uns leicht einfühlen läßt: „Die Sterne, die begehrt man nicht, man freut sich ihrer Pracht, und mit Entzücken schaut man auf in jeder klaren Nacht." Von einem etwas anderen Standpunkt aus formuliert sich dieser Gegensatz ganz ähnlich, wie es Freud für den Unterschied zwischen Identifikation und Objektwahl am Beispiel der Vateridentifizierung getan hat: „Im ersten Fall ist der Vater das, was man *sein*, im zweiten das, was man *haben* möchte."[11]

Zur Entschuldigung für manche mangelnde Präzision in dieser Erörterung sei darauf hingewiesen, daß wir uns hier auf neuem, noch unerforschten Boden bewegen und versuchen, einen Ansatz zu jenen Untersuchungen zu bieten, die Freud postuliert, wenn er sagt: „Denken wir daran, daß das Ich nun in die Beziehung eines Objekts zu dem aus ihm entwickelten Idealich[12] tritt und daß möglicherweise alle Wechselwirkungen, die wir zwischen äußerem Objekt und Gesamt-Ich in der Neurosenlehre kennengelernt haben, auf diesem neuen Schauplatz innerhalb des Ichs zur Wiederholung kommen."[13] Dazu ist noch zu berücksichtigen, daß im einzelnen die Unterscheidung zwischen den ichlibidinösen und objektlibidi-

---

11 Freud: Massenpsychologie und Ichanalyse (1921). GW XIII, London 1940, S. 116; Studienausgabe. Bd. IX, Frankfurt a.M. 1974, S. 99.
12 In den Freud-Ausgaben steht „Ichideal".
13 Freud: Massenpsychologie und Ichanalyse (1921). GW XIII, S. 145; Studienausgabe IX, S. 121.

nösen Strebungen sehr schwierig ist und wir hier genötigt sind, subtile Differenzierungen vorzunehmen, die dem Leser konstruiert erscheinen müssen, da wir das Material, aus dem sie sich, auch nicht mühelos, aber doch deutlich, ergeben, nicht vorlegen können.

Die Idealbildung, soweit sie durch Zielablenkung ichlibidinöser Strebungen unter dem Versagungsdruck des Idealichs geschieht, ist jenes Schicksal der Ichlibido, das der Sublimierung analog ist; falls man, wie ich vorgeschlagen habe[14], das Wort „Sublimierung" in einem engen Sinn, als Schicksal der Objektlibido, verwenden will. Daß bei der Idealbildung auch Sublimierungen mitspielen oder daran in beträchtlichem Maß beteiligt sein können, bedarf eigentlich kaum der Erwähnung. Dieser Konflikt und dessen geschilderter Ausgang ist demnach für unsere Form der ψPb charakteristisch, faßt wesentliche ihrer Erscheinungen einheitlich und kausal zusammen. Andere Konflikte, vor allem zwischen Ich (Idealich) und der Sexualität wirken natürlich auch mit. Insbesondere Ödipus- und Kastrationskomplex in einer gewissen gegenseitigen Beziehung gehören zu den notwendigen Faktoren in ihrem Bild.

Diese Beziehungen, zum Teil wohlbekannt, zum Teil sehr verwickelt mit mannigfaltigen Formen, seien für einen anderen Zusammenhang aufgespart. Hier möchte ich nur eine Bemerkung nicht unterdrücken, die ein auffälliges und wesentliches Charakteristikum unserer ψPb trifft. Wir sprachen oben unter zweitens von der Tendenz zur Produktivität. Sie gehört nicht an und für sich und auf jeden Fall zu den Merkmalen der gedachten ψPb-Form, wenngleich sie dieser immer in einem gewissen Grade zukommt. Und zwar mit einer bezeichnenden Note: die Produktion, das Werke-Schaffen – der Versuch dazu, der Wunsch danach – steht unter der Gunst des Idealichs. Die Produktion ist ein Mittel, idealgerecht zu werden oder zu scheinen. Das Werk selbst als idealgerechtes endopsychisches Objekt bindet Ichlibido (übrigens nicht

14 Bemerkungen über Sublimierung. In: Imago 8 (1922), S. 333–344.

selten auch Ichtriebanteile). Das Schaffen selbst oder das fertige Werk – zuweilen beides – gehört aber oft zum nicht geringen Teil der realen Welt an; es ist ein richtiges Objekt und ermöglicht daher Sublimierungen. Zugleich aber hat das Werk Möglichkeiten – wenigstens phantasierte –, Libido fremder Personen zu binden, es wird somit zum Mittelglied zwischen dem in Introversion befindlichen Ich und den potentiellen Sexualobjekten in der realen Welt. Daher spielt regelmäßig das Werk beim Abschluß der ψPb eine große typische Rolle, von der später noch ein Wort zu sagen sein wird.

Nachdem wir so einiges über die Ökonomik und Dynamik der ψPb-Form erkannt haben, dürfen wir nach den Bedingungen fragen, unter denen die Pubertät solchen Verlauf nimmt. Es ist offenbar eine Versagung zu Beginn oder im Verlauf der Pubertät, die die objektlibidinöse Strebungen zwingt, sich ins Ich zurückzuwenden. Wir wissen von Freud[15], welche Tatsache regelmäßig eine solche Versagung herbeiführt. Die in der Pubertät wiedererwachende Libido muß die infantilen inzestuösen Strebungen neu erwecken, und die Inzestschranke, die indes aufgerichtet wurde, widersetzt sich den neuerlichen Betätigungswünschen der Libido. Wir verstehen wohl, daß es nur einer hinzutretenden Bedingung bedarf, um uns die Tatsache der ψPb im allgemeinen erklärlich zu machen: Inzestwunsch und Inzestverbot müssen eine über das Gewöhnliche hinausgehende Stärke besitzen.

Für das Verständnis der beschriebenen Form der ψPb reicht dies nicht aus. Bei ihr bedingen offenbar noch spezielle Momente den spezifischen Verlauf. Zunächst drängt sich da eine Tatsache auf, die vielleicht ganz allgemein für die verlängerte Dauer der Pubertät mit zur Verantwortung zu ziehen wäre. Das diskrepante Verhältnis zwischen ψ und Φ, das der Pubertät ganz allgemein zukommt, ist ja nur eine umgekehrte Wiederholung eines Zustandes, der in einer früheren Lebensperiode eine bedeutsame Folge hatte. Das Ende der frühinfantilen Se-

---

15 Freud: Drei Abhandlungen zur Sexualtheorie (1905).

xualbetätigung ist nicht zuletzt die Folge davon, daß damals die Entwicklung der ψ-Reihe dem langsamen Sich-Entwickeln der Φ-Reihe weit vorausgekommen war.

Es wäre verwunderlich, wenn der Ausgang des infantilen Konfliktes sich nicht im Verlauf des prinzipiell identischen Pubertätskonfliktes bemerkbar machen sollte. Wir sind daher um so eher geneigt, ihm eine Rolle bei der Verursachung der ψPb zuzuschreiben, als ja diese ein narzißtisches Phänomen ist und jenes Trauma zu Beginn der Latenzperiode eine narzißtische Kränkung war. Vielleicht finden wir die Verurteilung des Ichs durch das Ideal-Ich basiert auf die Erfahrungen und narzißtischen Einschränkungen, die das Individuum durch die frühinfantile ψ–Φ-Diskrepanz erleben mußte. War jene Diskrepanz zu einer starken Erschütterung des Narzißmus geworden, so kann damit eine Disposition erworben worden sein zur Ausbildung eines vom Ich scharf distanzierten, es arg kritisierenden und verurteilenden Idealichs. Darüber hinaus aber kann jenes Trauma bei der beginnenden Neubelebung dieser Diskrepanz allgemein auf eine Versagung der abschließenden ψ-Entwicklung hinwirken. Um so mehr, als jene narzißtische Kränkung in einem innigen Zusammenhang mit dem Ödipuskomplex steht.

In einem streng fordernden und verurteilenden Idealich liegt gewiß eine der Bedingungen zu reichlicher Idealbildung. Da diese für unsere ψPb so bezeichnend ist, haben wir einen Anreiz, die Stärke ihres Idealichs voll zu determinieren. Und da liegt ein Gedanke vielleicht nicht zu abwegig. Man beobachtet leicht, daß der Kampf des Idealichs sich vor allem gegen einzelne Eigenschaften – reale oder eingebildete – des Ichs richtet, für die es reale Vorbilder oder Vorträger in ehemals geliebten Personen gibt. So bekämpft einer den Vater, der andere den Bruder oder Lehrer in sich. In der frühinfantilen Liebe, auch in der Ödipussituation, ist die Identifikation ein sehr wichtiger Mechanismus. Hat diese Identifikation im Unbewußten länger als gewöhnlich angedauert – und das könnte bei starker inzestuöser Fixierung, die ja eine Ursache der ψPb ist, wohl sein –, so findet der Pubertätsödipus, den indessen vom Bewußtsein abgelehnten Vater wirklich näher und mehr in sich, als zu vermuten war, und das Idealich, das vom Vater differenziert (um ein Beispiel zu geben), hat allen Grund zu unerbittlichem Kampf.

Ohne konkretes Material auszubreiten, kann hier in eine Typik nicht eingegangen werden. Es sollte bloß auf eine Gruppe von Motiven zur nachdrücklichen Differenzierung des Idealichs hingewiesen werden. Ein Fall aber ist so häufig und scheint so mannigfaltige Bedingungen für eine reiche Entwicklung unserer typischen Form der ψPb zu enthalten, daß er genannt sei. Wohlbekannt ist die Identifizierung des Knaben mit der Mutter und der damit verknüpfte feminine Zug im Charakter und Leben zahlreicher Männer (bekanntlich nicht zu verwechseln mit Homosexualität). Gerade diese Femininie ist für die gedachte ψPb überaus charakteristisch. Und die genauere Analyse von Jugendlichen, die unsere ψPb-Form vertreten, zeigt deutlich in zahlreichen Elementen eine wohlausgebildete Identifikation mit der Mutter. Es mag in der blassen abstrakten Formulierung nun sehr konstruiert erscheinen, was sich als sehr sichere Vermutung beim Studium des Konkreten aufdrängt. Wendet sich Objektlibido einem solchen mutteridentifzierenden Ich zu, so droht gewissermaßen der Inzest im eigenen Ich. Und diese Gefahr kann sehr heftige Abwehr des Idealichs hervorrufen, seine deutliche Ausbildung und sein strenges Regiment determinieren. Diese Situation enthält so viel Komplikationen, daß es wohl begreiflich ist, wenn sie etlicher Jahre zur Ausgleichung bedarf und die längsten ψPb-Fälle oft ihr zugehören.

Es wird nicht leicht jemandem entgangen sein, daß das Phänomen, das wir hier in der Form der ψPb behandeln, in seinen wesentlichen Zügen bei einer gewissen Menschengruppe dauernd bleibt: bei den Schöpferischen, insbesondere den Dichtern. Für sie nun tritt häufig genug ganz deutlich der Kampf mit der Mutteridentifizierung und deren Auffassung als inzestuös von seiten des Idealichs zutage. Tatsächlich meine ich, daß manches vom hier Gesagten zugleich ein Beitrag zur Psychologie des Künstlers oder des schöpferischen Menschen überhaupt ist.

Man kann, gewiß nicht völlig richtig, aber fruchtbar sagen, daß der schöpferische Mensch zeitlebens die Pubertät nicht beendet. Sicherlich aber gehört die Jugendzeit aller Künstler dem ψPb-Typus, häufig dem hier beschriebenen an. Und der Jugendliche, der sich in ihr befindet, scheint allemal und nicht nur seinen Anverwandten – oder auch diesen zuletzt – eine große Zukunft zu versprechen. Ein Versprechen, das freilich die wenigsten halten, denn ψPb ist noch keineswegs Genie, so sehr sie ihm in vielen Belangen gleichen mag. Wir könnten aus diesen Tatsachen heraus die uns beschäftigende Form der ψPb die genialische nennen. Wollte man die Gesichtspunkte hervorheben, die sich bei vergleichender Betrachtung zwischen Pubertät und Pathologie ergeben, so könnte man vielleicht die genialische ψPb auch die paraphrene nennen.

Der Exkurs in die Psychologie des Künstlers macht uns noch auf ein Element aufmerksam, das wir gern zur weiteren Determination der Idealbildung heranziehen. Die Frühreife der Künstlerjugend wird oft erwähnt. Wir wundern uns nicht, bei der genialischen ψPb wenn auch nicht ausnahmslos, doch allgemein eine auffallende Frühreife zu finden. Das heißt schon die Latenzperiode verläuft ein wenig anders als schematisch feststeht, wenn auf sie eine ψPb, wenigstens wenn die genialische, folgen wird. Und zwar handelt es sich um Differenzen nach zwei Richtungen. *Erstens* ist die sexuelle Aktivität in diesem Fall während der Latenzperiode größer, als sie sonst zu sein pflegt. Die angenommene narzißtische Kränkung hat also nicht zur völligen Lahmlegung des sexuellen Interesses und der sexuellen Betätigung geführt, sondern zur Weiterführung beider. Aber – und dies bewirkt die Abweichungen in der *zweiten* Richtung – schon in der Latenzperiode und in der Vorpubertät ist dabei Vermehrung der Ichlibido und Steigerung ihrer Tätigkeit zu bemerken und als Folge der erlebten Einschränkung des Narzißmus die Entwicklung des Idealichs. So daß die eintretende Pubertät bereits mit einem ausgebildeten Idealich zu tun hat, das der Anpassung der ψ-Entwicklung an die beginnenden Veränderungen der Φ-Reihe sich widersetzt.

Fassen wir die Ergebnisse dieser stellenweise recht unübersichtlichen Darstellung kurz zusammen: Von den mannigfaltigen Erscheinungen, die die männliche Pubertät bietet, läßt sich ein Kreis von Phänomenen aussondern, dem gemeinsam ist: die psychischen Erscheinungen der Pubertät dauern über die Zeit der physiologischen Pubertät an. Wir sprechen dann von einer gestreckten Pubertät (ψPb). Eine der nicht wenigen Formen der ψPb haben wir die genialische Pubertät genannt und sie als durch eine Anzahl stets oder sehr häufig zusammentreffender Merkmale charakterisiert gefunden. Als solche zählten wir auf: Ideale, Produktivität, Selbstschätzung, Freundes-(Führer-)Verehrung, Gruppenbildung.

Die gemeinsame Basis dieser Merkmale glaubten wir zu finden in der Rückverwandlung von gewissen, jedenfalls nicht geringfügigen Quanten Objektlibido in Ichlibido; in dem Vorhandensein eines wohlausgebildeten, vom Realich scharf differenzierten, es streng beurteilenden und verwerfenden Idealichs; in dem vom Idealich ausgehenden Zwang zu Idealbildung, dem die introvertierte Libido in großem Umfang nachgibt.

Als Bedingungen für diese Verlaufsform zeigten wir auf: (1) der Abbruch der frühinfantilen Sexualität hinterläßt eine dauernde, beträchtliche narzißtische Wunde; (2) starke während der Latenzperiode andauernde inzestuöse Fixierung; (3) beginnende Idealich-Bildung in der Latenzperiode und Vorpubertät.

DIE HEUTIGE PSYCHOLOGIE
DER PUBERTÄT

Zur Kritik ihrer Wissenschaftlichkeit
Ein Sammelreferat
(1927)

Auf den folgenden Seiten wird über eine Anzahl von Büchern gesprochen, die eine zusammenfassende Darstellung der Psychologie der Pubertät versuchen. Dennoch handelt es sich nicht um ein berichtendes Sammelreferat. Es kam mir nicht darauf an, den Leser objektiv darüber zu unterrichten, zu welchen Ergebnissen über die Psychologie des Jugendalters die Autoren gelangt sind. Sondern ich habe mich darauf beschränkt, sorgfältig einem einzigen Thema durch die besprochenen Bücher hindurch nachzugehen: der Stellungnahme Otto Tumlirz', Eduard Sprangers, Charlotte Bühlers, Walter Hoffmanns und Theodor Ziehens zur Psychoanalyse, und habe versucht nachzuweisen, daß diese Stellungnahme eine durchaus unwissenschaftliche ist. Ein Nachweis, der um so interessanter sein dürfte, als die meisten der genannten Psychologen ausdrücklich, alle *implicite*, ihre Ablehnung mit der zu geringen Wissenschaftlichkeit der Psychoanalyse motivieren. Aber die Aufdeckung solcher Unkorrektheit würde die verhältnismäßig umfangreiche Kritik um so weniger rechtfertigen, als die Abwehrschriften gegen die Psychoanalyse seit Jahrzehnten sich dieser und mancher anderen Sonderbarkeiten schuldig gemacht haben. Mir erscheint sie aber aus prinzipielleren Erwägungen nicht überflüssig.

Die Psychologie hat sich in Gegenstand, Methoden, Erkenntnisziel und Darstellung innerhalb der letzten Jahrzehnte von Grund auf gewandelt. Wir stehen mitten im Aufbau einer neuen Psychologie, zum erstenmal einer autonomen Wissenschaft Psychologie. Es läßt sich heute noch nicht absehen, welche der Schulen, die mit dem Anspruch auftreten, *die* Psychologie zu sein, zu dem neuen Gebäude bloß ein Detail, welche das Fundament abgeben wird. Nur so viel scheint gewiß, daß eine weitgehende Konvergenz einige ursprünglich recht scharf voneinander getrennte Forschungsrichtungen immer näher aneinander bringt. Bei diesem Bemühen der Psychologie um ihre eigenen Ziele, Methoden und Grenzen erwächst ihr eine beträchtliche Gefahr daraus, daß, indes sie um ihre Wissenschaftlichkeit ringt, sich außerwissenschaftliche Wertungen und Gesichtspunkte einmengen, die geeignet sind, die Psychologie als Wissenschaft zu verderben und sie nach Bedürfnissen zu verbiegen, die mit Psychologie so wenig etwas zu tun haben als mit Wissenschaft. Die Gefahr ist so lange akut, wie nicht die Psychologie zu gesicherten Kriterien ihrer Wissenschaftlichkeit gelangt ist. Die Stellungnahme zur Psychoanalyse erweist sich als feiner Gradmesser für das Maß solcher eingeschlichenen weltanschaulichen Wertungen. Darum empfahl es sich, gerade dies Kapitel der referierten Bücher scharf zu prüfen.

Gewiß darf auch die Psychoanalyse nicht von sich behaupten, das Ganze der künftigen Psychologie heute schon dargestellt zu haben. Aber man dürfte den Versuch wagen, in ihr eine Anzahl zentraler Stücke einer künftigen wissenschaftlichen Psychologie aufzuweisen. Die Psychoanalyse hat sich bis zu einem gewissen Grade durchgesetzt. Als Behandlungsmethode, als Neurosenlehre ist sie zwar umstritten, aber ihre Bedeutung wird von jüngeren Forschern nicht mehr geleugnet. Eine Reihe von Begriffen und Gesichtspunkten der Psychoanalyse ist in das Denken der Gebildeten und in den Sprachschatz übergegangen. Auch die verschiedenen psychologischen Schulen und Richtungen haben, mehr oder weniger umfangreich, Gedankengänge Freuds aufgenommen; einige sind ohne Psychoanalyse überhaupt nicht denkbar, alle – vielleicht – haben irgendwie, und wäre es unbewußt, auf die Tatsache des Bestehens einer Freudschen Lehre reagiert. Mit all dem aber hat die Psychoanalyse der Psychologie noch lange nicht all das geleistet, was sie ihr – nach meiner Meinung – leisten kann. Viel zu wenig ist der wissenschaftliche Gehalt der Psychoanalyse als einer autonomen Psychologie erfaßt. Sie wird noch immer als eine psychopathologische Schule gewertet, die zwar dies oder jenes der Psychologie geben kann, nicht aber selbst Psychologie ist. Die Aufgabe steht der Psychoanalyse noch bevor, sich als Psychologie – wenn auch gewiß nicht als die ganze und endgültige – durchzusetzen. Die folgenden Kapitel möchten hierzu etwas Vorbereitendes beitragen. Nämlich das etwa: Der Vorwurf, den die Psychologie gegen uns erhebt, wir seien nicht wissenschaftlich, braucht uns nicht zu kümmern, nicht zu hindern. Er entspringt weder einer Prüfung der Wissenschaftlichkeit der Psychoanalyse noch irgendwelchen legitimen Kriterien psychologischer Wissenschaftlichkeit, sondern der Unkenntnis, dem Mißverständnis und außerwissenschaftlicher Wertung. So lehren die besprochenen Bücher.

Sie sind nun freilich nicht die wahren Repräsentanten der Psychologie, sondern sind ein kleiner Ausschnitt aus der gesamten heutigen Psychologie.[1] Sie umfassen die gegenwärtige – deutsche – Psychologie der Pubertät, also einen sehr wichtigen Teil der Entwicklungspsychologie. Die Pubertät, Domäne der erwachenden Erotik, konnte der Prüfstein dafür sein, ob eine nicht-psychoanalytische Psychologie derzeit ihren Aufgaben gewachsen ist. Man bekämpft die Auffassungen der Psychoanalyse über die Triebe und den Aufbau der Persönlichkeit. Gerade an der Pubertät muß sich eine der psychoanalytischen entgegengesetzte Anschauung bewähren, soll sie Glaubwürdigkeit für den Anspruch verdienen, zulänglich zur Verständlichmachung des Seelenlebens – ohne die Freudschen Annahmen – zu sein. Darum war für unsere Zwecke gerade die Psychologie der Pubertät zu wählen, obzwar sie keineswegs von den Vertretern der bedeutsamsten Forschungsrichtungen bearbeitet wurde. Aber wir werden zu beachten haben, daß nicht alle Ablehnung der Psychoanalyse so einfach zu durchschauen, so leicht und nachdrücklich als wissenschaftliche Kritik zu entwerten ist wie etwa Sprangers.

---

1 Aber kein zufälliger, sondern ein sehr bedeutsamer.

Nur eine vorbereitende Arbeit durfte sich so in gewissem Sinne die leichtesten Aufgaben setzen, an der Peripherie der Psychologie als Wissenschaft einige typische Verfälschungen der Wissenschaftlichkeit am Beispiel der Psychoanalyse und ihrer Kritik aufzuweisen: die des „Menschenverstandes", der Philosophie, der ahnungslosen „Kühnheit", der Pädagogik und der überwundenen Belastungen.

Der Menschenverstand

Das Buch von Tumlirz[2] zeichnet sich durch eine Reihe erfreulicher Eigenschaften aus. Vor allem: es hat keine großen Prätentionen. Es weiß, „daß die Reifezeit noch zu wenig durchforscht ist, so daß keine zusammenfassende Darstellung jetzt schon alle Fragen restlos und erschöpfend behandeln kann." (S. III) Und bescheidet sich, so scheint es, „ein weiterer Beitrag zur Kenntnis der Reifejahre" (ebd.) zu sein. Es ist jedenfalls einer. Der Verfasser hat viele treffende Beobachtungen zusammengetragen, manche sehr glücklich formuliert und einige Erscheinungen klar und eindeutig geordnet. Er vermeidet „erzwungene Theorienbildung" und lehnt es ab, „von einem einzigen Grundgedanken aus die Fülle der seelischen Erscheinungen der Reifezeit zu erklären". So ist das Buch in der Formulierung des Empirischen beträchtlich zulänglicher als in dessen Erklären. Die Erklärungen geschehen fallweise. Es ist meistens gegen sie nichts zu sagen, als daß sie theoretisch nicht ganz voll genommen werden können. Sie sind unverbindlich.

Tumlirz ist nicht prüde. Im Gegenteil zeichnet ihn eine muntere Frische aus, mit der er die sexuellen Tatbestände, „ohne die falsche Scham vieler Pädagogen und Psychologen" (S. VI), beim richtigen Namen nennt. Aus dem Bemühen heraus, fremdwörterrein zu schreiben, spricht er frei von Beischlaf, Selbstbefleckung usw., ja sogar von

---

2 Otto Tumlirz: Die Reifejahre. Untersuchungen zu ihrer Psychologie und Pädagogik. Erster Teil: Die seelischen Erscheinungen der Reifejahre. Leipzig 1924.

Schmerzgeilheit, was glücklicherweise in Klammern als Masochismus erklärt wird. Aber man muß nicht fürchten, daß dieser Baum in den Himmel des Radikalismus wachsen wird. „Begreiflicherweise konnte ich mich mit meinen Schülerinnen nicht über geschlechtliche Dinge unterhalten" (S. V) – diese wohlanständige Bürgerlichkeit des Vorworts und der hymnische Schlußsatz des Buches: „Aber auch die Enttäuschung hat ihren erziehenden Wert. Denn der Kampf lehrt, über den Idealen und unerreichbaren Zielen nicht das Erreichbare, das für Familie und Volk Wertvolle zu versäumen, er stählt und härtet die Charaktere, bis aus dem Ringen um höchste Güter Menschen hervorgehen, die ihrer Kraft und ihres Könnens voll bewußt sind, die nicht mehr in glühendem Überschwang dahinstürmen und bei ihrem Höhenflug abstürzen, sondern Schritt für Schritt, dafür sicher, an dem Fortschritt der Kultur arbeiten, ohne im Streben nach den reinen Geisteshöhen der Menschheit zu erlahmen, die aufrecht, ruhig und sicher durchs Leben schreiten als rechte und treue deutsche Männer und Frauen" (S. 119) – lassen den Autor als jemand erkennen, von dem nichts Böses zu erwarten ist. Er vervollständigt das Bild seiner geistigen Persönlichkeit, indem er als die Eckpfeiler, an denen die Grenzen seines wissenschaftlichen Verstandes angeknüpft sind, auf Seite 105f. verrät: „Aus den Wirren und Leidenschaften, aus dem trüben Gären der Reifung gehen in edler Reinheit der Jüngling und die Jungfrau hervor, schwärmerische Idealgestalten, welche auf den geistigen Höhen der Menschheit wandeln wollen, die nur klarste Höhenluft atmen können". Auf Seite 110f.: „In ihrer freudigen Lebensbejahung grübeln der Jüngling und die Jungfrau nicht mehr, *sie bejahen* Gott". Auf Seite 97 schließlich „... verstehen wir, daß die Arbeiterjugend trotz ihres Strebens nach Selbständigkeit, trotz ihres Mißtrauens gegen die Erwachsenen unbesehen und unkritisch die Schlagwörter des Marxismus und der roten Internationale übernimmt, daß sie sich von den Erwachsenen auf den einseitigen Klassenstandpunkt einengen läßt ... Die Richtigkeit dieser Anschauung wird wohl erhärtet durch die Tatsache, daß die Arbeiterschaft seit sechzig Jahren an den philosophisch, soziologisch und psychologisch unhaltbaren Lehren Marx' festhält, ohne deren innere Widersprüche zu erkennen." Nehme ich hinzu, was der Mittelschullehrer an Selbstgenügsamkeit bekennt, wenn er schreibt: „Meine Untersuchungen stützen sich vor allem auf die vielseitigen und zahlreichen Beobachtungen, die ich im dreijährigen Zusammensein mit einer Klasse ... des hiesigen Realgymnasiums ... gemacht habe. Zwischen mir und den Mädchen und Jünglingen dieser Klasse besteht ein Vertrauensverhältnis, das schon äußerlich dadurch zum Ausdruck kommt, daß mich die damals Sechzehnjährigen während einer Wanderung im Gesäuse baten, sie zu duzen. Ich habe mit meinen Jungen und Mädchen oft über viele Fragen gesprochen, die mir während der Durchsicht des mir erreichbaren Schrifttums über die Reifejahre auftauchten, ich habe ihnen einen Fragebogen mit etwa sechzig Fragen vorgelegt" (S. IV) – so würde ich tiefstes Mißtrauen gegen eine Wissenschaft haben, die durch keinerlei methodische Gesetze gestrafft – und das gilt für die heutige Jugendpsychologie – in dieser Luft gedieh, und würde meinen, die ernsthafte Besprechung des Buches erübrige sich. Aber dieser Persönlichkeits- und Weltanschauungshintergrund wird erst von Seite 97 an, wo der Autor von den „Jungfrauen- und Jünglingsjahren" spricht, so sichtbar, so gehäuft bemerklich, daß wir ihm zugute halten dürfen, hier liege seine Liebe und seine Führerabsicht, und annehmen dürfen, in die Trotzjahre und in die der Reifung, denen Liebe und Führerschaft nicht gehören, werden diese sich nicht in die affektfreie wissenschaftliche Gesinnung störend eingemengt haben.

Tumlirz vertritt demnach keine der Richtungen der Psychologie, die sich heute um eine Anzahl von verschiedenen Grundauffassungen oder Persönlichkeiten gruppieren, und versucht, sein Material mit dem Menschenverstand, der sich freilich von Seite 97 an als getrübt erweist, zu bewältigen, soweit dieser sich nun eben zur Erledigung wissenschaftlicher Probleme als ausreichend erweisen will. Diese Sonderstellung des Tumlirzschen Buches, das es von andern zu besprechenden unterscheidet, gewinnt für uns insofern ein besonderes Interesse, als sie uns deutlich zeigt, wieweit die Psychoanalyse dem bloßen Menschenverstand akzeptabel erscheint; daß dies nämlich sehr weitgehend der Fall ist und noch ein Stück weitergehend wäre, wenn nicht die „Ideale" dem Menschenverstand eine engere Grenze zögen, als dieser von selbst einsehen würde.

Das Namensverzeichnis weist Freud als den am meisten zitierten Autor aus, der Quellennachweis bringt Freuds Vorlesungen im Sperrdruck und zitiert überdies sein Schriftchen über Psychoanalyse.[3] (Beiläufig: Es ist bezeichnend, daß man so gern gerade diese drei Bogen zitiert; sollte das Heftchen in der Literaturkenntnis unserer Psychologen die elf Bände gesammelter Schriften wirklich repräsentieren?) Nirgends ist auch nur die geringste abfällige Bemerkung gegen Freud enthalten, ja nicht einmal immer beeilt sich Tumlirz, wo er akzeptiert, hinzuzufügen, „aber sonst protestiere" er; er folgt seinen Gewährsmännern nicht in ihrem Ton, sondern: „Wir begnügen uns daher mit dem Hinweis auf die Widerlegungen, welche die psychoanalytische Lehre durch Allers, Moll, Müller, Scheler, W. Stern u.a. gefunden hat" (S. 31).

Dies ungewöhnliche Verhalten könnte dem sympathisch unproblematischen Charakter des Autors und nicht seiner Einsicht entspringen. Erfreulicherweise ist das nicht der Fall, wie sich zeigen läßt. Die infantile Sexualität wird von Tumlirz als sicheres Ergebnis der Forschung im Prinzip anerkannt: Die Forschungen der Psychoanalyse haben ergeben, „daß sich das Geschlechtsleben schon lange vor dem Erwachen in der Reifezeit im Unterbewußtsein der Kinder vorbereitet und hie und da auch hervortritt." (S. 3) „Es besteht zu Recht, daß auch bei durchaus regelrechter Entwicklung geschlechtliche Erlebnisse in der frühen Kindheit vorkommen." Die Einwendungen Tumlirz' gegen die Lehre von den infantilen Sexualtheorien erstrecken sich auf die seiner Meinung

---

3 Vorlesungen zur Einführung in die Psychoanalyse. Wien/Leipzig [2]1918. – Über Psychoanalyse. Wien [5]1920.

nach unzulässige „Erweiterung und Verallgemeinerung". Der Sinn jeder Theorie – das Faktum, daß eine Theorie „Verallgemeinerungen" aufstellen muß – und der Zweck dieser theoretischen Annahme bei Freud ist Tumlirz nicht deutlich geworden. Seine Beobachtungen erzwingen aber sein Zugeständnis zum Tatsachenmaterial dieser Theorie.

Selbst den Tatbestand des Ödipus-Komplexes, der doch sonst das beliebte Ziel der Empörung jugendkundlicher Autoren ist, finden wir von Tumlirz nicht allein richtig und ohne allen Affektaufwand dargestellt (S. 31), sondern durch eine vorsichtige Fragestellung und durch ausdrückliche Widerlegung des „denkbaren Einwands, daß blutschänderischen Neigungen schwere sittliche Hemmungen entgegenstehen", gesichert. Er zieht ihn zur Darlegung eines seiner Hauptgedanken wie selbstverständlich heran (S. 73). Die Einschränkung, die Tumlirz hierbei bloß macht, trifft nicht das Wesentliche und klingt unsicher genug: „Wenn wir das alles zugeben, so ist damit noch nicht bewiesen, daß *alle* Gefühlsbeziehungen zwischen Eltern und Kindern geschlechtlicher Beschaffenheit seien. Es ist vielmehr anzunehmen, daß es sich neben gelegentlichen Beziehungen mit geschlechtlicher Färbung zumeist um Gefühle handelt, die den geschlechtlichen nahe verwandt, aber mit ihnen nicht wesensgleich sind. Zumindest dürften die Äußerungen des Entladungs-(Detumeszens-)Triebes gewöhnlich fehlen." (S. 32) Eine Einschränkung, die bei dem engen Begriff „geschlechtlich", der ihr zugrunde liegt, völlig korrekt ist; denn es ist gewiß nie von Freud oder einem seiner Schüler behauptet worden, daß *alle* Beziehungen der Kinder zu den Eltern genitaler Natur seien.

Die Lehre von den Partialtrieben wird mehrfach ausdrücklich verwendet. Schließlich findet ein so wichtiges Stück der psychoanalytischen Lehre, wie das der Regression und Fixierung ist, prinzipielle Anerkennung und gelegentliche Verwendung: „Es hat die Lehre Freuds sehr viel für sich, der die Triebverkehrungen als Entwicklungshemmungen, als ein Stehenbleiben der Geschlechtsentwicklung auf einer Stufe unvollkommener Reifung auffaßt."

Wenn ich Tumlirz' Zustimmungen zur Psychoanalyse so sorgfältig feststelle, so geschieht das, weil hier deutlich wird, wie nunmehr unvoreingenommene Beobachter die von Freud behaupteten Tatsachen auch zu sehen beginnen, wie sie sie festhalten und ins Gebäude ihrer zusammenfassenden Darstellungen aufnehmen. Anfangs wurde Freud wegen dieser Tatbestandsbehauptungen aufs bitterste bekämpft. Die Zeit ist nicht mehr fern, so scheint es, wo solche Freudsche Tatsachen, möchte man sagen, zum Beispiel der Ödipus-Komplex, als selbstverständliche, immer gekannte, nie bestrittene Fakta gelten werden. Und bis zu einem gewissen Grade wird diese falsche Behauptung doch auch richtig sein; denn außerhalb der Jugendkunde, außerhalb jeder Wissenschaft waren Tatsachen, wie die des Ödipus-Komplexes, immer bekannt, d.h. sie waren als Realitäten, und wären es auch verdrängte, erlebt worden. Die Psychologie beginnt, in jenes Stadium der Resorption der Psychoanalyse einzutreten – so scheint es am Beispiel Tumlirz' –, das dem ausübenden Analytiker von seinen Patienten her wohlbekannt ist: wenn dem Patienten, oft nach harter Abwehr, eine bisher verdrängte Regung bewußt geworden ist, so pflegt er zu behaupten, das habe er eigentlich immer schon gewußt. Er hat auch recht mit diesem Gefühl, irgendwie hat er es freilich gewußt, nur war ihm jenes Frühere nichts nütze, während die neue, eben durch die Analyse gewonnene Art des Wissens ihm die Herrschaft über die verdrängte Regung wiedergibt. Aber er hat mit jenem Gefühl nicht nur recht, es erspart ihm auch – die Dankbarkeit. Und in diesem Punkt – so scheint es weiters – setzt sich die Parallele zwischen Patient und Jugendkunde fort (Freud). Daß man jene „stets gekannten" Tatsachen nun auch aussprechen muß, daß die Systeme und Theorien sich auch an ihnen bewähren müssen und daß dies Freuds Verdienst ist, ist offenbar der Wissenschaft nicht angenehm. Muß sie schon die Fakta anerkennen, so will sie doch die Dankbarkeit ersparen. Der Entdecker solch wichtiger Tatsachen – und für die Wissenschaft sind sie durch Freud entdeckt worden –, sollte man meinen, würde Anerkennung finden. Man sucht vergeblich bei Tumlirz ein Adjektiv, eine Bemerkung, die über das hinausgeht, was er an Lob oder Respekt dem Verfasser einer interessanten Dissertation auch zollen würde. Und Tumlirz ist, mit den andern hier zu besprechenden Verfassern verglichen, geradezu ein tiefer Bewunderer und Verehrer Freuds.

Von einem Autor, der bewußt das Theoretisieren ablehnt, ist natürlich weder Verständnis noch Annahme der Freudschen theoretischen Erweiterungen jener Tatbestände zu erwarten. Die Zustimmung zu den Fakten und ihrer psychoanalytischen Erklärungen ist bei Tumlirz aber darüberhinaus noch durch weltanschauliche, also affektive außerwissenschaftliche Faktoren eingeengt. Denn der einzige wesentliche Einwand, den er gegen Freud ausdrücklich formuliert, ist der Vorwurf der Einseitigkeit, daß „alles" auf den Geschlechtstrieb zurückgeführt wird, „sich das ganze Seelenleben auf den Geschlechtstrieb" aufbaut. Tumlirz geht hier sogar noch ein gutes Stück mit: „Es ist, als ob der im Jünglings- und Jungfrauenalter zeitweilig unterdrückte Geschlechtstrieb sozusagen vergeistigt in hohen geistigen Leistungen auf dem Gebiete der Wissenschaft, der Kunst, der Religion zur Geltung komme ... Mit dieser Vermutung gelangen wir wieder zum Sublimierungsgedanken Freuds zurück." (S. 44)

Auf den folgenden Seiten bringt Tumlirz dann eine Reihe von Belegen, die für die Sublimierung sprechen, akzeptiert im wesentlichen die Sublimierungslehre, findet schließlich sogar das Wort „Sublimierung" akzeptabel als „Sache des Übereinkommens. Nicht zugegeben aber werden kann, daß zwischen Geschlechtstrieb und den geistigen Leistungen regelmäßig ein ursächlicher Zusammenhang besteht, nachdem es sich oft nur um eine Miterregung des übrigen Gemütslebens handelt; nicht zugegeben werden kann ferner, daß *alle* geistigen Betätigungen auf Verwandlungen des Geschlechtstriebes zurückführbar seien." (S. 48) Dabei wäre Tumlirz bereit, diese Verbote für das frühere Jugendalter aufzuheben, aber bei den Jugendlichen (Jünglings- und Jungfrauenalter) „kann es sich bei der geistigen Betätigung auf dem Gebiete der Religion, Wissenschaft, Kunst usw. nicht um ‚Sublimierungen' des Geschlechtstriebes handeln, sondern nur um die *Auswirkung der an sich geistigen Liebesfähigkeit*, um die Hingabe an geistige Werte" (S. 52). Er will daran festgehalten wissen, „daß die verschiedenen Arten der Liebe, wie Liebe zu Gott, zur Heimat, zum Volk, zur Wissenschaft usw. von der Geschlechtsliebe wesenhaft verschieden und auf die Beziehung und Bindung zum Geschlechtlichen offenbar nicht notwendig angewiesen sind." (S. 28) Und warum? Das wird nicht verraten, ist Dogma. Offenbar doch, weil diese hehren geistigen Betätigungen und Gefühle nun eben doch nicht von der anrüchigen (eben doch) Geschlechtsliebe direkt abstammen dürfen, wenn schon nicht mehr geleugnet werden kann, daß sie irgendwie weitläufig mit ihr verwandt sind.

Nun ist aber die Frage der „Sublimierung" für die Psychologie der Pubertät von höchster Wichtigkeit. In ihr treten ontogenetisch eine Reihe von geistigen Betätigungen zum erstenmal auf. Der Entwicklungspsychologe wird gezwungen sein, sie zu erklären als Verwandlungen, Entwicklungen irgendwelcher Betätigungen und Verhaltungsweisen, die schon vorher da waren. „Wesenhaft" eigenartige Gefühle, die zwischen Zehn und Vierzehn das erste Mal auftauchen, kann die Entwicklungspsychologie nicht anerkennen. Sind daher die Fakta der infantilen Sexualität, der vor der Pubertät vorhandenen, zugegeben, ist ferner die mögliche Verwandtschaft zwischen der Sexualität und der sublimierten Libido zugestanden, so scheint eine vernünftigere, selbstverständlichere *Annahme* gar nicht möglich als die Freudsche: jene der Pubertät neuen „Gefühle" seien nicht rätselhaft durch Urzeugung plötzlich entstandene *sui generis*, sondern in irgendeiner Weise die Entwicklungsprodukte des Vorpubertätszustandes. Zeigen sich Fakta, die dieser Annahme zu widersprechen scheinen, so wird man gewiß geneigt sein, durch gründlichere Untersuchungen – wie sie etwa die psychoanalytische Methode erlaubt – zunächst den Versuch zu unternehmen, diesen Widerspruch als einen bloß anscheinenden aufzuheben. Wenn nicht ein außerwissenschaftliches „Es kann nicht zugegeben werden" – weil es nicht sein darf, ist zu ergänzen – dieses methodisch einwandfreie Verfahren verbietet. Solch eindringende Untersuchung könnte zeigen, daß tatsächlich manche jener neuen Verhaltungsweisen sich nicht von der infantilen Sexualität ableiten lassen, nämlich nur, indem sich erweist, woher sonst sie entstanden sind. Dieser positive Erweis muß aber erbracht sein, ehe man sich entschließt, eine Annahme von so großem heuristischen Wert, wie Freuds Sublimierungstheorie, als unzureichend hinzustellen.[4]

Daß hier eine Aufgabe vorliegt, der gegenüber die Ablehnung Freuds nicht genügt, sieht Tumlirz sehr wohl und findet als Lösung: „Je nach der gesamten geistigen Einstellung, *nach der Möglichkeit, ein entsprechendes Du oder einen die ganze Seele erfüllenden Wert zu finden, wirkt sich die Liebesfähigkeit des Einzelwesens in der Geschlechtsliebe, im Kunstschaffen, in religiöser Schwärmerei, in Naturbegeisterung, in der wissenschaftlichen Arbeit, in der Hingabe an die menschliche Gesellschaft usw. aus* ... Die Anwendung der eben dargelegten Auffassung *auf die jugendliche Entwicklung* ergibt sich von selbst. Mit dem Zurücktreten des zielsicher gewordenen Geschlechtstriebes erwacht im Jünglings- und Jungfrauenalter die Fähigkeit zur geistigen Liebe. Es ist möglich, aber nicht unbedingt notwendig, daß sie ihre Kraft von dem im Verborgenen weiterwirkenden Geschlechtstrieb empfängt, doch soll damit nicht gesagt sein, daß die Liebe nichts anderes als verdrängter und ‚sublimierter‘ Geschlechtstrieb sei." (S. 49) Was sie sonst sei, wird nicht gesagt; woher sie ihre Kraft empfängt, wenn nicht, wie freilich möglich, aber nicht unbedingt notwendig ist, vom Geschlechtstrieb, ebensowenig; und schon gar nicht wird gesagt, warum es unbedingt notwendig ist, daß es nur möglich sei. Diese Ausführung ist so verlegen und unsicher, weil sie genau das

---

4   Daß solche Untersuchungen notwendig sind und mit gewissem Erfolg unternommen werden können, glaube ich gezeigt zu haben in: Einige Bemerkungen über Sublimierung. In: Imago 8 (1922), S. 333f.; Vom Gemeinschaftsleben der Jugend. Wien 1922; und insbesondere in: Vom dichterischen Schaffen der Jugend. Wien 1924. [Diese Anmerkung befand sich als Klammerzusatz im Originaltext.]

besagen müßte, was nicht besagt werden soll (darf). Tumlirz' Zusammenfassung postuliert eine Liebesfähigkeit des einzelnen, die offenbar schon vor der Pubertät da ist; ihr untergeordnet sind Geschlechtsliebe, Kunstschaffen usw., die einander beigeordnet sind, wenigstens in der Hinsicht, daß sie je nach Umständen von jener Liebesfähigkeit erfüllt werden, d.h. im Kunstschaffen oder in der Geschlechtsliebe ist *dieselbe* Liebesfähigkeit wirksam, nur daß sie jeweils auf andern Gebieten sich betätigt. Ich finde, das ist eine vorzügliche, treffende und fruchtbare Konzeption, allein gerade dies ist Freuds Meinung. Freud postuliert ja eine „Liebesfähigkeit", die allemal im Wesen dieselbe, schon vor der Pubertät vorhanden, je nach Umständen sich als Geschlechtsliebe oder auch etwa im Kunstschaffen äußern kann. Er nennt diese Liebesfähigkeit „Libido". Setzen wir diesen Ausdruck in Tumlirz' Formulierung ein, so ist das Neue, das er gegen Freud aufstellen will, völlig zu dem alten Freudschen geworden, das er ablehnt beziehungsweise nicht voll wenigstens annehmen möchte. Die Differenz reduziert sich daher auf ein terminologisches Faktum, also auf Null. Was um so deutlicher ist, als „Liebesfähigkeit" die Übersetzung des Wortes „Libido" ist, nicht besser, aber auch nicht schlechter als Tumlirz' Verwendung des Wortes „Schmerzgeilheit" für Masochismus. Nichts aber spricht dafür, daß „Liebesfähigkeit" ein neuer – und gar ein von „Libido" unterschiedener – Begriff sein soll. Sollte er aber das sein wollen, so wäre gegen ihn einzuwenden, daß der Ausdruck „Fähigkeit" eine gefährliche Regression in eine überwundene Stufe der Entwicklung der Psychologie andeuten würde, während „Libido" diese Liebesfähigkeit als das bezeichnet, was sie ist, als eine drängende, imperative Tendenz, und in die Gruppe der Triebe einreiht, dadurch allein schon ein Anlaß ist, die Aufmerksamkeit auf das Gebiet der Triebe, die nächste Stufe in der Entwicklung der Psychologie, zu lenken.

Tumlirz wirft Freud Einseitigkeit vor. Objektiv mit vollem Unrecht, denn in seinen Vorlesungen hat Freud mit genügendem Nachdruck betont, daß er der Libido die Ichtriebe gegenüberstelle und aus dem Zusammenwirken dieser beiden Triebe erst zum Verständnis der gefragten Erscheinungen gelangt werden kann. Er verfällt aber selbst der Einseitigkeit. Denn offenbar ist es nicht die Liebesfähigkeit allein, die für die Sublimierungsprozesse verantwortlich gemacht werden kann. Hier sind Ichkräfte sehr wesentlich im Spiel, und um diese komplizierten Verhältnisse klarzulegen, bedarf es einer prägnanten und wohlüberlegten Nomenklatur. Es genügt nicht das neue Wort „Liebesfähigkeit". Als Begriff ist es nicht konstituiert, während „Libido" ein wohldefinierter wissenschaftlicher Terminus ist. Ist es eine bloße Übersetzung, so beinhaltet es Bejahung der Freudschen Lehre. Wie konnte der Autor das übersehen? Gerade dieser Autor, der so viel der Psychoanalyse recht zu geben sich gedrängt fühlt. Ich meine, es kann kein anderer Grund vorliegen als die bereits erwähnte Einmischung des Wertgebietes in die Wissenschaft und die unbewußte Ablehnung theoretischen Durchdenkens. Erleichtert wurde diese Einmengung durch Sprangers Philosophie.

Die Philosophie

Wir betrachten daher zunächst die Stellungnahme eines Jugendpsychologen zur Psychoanalyse, der im Gegensatz zu Tumlirz das Hauptgewicht auf die theoretische Zusammenfassung der Fakta legt, Sprangers. Daß seine theoretischen Grundlegungen der Psychologie wertgerichtet sind, wird unsere Aufgabe nicht vereinfachen, aber vielleicht zu um so fruchtbareren Resultaten führen. Sprangers Buch[5] hat unter den hier besprochenen den größten buchhändlerischen Erfolg gewonnen. Das Vorwort der ersten Auflage ist am 19. Februar 1924 gefertigt, am 21. Februar 1925 das zum siebzehnten Tausend. Diesen Erfolg kann es nicht seinem Thema allein verdanken, auch der Name des Verfassers verbürgt ihn kaum, und ganz gewiß sind es nicht die Ergebnisse, zu denen es ge-

---

5 Eduard Spranger: Psychologie des Jugendalters. Leipzig 1924.

langt; denn zu ihnen zu gelangen, bedarf es eines gründlichen Studiums des umfänglichen Werkes, und auch nach solchem Studium mag es manchem Leser gehen wie dem Referenten: er vermag sich keine formulierte Rechenschaft darüber zu geben, was er nun von der „Psychologie des Jugendalters" gelernt habe. Eine Fülle von Worten, gelegentlich schönen Worten, eine Anzahl einprägsamer Bilder, treffende Bemerkungen, feine Unterscheidungen – das ist geblieben, aber keine Erkenntnis, keine Antwort auf die im 1. Abschnitt „Aufgabe und Methode" gestellten Probleme. Freilich, weder den Erziehern noch der Jugend in und aus der deutschen Jugendbewegung, die, so darf man annehmen, das Sprangersche Buch gekauft und begeistert in ihm gelesen haben, ist an Erkenntnis gelegen; sie wollen *Führung*. Und diese haben sie hier gefunden.

An dieser Stelle steht mir kein Entscheid darüber zu, ob Spranger der rechte Führer, ob die Jugend, welche so empfindet, eine rechte Jugend ist. Wir haben nur festzustellen, daß Spranger die Führerrolle dem Forschertum in diesem Buch vorzieht, daß sie seinen Stil, seinen Aufbau, seinen Inhalt bestimmt oder durchdringt. „Als Forscher spreche ich in Begriffen und Kategorien. Aber ich spreche nur für die, die das alles wieder in Leben, Tat und Liebe umwandeln können. Denn nicht auf dieses oder jenes Einzelfaktum kommt es zuletzt an, sondern daß man dies Gebilde von eigener Form und Schönheit und Würde als ein Ganzes sehen lerne: *den Menschen in seiner Jugendzeit*." (S. XV) Gewiß, zuletzt kommt es auch dem Forscher nicht auf das Einzelfaktum an, aber Spranger kommt es zuerst (auf S. 1 bereits) auf die Führergeste an. Wyneken und dem A. C. S.[6] stand es wohl an, von der Würde und

---

6 In dessen Leitsätzen ich 1913 formulierte: „Kindheit und Jugend sind nicht die zwecklosen Durchgangsstadien zum erwachsenen Menschen, sondern notwendige, in sich geschlossene Entwicklungsstufen. Jugend und Mannheit sind nicht graduelle, sondern qualitative Unterschiede. Die Jugend ist also nicht unvollkommene, unreife Mannheit, sondern ein vollkommener Zustand für sich." (Der Anfang 1 [1913], S. 27)

Schönheit der Jugend als ihrem Wesentlichen zu sprechen, und es soll auch dem Psychologen nicht verwehrt sein, dem „Wunsch, zu sehen, wie es wirklich ist, einen starken Zug von Liebe" (S. XIII) beizumengen; aber etwas Sorge muß den Leser befallen, ein erster Verdacht, der sich bei fortschreitender Lektüre immer hartnäckiger gestaltet, hier sei vom Wesen des Forschers nichts mehr übrig, als daß er – gelegentlich – in Begriffen und Kategorien spreche, etwa so: „Dem Lebendigen gegenüber nur Anatom zu sein, scheint mir fast ehrfurchtslos; und was wichtiger ist: es scheint mir, als ob man durch diese Brille das Wesentliche nie zu sehen bekäme. Also habe ich es mit Fichte gehalten, der ja gefordert hat, daß mit der Erkenntnis des Gegenstandes auch immer etwas von der Liebe zum erkannten Gegenstand wachgerufen werden müsse. Ich möchte nicht, daß man das, was hier (scil. in diesem Buch!) erkannt wird, für etwas anderes als für Heiligtümer hielte." (S. XIII)

Führer sind nötig, und wir haben mit niemand zu rechten, der es sein will und das Nötige hierzu tut. Aber wir werden die Einwände gegen unsere bescheidene Psychoanalyse, die nichts als Wissenschaft sein will, nicht sehr ernst zu nehmen geneigt sein, welche von einem Denker kommen, der es „gewagt [hat], das ganze große Objekt mit Einem Griff zu packen, aus der Überzeugung heraus, daß in der Psychologie eben auf den Sinn fürs Ganze alles ankommt" (S. XII), und, indem er seine „Aufgabe als ein Stück echter *Wissenschaft* genommen" hat (S. XIII), bekennt, „wie sehr es mir auch bei der Entstehung dieses Buches an der zurückgezogenen Stille gefehlt hat, in der allein das Ganze eines künstlerisch geformten Bildes reifen kann. Die Zeit, in der wir leben, fordert uns von vielen Seiten ... Ich schäme mich nicht zu sagen, daß vieles in der gleichen Zeit nach außenhin getan werden mußte, während ich mich in dieses Thema zu versenken strebte." (S. XV) Wir sind dieser fehlenden Scham froh; denn so erfahren wir, was wir sonst bloß geahnt hätten, wo die Akzente im Werk von Spranger liegen, und werden wissen, daß wir hier einem wehleidigen, romantischen und ressentimentalen Begriff von Wissenschaft ge-

genüberstehen, der, so gemäß er einer breiten Schicht des heutigen geistigen Deutschland sei, ihm zu Liebe, zur Führung geprägt sein mag, von dem unsern so weit absteht wie die dunkle Tiefe des Sprangerschen Stils von der hellen Klarheit jedes großen Forschers.

Vielleicht wird man dieser Kritik vorwerfen wollen, sie sei unsachliche Polemik, die ins Persönliche übergreife. Es ist nicht meine Absicht, unsachlich zu sein, aber freilich ist es unvermeidlich einem Autor gegenüber, der seine Person hinter, ja vor seinem Werk sichtbar werden läßt, dies Stück des Persönlichen zur Sache zu rechnen. Die Psychologie ist in einem rapiden Umwandlungsprozeß begriffen, sie sprengt die Bande, die ihr durch Wundt geschmiedet wurden. Es genügt ihr nicht mehr die enge Provinz peripherer Erscheinungen, die die Domäne der experimentellen Psychologie waren, und sie nimmt als ihr Forschungsgebiet die eigentlichen seelischen Phänomene in Besitz. Diesen gegenüber erweisen sich die Methoden und das Erkenntnisziel der alten Psychologie als völlig unzulänglich. Sie sucht daher mit vollem Recht nach Neuem. Dieser Fortschritt war gewiß durch ein Gefühl der Unbefriedigtheit mit den Ergebnissen der alten Methode eingeleitet worden, durch einen Intellektualaffekt. Wie das aber mit Mißvergnügten so zu sein pflegt, sie gesellen sich nicht nach den Motiven und Zielen ihrer Mißvergnügtheit, sondern vermittels dieser selbst. So sind zu Gegnern der alten Psychologie alle jene geworden, denen sie zu wenig interessant, zu wenig bedeutsam im Wirbel der zeitgenössischen Weltanschauungskämpfe war; jene, die das sorgfältige, entsagungsvolle Studium am psychologischen Apparat nicht wegen seiner unbefriedigenden Erkenntisresultate, sondern wegen seiner sozialen Belanglosigkeit aufgaben oder gar nicht erst in Angriff nahmen; ästhetische, philosophische, religiöse, weltanschauliche Bedürfnisse fordern Befriedigung von der Psychologie. Und diese, durch keine strenge Methode mehr zu Wissenschaft beengt, ist gelegentlich allzusehr bereit, das Gefallen und die Befriedigung jener Mißvergnügten anzustreben. Die Befreiung von den alten Methoden und Grenzen hat alle Fragen der Psychologie, die

Forschungstätigkeit und das Publikumsinteresse, erfreulich belebt, und uns scheint, die ersten Umrisse einer neuen Psychologie werden bereits sichtbar, mit ihr neue Methoden und Grenzen.

Aber man darf sich nicht verheimlichen, daß der gegenwärtige Zustand seine beträchtlichen Gefahren hat. Darum ist es Aufgabe der wissenschaftlichen Kritik, die außerwissenschaftlichen Einstellungen in jedem Einzelfall scharf zu bezeichnen, nötigenfalls sie zu erschließen, sie zu erraten. Sie entstammen der Persönlichkeit der Forscher; je bedeutender und ungewöhnlicher sie ist, um so bedrohlicher können die Gefahren sein. Die Kritik darf sich nicht scheuen, in den Bezirk des Persönlichen einzudringen, wo die Persönlichkeit in den Bereich der Wissenschaft störend eingebrochen ist. Da Spranger die Grenze zwischen den Ergebnissen seiner Forschung und dem Bemühen, außerwissenschaftliche Bedürfnisse, eigene und fremde, zu befriedigen, nicht selbst zieht, da er Führer ist; da er eine Synthese sucht zwischen Wissenschaft und Kunst, „Seelengemälde in Begriffen und Kategorien" anstrebt und im Begriff ist, aus seiner Zwiespältigkeit einen neuen Begriff vom Wesen der Wissenschaft zu verkünden – ist es dreifach dringlich, diese aktuelle Forderung an die Kritik zu erfüllen.

Die Überwindung Wundts in der deutschen Psychologie hat diese in den letzten Jahren, auch dort, wo sie es sich und dem Publikum nicht eingesteht, der Psychoanalyse Freuds genähert. Es ist nicht zweifelhaft, daß Freud einen großen Anteil am Gelingen der Entfesselung der Psychologie und an der Richtung hat, in der sich die neuen Strömungen in der Psychologie bewegen. Freud hat als erster die Befreiung vollzogen und hat von Anfang an einen sehr bedeutenden, wenn auch lange von den wenigsten bewußt anerkannten Einfluß auf die gesamte psychologische Forschung gehabt. Mögen die neuen Richtungen an Dilthey oder an Brentano anknüpfen, sich als Fortsetzer des Wundtschen Werkes empfinden, von der Philosophie oder von der Biologie herkommen, ihr heutiges So-sein ist ohne die Psychoanalyse gänzlich undenkbar. Sie gedeihen nur durch die Auflockerung des

Bodens aller Geisteswissenschaften, die gewiß nicht Freud allein, aber seinem Mut als Erstem und seiner Konsequenz als Einzigem zu danken ist; sie differenzieren sich voneinander nicht am wenigsten durch die Stellungnahme zu den von der Psychoanalyse aufgeworfenen Problemen, ohne selbst zu wissen, daß diese es ist, die sie zu sonderbar verschlungenen Störungsbahnen zwingt. Und schließlich entnehmen sie eklektisch der Psychoanalyse diese oder jene Grundauffassung, die eine oder andere Tatsache oder Prägung. Man will das Gute und Richtige der Psychoanalyse für den zu errichtenden Bau der neuen Psychologie retten.

Dabei übersieht man eine merkwürdige Tatsache, die für die Zukunft der Psychoanalyse eine günstige Prognose erlaubt: Im Gegensatz zu allen neueren Strömungen in der Psychologie ist die Psychoanalyse, ähnlich der alten Psychologie, durch eine strenge Methode relativ sicher vor autistischen Einschlägen, ist die Bevorzugung weltanschaulicher Bedürfnisse vor dem Erkenntnisziel entschieden ausgeschlossen. Solange, heißt das, die Methode Freuds eingehalten wird. Wer sich von ihr entfernt hat, Jung, Stekel, Adler, ist um ebensoviel in die Berücksichtigung religiöser, utilitaristischer, ästhetischer oder sozialer Bedürfnisse verfallen.

Man kann gewiß der Psychoanalyse Irrtümer nachweisen, kann ihr Verallgemeinerungen vorwerfen, die vermehrter Empirie vielleicht nicht standhalten werden, man kann feststellen, daß ihre Methodologie noch nicht formuliert ist; das alles sind typische Mängel jeder jungen Wissenschaft. Aber man kann ihr nicht vorwerfen, daß sie an irgendeiner Stelle das Interesse der Forschung, der wissenschaftlichen Wahrheit irgendeinem anderen Wert zuliebe geopfert oder auch nur zurückgestellt habe. Sie hat bewußt darauf verzichtet, außerwissenschaftliche Bedürfnisse zu befriedigen, keinem heteronomen Werterlebnis nachgegeben. Sie will weder tief noch schön, weder allumfassend noch vollkommen, sie will in keinem Sinn befriedigend sein, als nur in dem der wissenschaftlichen Wahrheit; Tatsachen und Zusammenhänge feststellen und mittels bestimmter Annahmen, Hypothesen, sie zu einem verstehbaren Ganzen anordnen. Man kann solches Bemühen als irrelevant, unheilig, unbefriedigend ablehnen; gewiß, aber damit ist die Wissenschaft zugleich abgelehnt. Warum sollte nicht ein Schriftsteller oder auch eine Zeit den Mut zu solcher Wertung aufbringen? Aber man kann nicht an beliebigem Punkt diese wissenschaftliche Einstellung verlassen und gegen eine neue, befriedigendere vertauschen und diese Chimäre „Wissenschaft" oder gar „Wissenschaft der Zukunft" nennen. Und gerade dies ist beinahe völlig Sprangers Verfahren.

Spranger charakterisiert seine Psychologie als eine vierfältige: (1) Verstehende Psychologie, (2) Strukturpsychologie, (3) Entwicklungspsychologie und (4) Typenpsychologie. Der Begriff jedes dieser vier Gesichtspunkte wird von Spranger näher erläutert.

„Verstehen ... heißt: *geistige Zusammenhänge* in der Form objektiv gültiger Erkenntnis als *sinnvoll auffassen. Wir verstehen nur sinnvolle Gebilde.*" (S. 3) *„Verstehen ist nicht gleichbedeutend mit einem getreu abbildenden Nacherleben des subjektiven Seins, Erlebens und Verhaltens einer Einzelseele."* (S. 6) „... es gibt übergreifende Sinnzusammenhänge, die das subjektive Leben bedingen, ohne in die subjektive Sinnerfahrung selbst hineinzufallen." (S. 8) Auf den Begriff der verstehenden Psychologie kann in dieser kleinen Arbeit nicht eingegangen werden. Spranger ist bekanntlich nicht der einzige, der ihn vertritt. Und die Psychoanalyse hat schon vor langer Zeit den Begriff des Verstehens psychischer Phänomene angewendet. Aus den bisher zitierten Sprangerschen Sätzen ist eine große Annäherung an die Psychoanalyse zu erschließen, die Spranger später zu einer großen Kluft aufreißt. Die Psychoanalyse fand ihre ersten methodischen Einwände von seiten der Psychologie gerade an diesem Punkt. Ihr Grundgedanke ist: Die psychischen Erscheinungen und Verhaltungsweisen sind aus den Bewußtseinsphänomenen allein nicht verständlich zu machen, es bedarf „übergreifender Zusammenhänge", um sie verständlich zu machen. Und durch die Einordnung in solche Zusammenhänge werden scheinbar sinnlose Phänomene wie der Traum zum Beispiel verständlich. Wollten wir die Sprangersche verstehende Psychologie verstehen, also aus ihrer Einordnung in einen größeren Sinnzusammenhang, der künftigen Geschichte der Psychologie, begreiflich machen, so könnten wir sagen: ihre Funktion ist, die Psychologie von der Bewußtseinspsychologie zu befreien und so Platz, Atmosphäre, Möglichkeit für die Psychoanalyse als Psychologie zu schaffen.

Zum Gesichtspunkt (2) Strukturpsychologie erläutert Spranger: „Gegliederten Bau oder Struktur hat ein Gebilde der Wirklichkeit, wenn es ein Ganzes ist, in dem jeder Teil und jede Teilfunktion eine für das Ganze *bedeutsame* Leistung vollzieht, und zwar so, daß Bau und Leistung jedes Teiles wieder vom Ganzen her bedingt und folglich nur vom Ganzen her verständlich sind. Die verstehende Psychologie muß von der Voraussetzung ausgehen, daß ihre Gegenstände in diesem Sinne strukturiert sind. ... Wir könnten daher für unsere Psychologie nach der sie beherrschenden methodischen Grundvoraussetzung auch den Namen *Strukturpsychologie* einführen. ... *Strukturpsychologie ist also jede Psychologie, die die seelischen Einzelerscheinungen aus ihrer wertbestimmten Stellung im einheitlichen Ganzen und aus ihrer Bedeutung für solche totalen Leistungszusammenhänge versteht.*" (S. 9f.) Die Psychoanalyse ist nach dieser Definition gewiß Strukturpsychologie. Nicht allein, daß Freud Begriff und Wort der psychischen Struktur vor Spranger verwendete, das haben auch andere getan, und Spranger ist sich dessen bewußt, wenn er sagt: „Der Name [Strukturpsychologie] wird vielfach für solche psychologische Richtungen gebraucht, die sich mit der Erforschung von Teilstrukturen (im Gegensatz zur Psychologie atomisierter Elemente) beschäftigen. Es versteht sich aber von selbst, daß das einzelne Seelengebilde nur strukturiert sein kann, wenn auch das Ganze eine Struktur hat." (S. 10) Und nur für diese – selbstverständliche – Erweiterung beansprucht er, so scheint es, Originalität. Nicht mit Recht, denn eben diese Erweiterung ganz konsequent und bewußt durchgeführt zu haben (und schließlich sogar mit dem Wort „struktureller Gesichtspunkt" bezeichnet zu haben), ist eines der Verdienste und der Wesenszüge der Psychoanalyse.

Auch für den dritten Gesichtspunkt, die Entwicklungspsychologie, gilt, was sich bei den ersten zwei zeigte. Es ist ein gutes Stück weit kein Widerspruch zwischen der Sprangerschen und der Freudschen Psychologie. Die Sprangersche bereitet der Freudschen in gewissem Sinn den Boden, indem sie Einwände zerstreut, Gesichtspunkte der offiziellen Psychologie nahelegt, die zur Psychoanalyse hinführen, indem sie Richtungen der Psychologie zu offiziellen zu machen hilft, die in wesentlichen Belangen mit der Psychoanalyse übereinstimmen, von ihr weitgehend beeinflußt sind. „Bei jeder Entwicklung handelt es sich um eine Veränderungsreihe, die ein Subjekt durch das Zusammenwirken von inneren und äußeren Faktoren erfährt, jedoch so, daß die Richtungsbestimmung vorwiegend auf *innere* Anlagen oder Tendenzen des betreffenden Subjektes zurückgeführt wird." (S. 17) „Seelische Entwicklung ist also Entfaltung des individuellen Seelenlebens von innen heraus zu größerer innerer Gliederung und Wertsteigerung der psychischen Leistungseinheit." (S. 18) „Eine *Entwicklungs*psychologie aber hat über die allgemeine Aufgabe des Verstehens hinaus noch die *besondere* Aufgabe, gewisse Erscheinungen *als* Entwicklungserscheinungen zu verstehen und sie damit einer Teleologie einzuordnen, die mindestens nicht im subjektiven Erleben des jungen Menschen bewußt wird." (S. 18f.) „... gewisse Erscheinungen des Seelenlebens [werden] erst durch die Beziehung auf einen ‚Entwicklungssinn' verständlich". Wir gehen „hinter die erlebten Vorgänge zurück und verstehen sie ‚sinndeutend'. Ohne Hilfskonstruktionen ist eine *Entwicklungs*psychologie nicht möglich; ohne sie bliebe es bei bloßem positivistischem Konstatieren von unverbundenen Einzelheiten. ... Seelische Entwicklung ist also Hineinwachsen der Einzelseele in den objektiven und den normativen Geist der jeweiligen Zeit" (S. 19). Was über den so überaus wichtigen, ja für eine Jugendpsychologie wichtigsten Gesichtspunkt gesagt wird, ist sehr ärmlich; man kann es viel einfacher ausdrücken, als Spranger tut, und dann zeigt es sich, daß man es schon oft gelesen hat, aber immerhin, es erscheint uns von unserem Standpunkt richtig; es ist im wesentlichen die Anschauung der Psychoanalyse, und daher sehr erfreulich, wenn sie es beginnt, in die Psychologie, die auf deutschen Universitäten gelehrt wird, einzugehen.

Noch weniger ist zum vierten Punkt, der Typenpsychologie, gesagt: „Jedes Einzelwesen ist ... ganz eigenartig, eine Welt für sich, eine Monade, die das Universum so spiegelt, wie keine andere es spiegelt. Aber diese letzte Tatsächlichkeit ist der Wissenschaft nicht erreichbar: *individuum est ineffabile* ... Wir nennen eine solche Konkretisierung des Allgemeinbegriffes einen *Typus* (wie wir die Konkretisierung der Idee beim Übergang zum Anschaulichen ein *Ideal* nennen). Die Konkretisierung der allgemein menschlichen Seelenstruktur nach *besonderen* Gesetzen führt zu Menschentypen und Entwicklungstypen. ... Unsere Psychologie des Jugendalters wird *Typenpsychologie*, sobald wir auf individuelle Unterschiede der Entwicklung und der Struktur dieses Lebensalters achten." (S. 20) Was sollte dagegen eingewendet werden? Es ist, in anderen Worten, Gemeingut des modernen psychologischen Denkens.

Dies also sind die Methoden und Gesichtspunkte der Sprangerschen Psychologie. Es sind im wesentlichen von der Psychoanalyse eingeführte Gesichtspunkte in verändertem Zusammenhang und Ausdruck. Es ist erstaunlich, wie solch vernünftige und fruchtbare Prinzipien zu so geringen und banalen wissenschaftlichen Ergebnissen führen können, als welche uns die weiteren 326 Seiten des Buches erscheinen, unbeschadet der außerwissenschaftlichen Werte des Werkes und der zahlreichen Aphorismen, die jedem Entwicklungsroman zur Zierde gereichen und in manchem auch zu finden sind. Der geschickteste Zugang zur Beantwortung dieser Frage ist vielleicht die Darstellung der Sprangerschen Einstellung zur Psychoanalyse. Diese scheint eine solch scharfe Säure zu sein, daß sie als Scheidewasser jede wissenschaftliche Lehre, die sich mit ihr in Zusammenhang bringt, sogleich zersetzt und deren wissenschaftliches Gold von der ethischen Legierung trennt.

Man wird von Spranger nicht erwarten, daß seine Einwendungen gegen die Psychoanalyse naiv sind, seine Polemik klar und neutral ist. Zu weit ist die Psychoanalyse in das Denken der an der Psychologie interessierten Kreise eingedrungen, zu stark ist die gegen kleinbürgerliche Moral gewendete revolutionäre Haltung in der Jugend – in ihren Worten und ihren Führererwartungen wenigstens – verbreitet, als daß ein Philosoph, der führend wirken will, nicht fürchten müßte, altväterlich zu erscheinen, wenn er sich einfach mit den Protestkundgebungen von anno 1913 identifizierte. Andererseits vergäbe er sich zu viel mit ausführlicher Erörterung. Freud und die Psychoanalyse sind ihm nicht kongenial. Die psychoanalytische Theorie hat „richtige Meinungen", die erst die allgemeinen Gesichtspunkte Sprangers „ganz herausbringen". Spranger ist in seiner Kritik der Psychoanalyse maßvoll und kultiviert. Er weiß, daß die Psychoanalyse „eine ganz allgemeine *Entwicklungstheorie* sein [will], und schon aus diesem Grunde können wir an ihr nicht vorübergehen." (S. 129) „Ihr großer Vorzug gegenüber älteren Theorien ... besteht schon darin, daß sie stillschweigend jenen auch von uns aufgestellten Grundsatz befolgt: *Psychologica psychologice*: auf dem Gebiete der Psychologie muß, soweit wie möglich, rein psychologisch verfahren werden. ... Diese Tendenz auf sinnvolle Zusammenhänge wird von Freud über das bewußt in der Seele Ablaufende hinaus fortgesetzt, und die seelische Struktur wird so bis in Sinnzusammenhänge *hinabverfolgt*, die dem Selbsterleben nicht unmittelbar zugänglich sind, sondern nur durch *Analyse* ... zugänglich gemacht werden können. ... Die beiden bezeichneten Tendenzen der Freudschen Psychologie halte ich für wesentliche Bereicherungen unserer Methode, und ich gehe bis zu diesem Punkte durchaus mit. Nicht so mit der weiteren Durchführung. Sie ist im Verhältnis zu unserem sonstigen Wissen von der Seele als primitiv zu bezeichnen." (S. 130) Und wir können mit Spranger in dem Punkt durchaus mitgehen, wenn er von den Ichtrieben sagt, sie „bleiben nach Art und Herkunft völlig unbestimmt. Schon die Bezeichnung ist wenig glücklich ... In der Tat spielen diese Triebe in der Durchführung nicht die Rolle, die man erwarten sollte" (ebd.), wenn sie auch eine größere Rolle spielen als man finden muß, falls man in der Tat sehr wichtige Arbeiten von Freud nicht kennt.

Auch der Einwand – der von Scheler übernommen wurde[7] –, daß die verdrängenden und verdrängten Kräfte nicht beide Libido sein können, wäre wohl diskutabel, und vor allem befriedigend ist die Feststellung: „die Psychologie hat in der Tat nicht die Aufgabe, das Höhersein oder Niedrigersein zu begründen ... Wir haben als Psychologen kein Recht, den naturalistischen Pansexualismus von Freud auf seine Höhenlage in der Stufenordnung denkbarer Weltanschauungen hin zu beurteilen. Die Frage in unserem Zusammenhange kann nur sein, ob seine Theorie die wirklichen seelischen Erscheinungen von Strukturprinzipien aus verständlich macht." (S. 133) Da Spranger aber offenbar kein Psychologe ist, eröffnet er die Erörterung dieser Frage mit den an Freuds Sublimierungslehre anknüpfenden Sätzen: „Freud wird sich für seine Auffassung vielleicht auf die Sprache der Tatsachen selbst berufen" – dieses für einen Psychologen eigentlich kaum unehrenhaften Verfahrens wird sich Freud in jedem Falle nicht nur „vielleicht", sondern gewiß, und nicht nur berufend, sondern forschend bedienen, wenngleich er fast gewiß nicht so vage Fakta zur Stützung eines wichtigen Stückes seiner Lehre heranziehen wird, wie Spranger ihm in den Mund legt, fortfahrend: „Große geistige Schöpfungen gingen in der Regel aus Perioden erotischer Erregung hervor. Jedes Schaffen sei eine stille Werbung, jedes Werk sei eine stille Widmung. *Wir* aber werden doch gleich die Beschreibung" (die allerdings wir selbst gegeben haben, zwar in Freuds Namen, aber doch ganz anders als er) „dahin ergänzen müssen, daß hierbei nicht immer eine bestimmte Person das eigentliche Liebesobjekt sei, sondern daß diese deutlich oft nur das zufällige oder gar nachträgliche Erfahrungsgebilde abgebe, an das das Ideale selbst anhaftet: das Ewig-Weibliche wird geliebt (in seiner immer unzulänglichen Erschei-

---

7 Max Scheler: Wesen und Arten der Sympathie. Bonn [2]1923, S. 240 (Anm. 2 auf S. 132 bei Spranger).

nung)." (S. 133f.) Merkt Spranger wirklich nicht, wie er Freud unrecht tut, der ja nie behauptet hat, daß alle großen geistigen Schöpfungen „Sublimierung" einer aktuellen Verliebtheit des Schöpfers sind, sondern vielmehr behauptet, daß das riesige Plus an psychischer Leistung, das der produktive Mensch an seine Schöpfungen wendet, zum Teil mit jener seelischen Energie betrieben wird, die in der Kindheit den sexuellen Trieben entzogen und nicht-sexuellen Tätigkeiten oder Gedanken zugewendet wurde?

Diese Polemik gegen eine ganz empirisch gedachte Freudsche Aufstellung wird von Spranger fortgesetzt: „Der Sinn des schaffenden Lebens in seiner Ganzheit ist intendiert durch das Symbol der einzelnen geliebten Person hindurch. Dies alles soll als versetzter Trieb nach libido ‚verstanden' werden?" (S. 134) Das ist rhetorisch nicht schlecht gemacht. Der Satz mit „Sinn", „schaffendes Leben", „Ganzheit", „intendiert", „Symbol", „hindurch" häuft Tiefe und Klang so heftig, daß es genügt, „dies alles" hinzuzufügen, und der Leser gewinnt wirklich den Eindruck von Freudscher Blasphemie, die dies alles, das so schwer und vage verständlich ist, einfach mit versetztem Trieb und Libido erklärt. Und so wird doch die Höhenlage der Freudschen Theorie beurteilt, nicht aber, wie Spranger versprach, die Beziehung der Theorie zu den wirklichen seelischen Erscheinungen nach Strukturprinzipien. Denn jener tiefe Satz „Sinn – hindurch" ist nicht eine wirkliche seelische Erscheinung und nicht einmal eine Verständlichmachung nach Strukturprinzipien, sondern, nun sagen wir, Philosophie. Man lasse diesen philosophischen Satz weg. Dann heißt es: „das Ewig-Weibliche wird geliebt". Das ist eine wirkliche seelische Erscheinung. „Sie soll als versetzter Trieb nach libido ‚verstanden' werden." Nichts von Blasphemie. Nichts einleuchtender als dies. Spranger selbst lehrt es. Das „Alles" meint nichts anderes als den tiefen Satz. Ihn als versetzten Trieb zu verstehen, hat niemand gewagt.

Ich bitte hier nicht verärgert einzuwenden, es gehe nicht an, in so spitzfindiger Weise stilistische Schwächen – ich sage ja Stärken – eines umfangreichen Werkes zu ironisieren. Es handelt sich um keine vereinzelte Schwäche, es handelt sich nicht um den Stil, sondern um die Sprangersche Methode der Auseinandersetzung. Denn der wörtlich zitierte Absatz – freilich von meinen Glossen unterbrochen, die aber typographisch als solche deutlich sind –, dessen letzter Satz uns eben beschäftigte, ist unmittelbar gefolgt von einem Absatz, dessen erster Satz lautet: „Eine solche Psychologie ist nicht Tiefenpsychologie, sondern in Wahrheit Oberflächenpsychologie. Sie hält sich an das sinnlich Greifbare und behauptet, es stehe hinter allem als die eigentlich erzeugende Kraft." (S. 134) Eine solche Psychologie? Was für eine? Nun, eine die „das alles" so schändlich einfach versteht. Ohne jenen tiefen Satz wäre Spranger nicht erspart geblieben, bevor er die Freudsche Psychologie schlechthin eine „solche" nennt, zu argumentieren; er ermöglicht es ihm, statt der Argumente hier Invektiven vorzubringen, die zwar nicht mehr (wie anno 1913) moralischer Natur sind, aber auch nicht wissenschaftlicher, denn eine Oberflächenpsychologie kann sehr ernste, bedeutende Wissenschaft, und eine Tiefenpsychologie barer Unsinn sein; aber indem Tiefenpsychologie an tiefsinnig und Oberfläche an oberflächlich anklingt, eignen sich diese Termini sehr wohl zu Invektiven aus der ästhetisch-ethisch-metaphysischen Sphäre. Soviel über den formalen wissenschaftlichen Charakter der Sprangerschen Kritik.

Das Inhaltliche seiner Kritik, seiner Einstellung zur Psychoanalyse, bezieht sich im wesentlichen auf zwei Punkte: auf die übergeordneten, aus dem objektiven Geist deutbaren Zusammenhänge, und auf den Zusammenhang von Erotik und Sexualität. Aus dem Zusammenhang dieser Erörterungen haben wir eben eine zentrale Stelle besprochen, wir behandeln daher diesen Differenzpunkt zuerst.

Spranger unterscheidet „für die Zwecke meiner Psychologie" (S. 81) Sexualität und Erotik. „Daß sexuelle und erotische Erlebnisse in sehr naher Verbindung miteinander stehen, wird von mir nicht im mindesten geleugnet. Wohl aber behaupte ich, daß sie in ihrer gesamten Erlebnisfärbung höchst verschieden sind, ja daß sie verschiedenen Schichten der Seele angehören." (ebd.) Bei dieser Unterscheidung befindet sich Spranger in voller Übereinstimmung mit der Psychoanalyse, denn diese leugnet keineswegs, daß bewußt (*bw*) – und der Begriff des Erlebnisses gehört ganz und gar in die Vorgänge, die wir dem System *W-Bw*, Wahrnehmung-Bewußtsein, einordnen – zwischen sexuellen und erotischen Erlebnissen unterschieden werden kann. Für die Zwecke der Pubertätspsychologie ist die scharfe Hervorhebung dieser Unterschiede sehr nützlich, ja notwendig. Zum Begriff der Sexualität bemerkt Spranger: „*Hier* zögere ich nicht, die weiteste Bestimmung zugrunde zu legen, die überhaupt versucht worden ist. Danach wären sexuelle Erregungen und Erlebnisse nicht nur solche, die realiter oder in der Phantasie auf körperliche Berührung und Vereinigung mit Gegenständen geschlechtlichen Begehrens gehen, sondern auch alle, die mit einer sinnlichen Lusterregung von dem Grundcharakter geschlechtlicher Lust (libido) in bewußter Verbindung stehen ... Es würde gewiß zu weit gehen, wenn man sagte, alles sei sexuell, worin Körperliches als Lustquelle erscheint. ... Aber soviel soll zugegeben werden, daß die seelische Gefühls- und Triebstruktur, die durch die qualitativ eigentümliche, sinnliche Lustform der libido gekennzeichnet ist, über den ihr *unmittelbar* dienenden physiologischen Apparat weit hinaus- und in andere psychophysische Teilstrukturen des Individuums hinübergreifen kann." (S. 81)

Die „weiteste Bestimmung des Begriffes Sexualität" ist dies nun gewiß nicht. Denn Freud hat eine weitere versucht, indem er die Sprangerschen Begriffe „Sexualität" und „Erotik" unter seinem Begriff des Sexualtriebes eint. Aber die Sprangersche Bestimmung ist unter dem Einfluß der Psychoanalyse entstanden. Sie unterscheidet sich von der Freudschen nicht allein in der Enge des Begriffs, sondern vor allem in der Begriffsbildung. Für Spranger ist das Erlebnis der Vorgang im System *Bw* das Kriterium, für Freud die Ontogenese dieser Erlebnisse, also die Einbeziehung der *Ubw*-Prozesse. Bei Spranger handelt es sich um Erlebnisse, Gefühle, bei Freud um die Triebe, von denen diese Erlebnisse und Gefühle in irgendeiner Weise bestimmt sind. Daher ist Sprangers „libido" etwas anderes als Freuds Libido: Libido ist die dem Sexualtrieb zugeordnete psychische Energie (oder weniger präzis der Sexualtrieb), „libido" ist die geschlechtliche Lust. Sexuelle Phänomene wären nach Spranger in der Freudschen Terminologie eine Anzahl jener libidinösen Prozesse und Erlebnisse, die sich auf erogene Zonen beziehen und den Charakter der geschlechtlichen Lust haben. Diese halbe Anpassung an die Freudsche Auffassung hätte sich zu bewähren – in der Deutung konkreter Tatsachen. Von vornherein erscheint diese Abgrenzung sehr willkürlich. Denn, um eine Schwierigkeit für viele zu nennen: was ist mit Erregungen und Erlebnissen an einer erogenen Zone, zum Beispiel an der genitalen, die nicht geschlechtliche *Lust*, sondern Unlust nach sich führen, oder Angst, oder die durch keinen bewußten Prozeß repräsentiert sind?

Die Freudsche Erweiterung des Begriffs der Sexualität war gewagt, aber ihr Umfang wurde durch die Notwendigkeit bestimmt, das empirische Material, das die Erforschung des Unbewußten bot, einheitlich zu verstehen. Die ängstliche Erweiterung, die Spranger vornimmt, erhält ihren Umfang aus der Nötigung, den Freudschen Begriff zu akzeptieren und dennoch die Scheidung zwischen Sexualität und Erotik aufrecht zu erhalten, vielleicht nur, weil in gewissen Persönlichkeiten der Unterschied im Erleben von Sexualität und Erotik sehr vordringlich ist, vielleicht sprechen noch andere Motive mit. Jedenfalls ist der Begriff unsicher, und es ist wenig einleuchtend, was er zum Verständnis dienen soll, da er die Formulierung einer häufigen Erlebnisweise ist, nichts mehr aber.

Dies wird deutlich, wenn wir Sprangers Gegensatzbegriff zur „Sexualität" betrachten: „Von durchaus abweichender Erlebnisfärbung ist Erotik. Sagen wir zunächst kurz und vorläufig: sie ist eine ganz überwiegend seelische Form der Liebe, und zwar von *ästhetischem* Grundcharakter. ... Ästhetische Liebe oder Erotik ist also ursprünglich Einfühlung in und Einswerden mit einer anderen Seele, vermittelt durch ihre anschauliche Darstellung in der äußeren leiblichen Erscheinung. ... Mag dies metaphysisch oder mystisch erscheinen: tatsächlich ‚sehen' wir alle den Leib als beseelt, auch noch in späteren Jahren. Es ist das eine nicht weiter ableitbare Grundform des Erlebnisses. ... Wir greifen in das tiefste Weltgeheimnis hinein, indem wir dieses Werden eines konkreten und plastischen Idealbildes aus der *Befruchtung der Phantasie* in der (zunächst durch das Leibsymbol) vermittelten, rein schauenden Verschmelzung zweier Seelen aufdecken. Ohne diese geistige Seite scheint auch das leibliche Zeugen, diese *vis plastica* der Natur, nicht verständlich." (S. 81–83)

Wo hier die Psychologie versteckt sein mag, ist schwer zu sagen. Spranger will Erotik von Sexualität scheiden. Diese wurde – angreifbar zwar, aber doch deutlich – als Begriff bestimmt. Für jene bleibt aber bisher nichts anderes als jener Satz oben „kurz und vorläufig". Dann verliert sich die Psychologie in das weite Feld der Metaphysik, von dem aus sich sehr apodiktische psychologische Lehrsätze ergeben: „Es ist eine nicht weiter ableitbare Grundform des Erlebens." Noch kann man hoffen, die apodiktischen Lehrsätze werden in späterem Zusammenhang gewiß ihre psychologische Begründung erfahren, wir studieren ja einen Autor, der *Psychologica psychologice* als seinen methodischen Wahlspruch bekennt.

Und Spranger fährt auch fort: „Schon dieser metaphysische Ausblick deutet darauf hin" (Spranger weiß also, daß die obige nicht Psychologie ist; noch dürfen wir auf sie hoffen), „daß sich der *zentralste* Sinn der Natur erst erfüllen wird, wenn beides, die Seelenverschmelzung und die körperliche Vereinigung, sich zum Geheimnis der Erzeugung eines neuen Lebens verbindet. Aber damit ist nicht gesagt, daß jene seelische Erzeugung des Ideals sinnlos sei, wenn keine leibliche Zeugung damit verbunden ist. ... Für unsere Jugendpsychologie aber ist es die wichtigste Feststellung, daß die Natur in den Entwicklungsjahren beide Seiten für das Erlebnis noch getrennt hält" (daß sie getrennt sind, bei einem häufigen Pubertätstypus, ist allerdings eine wichtige und richtige Feststellung, daß es aber die Natur ist, die sich dabei bemühen muß, ist eine Erschleichung, die im psychologischen

Zusammenhang uninteressant wäre, wenn nicht aus solchen eingeschobenen metaphysischen Behauptungen psychologische Schlußfolgerungen gezogen würden) „und daß es *Reifsein* bedeutet, wenn beide in voller Reinheit" (psychologisch ist Reifsein von Reinheit völlig unabhängig) „zu einem großen Erlebnis und Zeugungsakt zusammenzuklingen vermag. In der Seele des Jugendlichen ist Erotik und Sexualität für das Bewußtsein zunächst schroff getrennt. Das ist der wesentlichste Satz, der in diesem Zusammenhang zu sagen ist." (S. 84)

Ein Satz, mit dem man sich völlig identifizieren kann, wenn er auch in dieser Schärfe nur für einen Pubertätstypus gilt. Aber ein Satz der deskriptiven Pubertätspsychologie. Mit einem Aufwand von Metaphysik umgeben, wie ihn – vielleicht nicht einmal immer – ein unbegabter und primitiver, ein Jugendlicher des geschilderten Typus anwenden würde, um zu erweisen, daß seine Gefühle zu seiner „Geliebten" rein erotischer, völlig unsexueller Natur seien. Ein Verhalten, das diesem Jugendlichen wohl ansteht, das aber vom Psychologen durch ein Suchen nach Verständnis der Erlebnisweise des Jugendlichen abgelöst werden müßte. Dieser Aufgabe erinnert sich auch Spranger an dieser Stelle und fährt fort: „In dem Abschnitt über die Methode unserer Psychologie ist ausgeführt, daß sich Beschreibung des Bewußtseinsverlaufes und Ableitung aus Sinnzusammenhängen nicht immer decken. Seelische Erlebniszonen können unterbewußt in tiefer Sinnverbindung stehen, während sie im Bewußtsein nichts voneinander wissen oder wissen wollen." (S. 84) (Wir atmen auf. Das von der unableitbaren Grundform des Erlebens war also bloß die Beschreibung des bewußten Erlebens. Dem Jugendlichen – und auch manchem Erwachsenen – erscheint die Erotik als unableitbare Grundform, der Psychologe ist daran nicht gebunden, er darf versuchen, aus anderen Annahmen diese Erlebnisweise zu verstehen? Die Antwort wird uns freilich enttäuschen. Sie wird lauten: Nein. Doch vorläufig darf man noch hoffen.) „Das gilt von dem Verhältnis zwischen Erotik und Sexualität in der jungen Seele. Beide Erlebniskreise können erweckt sein. Aber der Gegenstand des Eros ist ein ganz anderer als der der sexuellen Erregung. Und auch zeitlich treffen sie noch nicht zusammen. Ohne Zweifel hat dies Auseinanderfallen selbst wieder seinen tiefen Entwicklungssinn. Wir können diesen Befund" (welchen?) „auch so zugespitzt ausdrücken: In diesem Alter würde die Sexualisierung des Erotischen die ideale Liebe zerstören; umgekehrt würde die volle Erotisierung des Sexuellen noch nicht gelingen". (Was offenbar der „tiefe Entwicklungssinn" ist. Was eine Zeile vorher noch Problem war, avancierte still zum „Befund" und wird sogleich:) „Ein Beweis, daß gerade die sexuelle Seite hier noch nicht zur vollen Reife gekommen ist." (S. 84)

Dies ist die strenge Methode, der gegenüber die Psychoanalyse freilich ein recht primitives Verfahren, aber immerhin, scheint mir, ein wissenschaftliches ist. „Daß in der individuellen Seelentotalität nichts völlig beziehungslos nebeneinander stehe, ist schon methodisches Postulat (ein Satz *a priori*). Aber *wie* es im Zusammenhang stehe, bedarf näherer Untersuchung. Und mit ihr geht die Deskription des Seelischen unvermeidlich in eine Seelentheorie über." (S. 128) Und da ja die Psychoanalyse die einzige kompetente Seelentheorie ist, über die die Psychologie derzeit verfügt, geht Sprangers Erörterung unmittelbar in jene Polemik gegen die Freudsche Lehre über, von deren formalen Qualitäten wir oben sprachen. Die Psychoanalyse kennt nun den Erlebniskreis der Erotik, wie ihn Spranger meint, wenn auch nicht definiert (denn: „Es ist eine unangenehme Aufgabe, den Eros zu ,definieren'." S. 85). Sie versteht die Erotik als zielabgelenkte Strebungen des Sexualtriebes; sie kommt zu dieser Anschauung aus der tausendfach bestätigten Erfahrung, daß ontogenetisch die im engeren Sinn, dem Sprangerschen, sexuellen Regungen und Erlebnisse den erotischen zeitlich vorausgehen, und die erotischen, im Sprangerschen Sinne, sich aus den sexuellen unter den verdrängenden und zielablenkenden Einflüssen erst der erziehenden Erwachsenen, dann des eigenen Ichs, das sich mit den Geboten und Verboten der Umwelt identifizierte, allmählich sondern. Diese Sonderung wird am schärfsten in gewissen Formen der Pubertät und wird mit dem Ende der Pubertät je nach dem Typus mehr oder weniger wieder aufgehoben.

Die Einzelheiten dieser Auffassung gehören in die Theorie von der Pubertät, die in dieser Arbeit nicht positiv behandelt werden soll. Diese Deutung des „im Erleben selbst Unverbundenen" geschieht durch „Aufdeckung *unterbewußter* Sinnzusammenhänge", was eines der beiden von Spranger gestatteten Verfahren ist; das andere bestünde im „Eingehen auf die *übergreifenden* Zusammenhänge, die der objektiven Geistigkeit des Kultur- oder Naturlebens angehören." (S. 128) Nun soll keineswegs bestritten werden, daß auch eine inhaltlich andere Deutung durch Eingehen auf unterbewußte Zusammenhänge möglich wäre, als die Psychoanalyse vorschlägt. Aber Spranger gibt sie jedenfalls nicht. Ihm gefällt diese Oberflächenpsychologie und ihr Versuch, den Zusammenhang zwischen dem sexuellen und erotischen Erlebniskreis verständlich zu machen, nicht. Die „unterbewußte" Deutung Freuds lehnt er ab.

Doch muß er sich immer wieder ihr peinlich nahe halten. Erotik und Sexualität „sind ihrem Wesen nach *una eademque res*, erlebt von zwei verschiedenen Seiten oder unter zwei verschiedenen Attributen. Im erotischen Erleben erfüllt sich erst der Sinn der Sexualität. Aber das ist ein Bild. Und ein unzulängliches Bild." (S. 134) Aus dem Metaphysischen ins Psychologische übersetzt heißt es wohl: Sexualität und Erotik sind zwei verschiedene Erlebnisweisen für dasselbe Ding (*res*). Diese Sonderung in zwei streng auseinandergehaltene Erlebnisweisen ist Ergebnis der Entwicklung, das im allgemeinen erst in der Pubertät sich vollendet; die primitiven Äußerungen der *eadem res* in der frühen Kindheit zeigen prävalierend die sexuelle Komponente, so daß man in gewissem Sinn jene *res* auch Sexualität nennen könnte. In dieser Erwartung stärkt uns der nächste Satz: „Denn entwicklungspsychologisch betrachtet, ja überhaupt psychologisch betrachtet, vermag beides doch auseinanderzutreten." (ebd.) Es ist dieselbe Sache, die nach dem Auseinandertreten als zwei ganz verschiedene Sachen erscheint. „Dann haben wir auf der einen Seite die reine Erotik, die nicht nur nichts weiß vom Sexuellen, sondern es sich ängstlich fernhält" (ebd.), und wir ahnen, daß eines der besten Mittel, diese ängstlich erwünschte Fernhaltung zu erreichen, wäre, die Erotik zu einer weiter nicht ableitbaren Grundform des Erlebens zu erheben oder wenigstens zu erklären.

Aber an Stelle dieser psychologischen Deutung in der Sphäre der Auffindung unbewußter Sinnzusammenhänge folgt ein schöner Ausdruck: „in unendlicher Scheu und Schamhaftigkeit, weil diese Form und Stufe der Vereinigung den höchsten Sinn *nicht* erfüllen würde." (ebd.) Ist dies nun Verständlichmachung auf der Ebene übergeordneter Sinnzusammenhänge oder ein Bild aus der metaphysischen Sphäre? Wir bleiben im unklaren, denn der weitere Verlauf des Absatzes schillert zwischen psychologischer und dieser schönen und tiefen Ausdrucksweise. Ich setze ihn ganz hierher wegen der Konklusion, die mit „also" an ihn angeschlossen wird: „Auf dieser Stufe finden wir den Jugendlichen. Er fließt über von erotisch zeugenden Geisteskräften, aber der Leib ist noch nicht in vollem Sinne mitzeugungsfähig. – Auf der andern Seite gibt es eine bloße Sexualität, ohne Erotik, ohne die Schwungkraft des beseelenden Ideals. Das ist auch ein Naturphänomen, aber eine leerlaufende, ihres ausfüllenden Sinnes beraubte Sexualität. Der Jugendliche kennt auch auf dieser Seite den unersättlichen Trieb, der beiden Erlebniszonen eigen ist; aber solange er noch in einem Winkel der Seelentotalität geistig ist, wird ihn diese Sexualität nie befriedigen. Sie zieht ihn in den Kreislauf rein körperlicher Bedürfnisse. Sie verurteilt ihn zu einem geteilten Dasein, in dem er nie ganz er selbst sein, noch weniger ganz er selbst werden kann. Ahnungen von jenem geistigen Gehalt liegen wohl auch noch im sinnlichsten Genuß, aber verhüllt, irreführend und deshalb in Schuld und Reue verstrickend, die immer dann auftreten, wenn der Mensch fühlt, daß er nicht ganz ist, was er sein könnte und sollte." (S. 134f.)

Mit diesen Sätzen ist ein geistiger Zustand geschildert, in dem sich mancher Jugendliche befindet, und sie können einem Jugendlichen, der gegen seine sexuellen Erlebnisse und Erregungen vom Erotischen her heftig und immer wieder vergeblich ankämpft, sehr viel bedeuten. Er wird sie schön, tief, richtig finden, denn er gewinnt an ihnen und ihrem Autor eine Stütze im Kampf gegen seine Sinnlichkeit. Wo aber liegt hier ein deutender psychologischer Gedanke? Spranger schildert – nach seiner Weise, der Weise des Jugendführers – das Phänomen, die Spaltung der Sexualität in Zärtlichkeit und Sinnlichkeit, das Freud in einem kurzen Aufsatz als Forscher zu deuten versucht. Spranger legt den Akzent auf die Ideologie, die aus diesem Zustand folgt. Dies könnte ein dankenswertes Unternehmen sein. Wir haben noch nicht genug an phänomenologisch treuer Deskription komplizierter psychischer Zustände. Aber er selbst weiß, daß die Deskription nicht genügt, er stellt seinem Buch die Aufgabe, ihr die Deutung, wenigstens andeutungsweise, anzufügen. Diese Deutungen müßten sich von der phänomenalen Gegebenheit loslösen, von ihr unabhängig machen, auch wenn in ihr eine sehr starke Überzeugung davon mitgegeben ist, daß die erlebte Sonderung eine naturhafte, objektive, metaphysische ist. Er selbst stellt das Postulat sehr deutlich auf. Er weiß auch: „Metaphysische Ausdeutungen dienen nur zu einer symbolischen Erläuterung" (S. 85), können also gewiß nicht an Stelle psychologischer Deutungen stehen, sondern werden diesen – anmerkungsweise, wenn man auf sie aus irgendwelchen Gründen schon nicht ganz verzichten kann – an Umfang und Gewicht untergeordnet, bloß beizugeben sein; er weiß ferner: „übrigens treibt diese Erlebnisform selbst in solche Weltgedichte hinüber. Eines der größten, die Platonische Philosophie, beruht zu einem erheblichen Teile auf erotischem Erleben." (ebd.) Trotzdem gibt er seinem Weltgedicht unter dem Titel einer „Psychologie des Jugendalters" hinter einem ersten Abschnitt über Aufgabe und Methode einen geradezu verschwenderischen Raum. Man könnte dies noch hinnehmen, wenn wenigstens ein Wort über den „Zusammenhang von Erotik und Sexualität" sich aus den Folgen des eigenen erotischen Erlebens befreien würde, also nicht Weltgedicht, Seelengemälde, Philosophie, sondern Wissenschaft wäre.

Es fehlt. Denn alle auf den abschließenden Absatz aufgesparten Hoffnungen werden zerstört. Er knüpft an das oben Zitierte an und lautet: „Das Erotische ist also" – Also! aus dem Voranstehenden gefolgert! – „keine Funktion des Sexuellen, das Sexuelle keine Funktion des Erotischen. Sondern beide gehören dem Entwicklungssinn nach wesenhaft in einer Erlebnistotalität zusammen. Sie differenzieren sich beide aus einem Einheitsgrunde heraus. Sie gehen eine Zeitlang getrennt, um sich im Höhepunkt des aufgeblühten Lebens wieder zu vereinen. Anders kann man ihre Bezogenheit aufeinander nicht verstehen." (S. 135) Ich verstehe überhaupt nicht mehr. Einheitsgrund? Das heißt: sie waren vor der Trennung vereint. Als was? Wie nennt man den vor der Pubertät bestehenden Zustand, wo Erotik und Sexualität gemeinsam ihre Befriedigung suchen, am ursprünglichen Objekt? Wie nennt man den nach der Pubertät bestehenden Zustand, wo sie wieder vereint sind? Was bedeuten diese Formulierungen, die psychologisch so wenig besagen, anderes als einen Schimmer von Einsicht, der schnell verdunkelt wird, im Sinne der Pubertätserlebnisse, die in unendlicher Scheu und Schamhaftigkeit erklären, mit der Sexualität weder verwandt noch identisch zu sein, und doch als Differenzprodukte eines Einheitsgrundes wie Geschwister verwandt sind? Das ist Psychologie der Pubertät, die dem Pubertätserleben gerecht werden will, gerecht in der Deskription, was ihre Pflicht ist, gerecht aber auch in Wertung, Deutung und Formulierung, also Pubertätspsychologie. Sie mag der Jugend gefallen, soweit sie nicht Erkenntnisse über sich selbst sucht, sondern Bestätigung, Rausch, Urteil, Schönheit, Religion. Dem Psychologen ist sie langweilig oder Objekt der Deutung.

Eingangs seiner Erörterung hat Spranger von Sexualität und Erotik erklärt: „Wohl aber behaupte ich, daß sie in ihrer gesamten Erlebnisfärbung höchst verschieden sind, ja daß sie verschiedenen Schichten der Seele angehören." (S. 81) Das erstere ist unbestritten, das zweite hätte interessiert zu hören. Spranger kam nicht weiter darauf zu sprechen. Wir sind aus der Psychoanalyse gewohnt, Worte wie „Schichten der Seele" ernstzunehmen. Bei Spranger ist das eben eine *façon de parler*. Es ist eine Frage des Stils, ob er Schichte, Sphäre oder sonst was sagt; er wollte damit nur sagen, was er schon im ersten Satz sagte, daß Sexualität und Erotik nicht dasselbe sind. Nun sind sie ja, wie wir gesehen haben, doch dasselbe, *eadem res*, und sind es doch nicht. Aber wer wird sich hier in Tifteleien über Worte verlieren. Es kommt ja darauf an, „mit einem kühnen Griff die Totalität des Seelenlebens zu packen", und die Methode ist eine schöne Sache, die ausführlich in einem eigenen Abschnitt erledigt wird, um dann nicht mehr verwendet zu werden.

Im Text wird in beliebiger Abwechslung Deskription und Deutung, mit Bildern und metaphysischen Ausblicken verknüpft, geboten. Termini verschwimmen, rauschendes Blut ist so gut wie Sexualität oder besser noch. Und mit „also" werden schiefe Bilder, die nur Symbolwert und Erläuterungsfunktion haben, zu abschließenden Forschungsresultaten erhoben. Versucht aber ein Forscher, freilich ohne der Methode ein Einleitungskapitel zu widmen, dafür aber in jeder Zeile von elf starken Bänden sorgfältig und streng um sie bemüht, an Stelle solchen anmutigen Chaos umschriebene Begriffe zu verwenden, einen Sexualtrieb anzunehmen, und zu versuchen, den Wegen sorgfältig nachzugehen, auf denen die mannigfaltigen Äußerungen der *eadem res*, rauschendes Blut und das Ewig-Weibliche, sich als Wandlungen und Äußerungen eines, zweier Grundtriebe nach einer kleinen Zahl einzeln untersuchter, beschriebener, scharf formulierter und eindeutig benannter Gesetze zu verstehen, so ist er (Freud) „ein Verwandlungskünstler ersten Ranges. Denn die Umsetzungen und Ersatzauswege, die eine Analyse findet" (die also da sind, es wird nicht bestritten, daß sie gefunden sind), „lassen schließlich das Harmloseste" (zum Beispiel das Ideal des Ewig-Weiblichen) „als irgendwie verkappte sexuelle Wünsche erscheinen". Was ja dem Harmlosen nichts schadet, weil die sexuellen Wünsche selbst dem Psychologen recht harmlose „Naturphänomene" sein dürfen. Die Chemiker sind ebensolche Verwandlungskünstler; aus einer Anzahl von Elementen bauen sie die Welt auf, und das berauschendste Parfüm erweist sich als verkappte Substanz sehr verdächtiger Niedrigkeit.

Da ist Spranger ein anderer Verwandlungskünstler, unter seiner tiefen Feder wird das Niedrigste hoch und total. „Die Motive für diese eigenartige theoretische Verwirrung", nämlich die Freudsche, „sind leicht zu erkennen. Ist auch der physiologische Materialismus bei Freud überwunden: es bleibt ein psychologischer Materialismus bestehen." In Sprangers Mund ist diese Feststellung ein Vorwurf. Aber es fehlt der Erweis, daß nicht gerade diese Betrachtungsweise die richtige ist. Dieser Erweis reduziert sich auf die nicht sehr tiefe Bemerkung: „Die stillschweigende metaphysische Voraussetzung ist diese: das Vorhandensein des sexuellen Triebes ist selbstverständlich; alle anderen müssen erst verständlich gemacht werden." (S. 133) Allerdings ist dies die metaphysische Voraussetzung der Psychoanalyse. Nur ist der Psychoanalyse das Wort „Trieb" ernsthafter als Spranger. Das Vorhandensein der Triebe ist ihr in gewissem Sinne selbstverständlich. Sie kennt deren zwei, die Sexualtriebe und die – wie Spranger so richtig findet nicht glücklich als solche bezeichneten – Ichtriebe (später Eros und Todestriebe). Was sie an ihnen „selbstverständlich" findet, hat sie umschrieben. Nicht „alle anderen Triebe müssen aus ihnen verständlich gemacht werden", sondern gewisse, nicht ursprüngliche Verhaltungsweisen müssen aus den ursprünglichen, den „selbstverständlichen" verstanden werden. Und tatsächlich ist das komplizierte Sexual- und Erosverhalten, das Spranger an den Jugendlichen so sehr liebt, daß er es gegen die „Angriffe" der Psychoanalyse, die es als „Sublimierung" *erklärt*, verteidigt, kein ursprüngliches, kein selbstverständliches. Sondern es ist zu erklären als eines, das unter bestimmten Gegebenheiten sich aus dem ursprünglichen entwickelt. „Diesem Zwecke sollen nun die seltsamen Energietransformationen dienen, von denen wir gehört haben." (ebd.) Die Energietransformationen wurden bei dem Bemühen entdeckt, höchst seltsame psychische Gebilde, wie Traum, Neurose, Perversion, den „Menschen mit seinem Widerspruch" zu enträtseln. Die Seltsamkeit der Tatbestände ist wieder kein Vorwurf, der die Theorie trifft, sondern ein Faktum der Erlebnisweise jener Jugendlichen, die unter erotischen Erlebnissen Weltgedichte komponieren und dabei vergessen, daß eine wissenschaftliche Theorie immer seltsam ist, verglichen mit den ästhetisch oder ethisch erlebten Objekten der Theorie. Wie seltsam ist doch die Theorie, eine rote blühende Rose und stinkende Algen besäßen dieselbe Substanz und Zellenform.

Weniger seltsam, mehr tückisch ist die fortsetzende Bemerkung: „Der Hörer aber soll dabei die Beruhigung empfinden, daß die sogenannten höheren Triebe als ‚bloße‘ Sublimierungen doch auf die primären zurückgeführt werden können." (ebd.) Da sind die Sprangerschen Hörer freilich andere Kerle. Sie empfinden Beruhigung, wenn man ihnen klarmacht, und zu diesem Zwecke vorher die Psychoanalyse verballhornte, daß der Sinn des körperlichen Zeugungsaktes sich im idealistischen Erleben erfülle. Aber daß es einen Forscher geben könnte, der weder die Beruhigung des Zynismus noch der Ethik seiner Hörer beabsichtigt, wenn er ihnen die Befunde seiner Denkarbeit vorlegt, scheint Spranger unfaßbar, und er will nicht begreifen, daß „Sublimierung" ein dynamischer Begriff der Seelentheorie ist, während das Wörtchen „bloß", das er in Anführungszeichen setzt, weil es kein Zitat aus Freud ist, eine Bewertung ist, und zwar die Wertung, die ein beleidigter Ethiker den rein psychologischen Feststellungen und Annahmen unterschieben muß, soll er eine Möglichkeit haben, entgegen seiner intellektuellen Einsicht, die Trennung zwischen Erotik und Sexualität, die ein Postulat seiner inneren Situation ist als Postulat der Ethik zuerst, als Befund der Psychologie sodann (durch die Also-Methode) festzuhalten.

So sehr aus allem Gesagten deutlich wurde, wie Sprangers Auffassungen den Boden psychologischer Betrachtung an beliebiger Stelle, je nach den religiösen, ethischen, metaphysischen Bedürfnissen, die Befriedigung verlangen, für eine Weile verlassen, um an beliebiger anderer Stelle zu ihm zurückzukehren, hieße es doch, ihm und seiner Betrachtungsweise Unrecht tun, wollte man sich nicht vor Augen führen, daß er sich die Berechtigung zu solchem Verhalten aus einer methodischen Erörterung heraus zu geben versucht. Sein Prinzip der Deutung aus übergeordneten Sinnzusammenhängen ermöglicht solche – wie uns scheint – wenig wissenschaftliche Abschweifungen und ermöglicht zugleich, sie mit einem Anschein von Wissenschaftlichkeit zu unternehmen. Diesen Anschein gewinnt das Verfahren, weil es ein wirkliches Problem der Psychologie angreift, und zudem eines, an dem die Psychologie – auch die Psychoanalyse – zu rasch vorbeigegangen ist, so daß von ihm aus eine Kritik der Psychologie möglich ist und jede Lösung wünschenswert erscheint.

Spranger sieht – mit der Psychoanalyse – keinen Weg, die bewußten psychischen Phänomene aus sich heraus zu verstehen; er lehnt – ebenfalls eines Sinnes mit der Psychoanalyse – die Möglichkeit ab, die psychischen Erscheinungen aus physiologischen Prozessen irgendeiner Art zu verstehen. Freud hat in dieser Situation den Versuch gemacht, die Deutung der bewußten Erscheinungen aus dem Unbewußten zu geben und damit eigentlich erst Entwicklungspsychologie konstituiert, denn das Unbewußte ist das Resultat der individuellen Entwicklung, wie sie unter dem Zusammentreffen phylogenetischer Faktoren und eines bestimmten von außen einwirkenden Schicksals wurde. Spranger anerkennt diesen Weg durchaus. Er geht ihn selbst unzählbar oft (freilich in jener unmethodischen Weise, nach der die Deutung aus dem Unbewußten wie Aperçu oder Bild erscheint, unverbindlich sein mag, jedenfalls durch nichts begründet ist.) Aber neben diesem Weg fordert er einen anderen: „Wichtiger ist, daß die individuelle Seelenstruktur selbst eingelagert ist in größere Sinnstrukturen, die vom Naturzusammenhang bis in den objektiv geistigen Zusammenhang der geschichtlich-gesellschaftlichen Welt hinaufreichen." (S. 11) „Die Einzelseele ist von vorneherein verschlungen in den objektiven Geist. ... Der objektive Geist ist eine überindividuelle Struktur, ein überindividueller Sinn- und Wirkungszusammenhang. ... er ist *vor* jedem einzelnen Individuum und bedeutet für jedes einzelne einen vorgefundenen Komplex von Lebensbedingungen und richtunggebenden Faktoren." (S. 13) „... alles objektiv geistige Leben [ist] getragen von der Gesellschaft und historisches Produkt ihrer Schicksale. Man kann den Einzelmenschen nur verstehen, wenn man ihn überall in die Verflechtung mit einer Gesellschaft hineinstellt, mit der er verbunden ist durch Wechselwirkung und Solidarität, durch Empfangen und Geben, durch Suggestion und Nachahmung, durch Führen und Geführtwerden." (S. 15) „... es muß ganz allgemeine und ewige Sinnrichtungen geben, wenn besondere zeitliche Ausprägungen der Sinnenzusammenhänge verstanden werden sollen. Diese ideenhaften Richtpunkte sind die beiden – sich gegenseitig fordernden – 1. der totalen Lebenseinheit; 2. der inneren Differenzierung dieser Einheit nach bestimmten Sinnrichtungen, die *immer* erfüllt werden müssen, wenn überhaupt geistiges Leben sein soll. ... Wo alle diese gesonderten Sinnrichtungen in der geistigen Lebenseinheit zusammentreffen, liegen die religiös-ethischen Werte: die religiösen Werte ausdrückend den höchsten Sinn der Welt; die ethischen Werte ausdrückend den höchsten Sinn des personalen Lebens; jene in Beziehung auf dieses und diese in Beziehung auf ein geahntes Weltganzes. Sofern sich das geistige Leben an dieser Werthierarchie ewig und überall orientiert oder orientieren soll, bilden diese Werte in ihrer strukturellen Bezogenheit aufeinander den normativen Geist, der – bildlich gesprochen – über dem jeweils verwirklichten objektiv-historischen Geist richtunggebend schwebt." (S. 15f.)

So wären wir denn glücklich beim Weltganzen gelandet – bildlich gesprochen –, während wir auszogen, die Wirkungen der Gesellschaft, sei's denn: des objektiven Geistes, auf die seelische Entwicklung des Individuums zu studieren. Aber gerade dieses bei Spranger – wie es scheint – unvermeidliche Enden im All bringt uns in seinem umfangreichen Buch um jede konkrete Kenntnis dieser Beziehung und läßt seine methodische Forderung ein *pium desideratum* bleiben. Es sei zu wiederholtem Male erklärt: Ich leugne nicht, daß der Philosoph tiefe Befriedigung aus seinem Denken zieht und einem Publikum vermittelt. Ich bin nicht zuständig zu entscheiden, welchen Rang die Sprangersche Philosophie einnimmt, was an ihr originell, was an ihr zukünftig, wie weit sie naheliegende Fort- und Umbildung vorhandenen Gutes ist, wie weit sie Gesichtspunkte enthält, die bisheriges Philosophieren revolutioniert. Daß sie aber nicht psychologische Wissenschaft ist, das ist gewiß. Und darum allein schon, weil sie sich um das Weltganze bemüht, weil sie sich und dem Publikum ästhetisch-religiöse Befriedigung gewährt, die sie – wenigstens noch – nicht bieten kann, und daher nicht bieten darf. Die Psychologie hat sich langsam von der Philosophie befreit, sie hat aber kaum einige Jahrzehnte Zeit gehabt, noch im Befreiungskampf stehend, ihre eigene Basis zu gewinnen, als sie mit Haut und Haar der Physiologie verfiel. Sie hat eben jetzt begonnen, sich dieser neuen Gefangenschaft zu entziehen, sie macht die ersten Schritte, frei und selbständig, und schon soll sie tanzen und beten können, daß die Zuschauer erschüttert und erbaut sind; und da sie's nicht können kann und darf, soll sie schnell wieder der Philosophie ausgeliefert werden. Bildlich gesprochen.

Die Ursachen dieser theoretischen Verirrung – wie Spranger sagt – sind leicht zu verstehen. Die Psychologie, so gut wie jede Wissenschaft, braucht ihre eigene Methode, und zwar Forschungsmethode, was nicht ganz das gleiche wie „Methode" aus dem I. Abschnitt Sprangers ist. Da nun einmal eingesehen ist, daß die Psychologie sich im Kreise um sich selbst bewegt, wenn sie die bewußten Phänomene aus bewußten erklärt, bedarf es einer Methode, die ihr Material schafft, mit dessen Hilfe sie die bewußten Phänomene erklärt, versteht, deutet. Dies Material aber können nicht Gedanken des Psychologen *über* seine Erlebnisse und nicht die bewußten Erlebnisse und die Gedanken über die von fremden Objekten sein. Denn dies wären wieder Phänomene derselben Kategorie. Also nicht Material dieser Art darf es in erster Linie und ausschließlich sein. Andererseits muß dies Material empirisch gewonnen und mit den Kriterien wissenschaftlichen Denkens und Forschens geprüft sein. Spranger hat keine solche Methode der Forschung. Er verwendet gelegentlich so gefundene neue Fakta. Gelegentlich und in jeder Beziehung nach Bedarf. Die Psychoanalyse – als Forschungsinstrument – ist solch eine Methode, die Material zur Deutung der bewußten Phänomene schafft, sie lehrt neue Fakta kennen. Und darauf kommt es nun einmal bei

einem wissenschaftlichen Verfahren an. Ob die Psychoanalyse die einzige psychologische Lehre ist, die über eine solche eigene psychologische Methode verfügt, sei
hier nicht entschieden. Jedenfalls ist ihre Methode am
längsten, am mannigfaltigsten im Gebrauch, sie ist sorgfältig nach ihren Grenzen und Möglichkeiten geprüft und
erwogen.

Die zweite Stufe ihrer Entwicklung erreicht die Wissenschaft und ebenso die Psychologie, wenn sie ihr Material unter dem Gesichtspunkt einiger einfacher Annahmen zu ordnen beginnt, die vor allem die Besonderheiten
des neuen deutenden Materials berücksichtigen, und
wenn sie versucht, es selbst zu verstehen, zu erklären und
zu deuten, indem sie das anfangs deutende Material mit
Beziehung auf diese Annahmen deutet. Es bildet sich eine
Theorie. Spranger bietet keine solche Theorie. Die Psychoanalyse legt eine Theorie in ihren Annahmen über Natur und Schicksal der Triebe im Begriff der psychischen
Energie und ihrer Ökonomik vor. Hier mag noch vieles
höchst unsicher sein. Es ist ein Anfang und, soviel ich sehe, der einzige Anfang von Belang.

In dieser Situation der Psychologie als Wissenschaft
findet Spranger, daß eine Problemstellung übersehen ist:
die nach den Einwirkungen oder Wechselbeziehungen
der Gesellschaft. Er findet, es sei die wichtigste Fragestellung. Dies ist sein gutes Recht. Wir überschätzen unseren
eigenen Anteil an der Umwandlung des objektiven Geistes. Wissenschaftlich wäre, mit irgend*einer* Methode,
aber mit einer wissenschaftlichen (siehe oben) und der ihr
entsprechenden Theorie, die ersten Schritte zur Klärung
des neuen Problems zu tun. Eine stille und bescheidene,
aber eine sehr nützliche Aufgabe. Das ist nicht Sprangers
Verfahren. Und es ist wieder sein unbestrittenes Recht zu
verfahren, wie er für gut befindet. Wir aber dürfen – bei
aller Bescheidenheit – empfinden und sagen, daß er nicht
Wissenschaft, nicht Psychologie betreibt, sondern Seelengemälde malt; und daß er den Aufbau einer bescheidenen
psychologischen Wissenschaft durch verfrühte Totalitäts-
forderungen, durch unsichere Methodik und durch „tiefe
Gedanken" stört.

Unkenntnis und Kühnheit

Neben Tumlirz, der untheoretisch verfährt, und Spranger, dessen Theorien gewiß keine psychologischen sind, unternimmt Charlotte Bühler[8] den „Versuch einer Analyse und Theorie der psychischen Pubertät". Die Analyse, die Bühler gibt, ist zwar nicht sehr tiefgehend und die Theorie sehr einfach, beinahe dürftig, wenig ausgebaut und in vielen Punkten völlig unzureichend, während sie in anderen – nach meiner Meinung – sehr beachtenswerte Ansätze zeigt, aber man kann der Bühlerschen Theorie nicht vorwerfen, daß sie im wesentlichen außerpsychologischen Bedürfnissen dient. Auch Bühler verfällt der Versuchung, an entscheidenden Stellen pädagogisch, sogar ethisch zu sein, aber sie versucht eine reinliche Scheidung, die ihr freilich nicht gelingt, und die gerade an den Problemen, welche die Psychoanalyse aufwirft, scheitert. Darum betrachten wir auch ihr Buch von dem Standpunkt aus, welches ihre Stellung zur Freudschen Lehre ist. Und wir stellen vorweg fest: Bühler gehört zu der seltenen Art wissenschaftlicher Schriftsteller, die zwischen der ersten und zweiten Auflage eines Buches neue prinzipielle Gesichtspunkte zu lernen vermögen. Leider gehört sie nicht zu der seltensten Gruppe, die imstande ist, dies Neugelernte auch als erlernt zu bekennen.

Das Literaturverzeichnis der ersten Auflage kennt Freud nicht, immerhin das „Tagebuch eines halbwüchsigen Mädchens" (Leipzig/Wien/Zürich [2]1921). Freilich erhebt sie Einwände gegen dieses: „Das von Freud veröffentlichte Tagebuch benutze ich mit etwas Vorsicht, da mir niemals Ähnliches begegnet ist und es zwar merkwürdig gut zu seinen Ideen, aber nur schlecht zu meiner Kenntnis des *normalen* Mädchens in der Entwicklung paßt." (S. VI) Solche Vorsicht steht der Forscherin gut; sie

---

8 Charlotte Bühler: Das Seelenleben des Jugendlichen. Versuch einer Analyse und Theorie der psychischen Pubertät. Jena 1922, [2]1923.

sollte sie freilich auch dort anwenden, wo es sich um Tagebücher junger Mädchen handelt, deren Inhalt merkwürdig gut zu ihren Theorien und schlecht zu den Erfahrungen anderer Forscher paßt.

Weniger kleidsam ist meines Erachtens für die Forscherin, daß sie sich „da vollständig Stern" (S. 74, Anm. 1) und anderen Protestkundgebungen anschließt. Und gar nicht muß man, wenn man schon das Bedürfnis fühlt, den Protest mit Argumenten zu versehen, eine profunde Unkenntnis der abgelehnten Anschauungen decouvrieren, wie Bühler sehr frischweg und harmlos tut: „Es gibt Jugendliche, die vor dem Einschlafen, wo ein kurzes Intermezzo lebhafter Bilder die Regel ist, von sexuellen Vorstellungen aller Art gepeinigt und doch gleichzeitig unwiderstehlich angezogen werden, und zwar wie es scheint, unter stärkerem Hervortreten sadistischer und masochistischer Züge. Bei den gesunden jungen Menschen sind das vorüberziehende Schatten, die bei wachem Bewußtsein bedeutungslos geworden sind. Ich vermeide absichtlich das Freudsche Wort ,verdrängt'. Um eine Verdrängung handelt es sich hier meiner Ansicht nach gar nicht" (und natürlich niemandes Ansicht nach, am wenigsten Freuds. Er würde hier ganz gewiß das Wort „verdrängt" absichtlich auch vermeiden. Doch scheint es Bühlers Ansicht von der Psychoanalyse zu sein, daß sie das Wort „verdrängt" niemals zu vermeiden bereit ist), „sondern um rein periodische Zustände" (einen Ausdruck, den ich vermeiden würde, weil er nichts sagt, am wenigsten einen Gegensatz zu der Auffassung „verdrängt" beinhaltet, was ja – fälschlich – Bühler als Freuds Erklärung des Phänomens unterschiebt) (S. 73f.). „Daß sie im kranken und überreizten Bewußtsein überhandnehmen und dann aus erwachendem Schuld- und Schamgefühl einen Akt der Verdrängung provozieren können, bleibt dabei unbestritten." (S. 74) (Es bliebe aber noch deutlich zu machen, warum das nicht im gesunden Bewußtsein auch der Fall sein könnte, und inwieweit nicht das überreizte Bewußtsein in der Pubertät das Normale ist.) „Aber was dem Psychiater immerhin alltäglich unter Kranken sein mag, ist darum noch längst nicht eine alltägliche normale Erscheinung" (gewiß darum noch längst nicht, aber Freud hat auch nicht behauptet, seine Funde gelten darum auch für den Gesunden, weil er sich an sie gewöhnt hat) (S. 74). „Hiermit ist gleichzeitig eine Stellungnahme zur Psychoanalyse angedeutet. Mag sie immerhin in maßvoller Anwendung eine Methode zur Behandlung seelisch Kranker sein" (was zu entscheiden Bühler, die nicht Psychiater ist, auch die Psychoanalyse nicht kennt, nicht befugt ist, wie sie wohl selbst anerkennt, aber dann wohl auch nicht befugt ist, durch „maßvoll" das indizierte Quantum von Psychoanalyse zu beurteilen), „als Erziehungsmethode oder Methode zur Analyse Gesunder halte ich sie direkt für verhängnisvoll und schließe mich da vollständig Stern (Die Anwendung der Psychoanalyse auf Kindheit und Jugend, 1913) und Lindworsky (Die Psychoanalyse eine neue Erziehungsmethode? In: Stimmen der Zeit, Bd. 90, Dez. 1915) an." (S. 74, Anm. 1)

Mag immerhin diese Beurteilung für die Psychoanalyse als Therapie und für die psychoanalytischen Erziehungsmethoden gelten, so wäre doch interessant, auch ein kräftig kleingedrucktes Wörtlein über die Psychoanalyse als Psychologie zu hören. Dies ist wohl mit angedeutet in den folgenden Sätzen: „So wenig das Unbewußte Verdrängungsprodukt zu sein pflegt." (ebd.) Es gibt also immerhin ein Unbewußtes und es ist, wenn es das auch nicht [immer zu sein] pflegt, so doch gelegentlich Verdrängungsprodukt, und Frau Bühler drückt hier einen sehr schönen Gedanken in recht unzulänglicher Form aus; denn das Unbewußte ist tatsächlich bei Freud mit dem Verdrängten nicht identifiziert, und der näheren Überlegung der Beziehung beider hat Freud eine hübsche Anzahl von Sätzen gewidmet und kommt nicht zu so einseitigen Anschauungen wie Bühler im folgenden Einschaltesatz: „– im gesunden Leben ist es meistens das Vorbewußte, Instinktive, aus dem die gefühlssichersten Wertungen hervorgehen und in dem das Schaffen seine unerschöpflichen Quellen hat – so wenig kann eine Bewußtwerdung zweckmäßig sein. Sie bedeutet meist nur eine Verflachung des Erlebens und kann insofern ‚Affektheilung' sein." (ebd.) So wenig diese Schlüsse und Antithesen logisch sind, so wenig haben sie mit der Psychoanalyse als Psychologie zu tun, sondern noch immer mit ihr als Therapie, und noch weniger Kenntnis verraten sie, als eben durch die Lektüre der gegnerischen Schriften und heute bereits aus populärer Literatur zu erfahren ist, und ebensowenig sollte man sich in – immerhin maßvolle – Polemiken einlassen, wenn man Unbewußtes, Vorbewußtes, Verdrängtes nicht voneinander zu scheiden vermag.

Die zwei noch übrigen Erwähnungen der Psychoanalyse vermögen an diesem Eindruck, daß die Verfasserin über eine Lehre urteilt, von der sie nicht mehr erfaßt hat als den populären Sinn eines populär gewordenen Schlagwortes (Verdrängung), nichts zu ändern; er wird durch sie nur verstärkt. So bringt Seite 3f. bereits die gründliche Erledigung der Psychoanalyse, lautend: „Von erfahrenen Ärzten wird versichert, daß die Jugendlichen der Kulturkreise offenbar zwei Welten bilden: getrennt und unmittelbar neben den kokettierenden, sexuell eingeweihten und sexuell bedürftigen gibt es zuversichtlich Jugendliche, die in ihrer ganzen Pubertät niemals vom Sexualleben Kenntnis erhalten, niemals sich damit befaßten und nur alle jene anderen Übergangserscheinungen erlebten, die man heute vielfach als Produkt verdrängter Sexualität auffassen will. Dieser Deutung kann ich nach bisherigen Kenntnissen nicht beipflichten. Vielmehr gibt es zwei durchaus normale Bedingungen sexualferner Pubertät: einmal *geringere Triebstärke*, infolge deren die Sexualität sich überhaupt nicht aktiv meldet, bis sie zu einem durchaus normalen Dasein geweckt wird, sodann *langsame Reifung*, die ja bei allen Funktionen als etwas Normales bekannt ist." Man muß schon ungewöhnlich wenig von der Psychoanalyse wissen, um den Mut zu finden, so völlig windschiefe Bemerkungen über sie zu machen. Denn was mag die geringe Triebstärke und die langsame Reifung mit der Verdrängungslehre zu tun haben? Wenn nicht diese beiden Fakten das Resultat von Verdrängungen sind. Aber Bühler hat die Vorstellung, daß die Psychoanalyse eine Schülerarbeit ist; daß Freud niemals eingefallen ist, geringe Triebkräfte und langsame Reifung könnten zu dem gleichen Resultat führen wie Verdrängungen; und [daß] es genüge, irgendeinen Einfall zu produzieren, um die Psychoanalyse zu erledigen. „Als ein Beispiel solcher vollkommener Unberührtheit berichte ich hier anmerkungsweise den Brief einer sechzehnjährigen Fortbildungsschülerin ...", fügt hier (S. 4, Anm. 1) Bühler eine lange Anmerkung an, die sie in der zweiten Auflage strich, da sie selbst erkannt hat, daß ihr Begriff von Unberührtheit von der Psychoanalyse bestritten wird, oder daß wahrhaftig dieser Brief kein Beweis von Unberührtheit ist. Und den wir daher in seiner völligen, komischen Deplaciertheit nicht erörtern wollen.

Die zweite Auflage ist in jeder Hinsicht verändert, bereichert und tatsächlich beträchtlich verbessert. Auch in bezug auf die Stellungnahme zur Psychoanalyse. Die ablehnende Einstellung zum „Tagebuch eines halbwüchsigen Mädchens" wird noch verschärft durch eine Begründung der Unglaubwürdigkeit. Der „kühnen Vermutung", es sei erfunden, schließt sich Bühler nicht an, „riskiere aber zu behaupten, daß die darin geschilderte Entwicklung schwerlich normal und als Quelle kaum zu verwerten ist" (S. 47). Diese Behauptung ist gar nicht riskiert, denn unnormal kann man natürlich ohne weiteres die Verfasserin des „Tagebuches" nennen. Die Frage bliebe offen, ob solches unnormales Verhalten nicht recht häufig ist, was nach meinen zufälligen Erfahrungen zum Beispiel unzweifelhaft ist, und wie es zu verstehen ist. Ich halte das Tagebuch für ein Dokument jugendlichen Seelenlebens, ebenso wie die von Bühler herausgegebenen Tagebücher. Ich habe schon 1913 die Herausgabe solcher Dokumente gefordert und bin der Überzeugung, daß jedes Tagebuch, ungekürzt und treu publiziert, als Quelle zu werten ist.

Freilich ist weder das im Psychoanalytischen Verlag erschienene, noch sind die bei Fischer von Bühler publizierten Tagebücher in dem Sinne Dokumente, den Bühler für ihre eigenen Publikationen annimmt. Tagebücher Jugendlicher sind keine Quellen im Sinne historischer Quellen: d.h. es kommt bei ihnen ganz und gar nicht auf die

Glaubwürdigkeit der Verfasser an. Und man kann sie nicht als Zeugen für Tatbestände führen oder nur mit kritischer methodischer Vorsicht, die in gleicher Weise gegenüber den glaubwürdigen Verfassern und Fakten wie gegenüber den unglaubwürdigen anzuwenden ist. Tagebücher sind durch bewußte und unbewußte Tendenzen entstellte Darstellungen, genauso wie Träume, Phantasien, Dichtungen Jugendlicher. Sie leisten uns: 1) die Kenntnis des manifesten (also durch Tendenzen mannigfaltig entstellten) Fühlens, Wünschens und Erlebens der Pubertät; 2) sind sie Quellen für die Deutung dieser Tendenzen und des durch sie entstellten psychischen Materials. Solche Deutung bedarf der Anhaltspunkte, deshalb ist ein Tagebuch als solches, ohne weiteres Material seines Autors von beschränktem Wert für die psychologische Erkenntnis des Autors, und man wird sich im allgemeinen begnügen müssen, es zur phänomenologischen Bereicherung zu verwenden; was darüber hinausgeht, kann nur den Wert von Annahmen und Konstruktionen beanspruchen. Keineswegs aber darf man den Tagebüchern „glauben" – weder dem halbwüchsigen Mädchen noch dem jungen Mädchen – in dem Sinne, in dem es Bühler tut, die ihren Mädchen glaubt und daher dem Hug-Hellmuth'schen nicht glaubt, was sehr ungerecht ist und auf einem methodischen Grundfehler beruht. Andererseits weiß Bühler natürlich, daß die Tagebücher eine Deutung, d.h. eine Beziehung auf in ihnen nicht enthaltenes Material verlangen, und sie verbindet mit dem „Glauben" an ihre Quellen zahllose Deutungen, die über diese Quellen hinausgehen, indem sie sie zum Beispiel als Belege für ihre Theorie des Ergänzungsbedürfnisses deutet. Aber diese Deutungen geschehen unmethodisch nach Belieben, von keinerlei Prinzipien der Deutung gestört oder eingeschränkt. Dies führt zu wissenschaftlich recht angreifbaren Verhaltungsweisen.

Ein Beispiel, das diesen Vorwurf belegt und zugleich unser aktuelles Thema „Bühler und die Psychoanalyse" betrifft, lohnt nähere Betrachtung. In ihm gestattet sich die Verfasserin ein lustiges *Quidproquo*. Anschließend an die bereits bekannte Ablehnung der Erklärung durch

„Verdrängung", bemerkt Bühler: „In Tagebüchern werden gelegentlich ‚verrückte' Träume und Träumereien berichtet und mit einigem Staunen oder einem unangenehmen Gefühl vermerkt, aber selten mit nachhaltiger Wirksamkeit." (S. 128) Hier ist Bühler absolut gläubig. Weil der gelegentlich verrückte Traum nicht wiederkehrt und der Tagebuchschreiber auch nicht weiter von einer Wirksamkeit *berichtet*, besteht diese nachhaltige Wirksamkeit für Bühler nicht. Das heißt entschieden das glaubwürdige Tagebuch mit einem Notariatsakt verwechseln, die beide freilich Dokumente sind, aber von verschiedener Art der Glaubwürdigkeit. Das Beispiel lautet: „Jetzt will ich noch ein paar verrückte Träume hier aufschreiben. Ich träumte, daß ich beim Roehl (Schulfreund) wäre, der sagte mir irgend etwas von Geld und fing dann an, mich abzuküssen, und dabei durchströmte mich ein Gefühl von Wärme. Neben Roehl saß ein Herr, den ich aus der Ausstellung her kannte. – Ich wollte Roehl besuchen, und als ich zu ihm kam, zog er sich gerade zu einer Einladung an, wo er als Mädchen auftreten sollte. Ich mußte sofort wieder fort. – Roehl und ich waren in einem riesigen, kalten und kahlen Zimmer, und er zeigte mir lange Gedichte, die er nachts im Bett gemacht hätte, auch sah ich sein Tagebuch, in dem fast alles in Versen geschrieben war." (S. 128) Zu diesem Tagebuchbruchstück meint Bühler neckisch: „Welche ‚Fundgrube' wäre das für den Analytiker! Was würde er hier alles herauslesen!" (ebd.)

Da ich wenig Hoffnung habe, Bühler zu überzeugen, könnte ich in Revanche sie necken und könnte fragen, warum sie Fundgrube unter Anführungszeichen setzt; ihr zeigen, daß dies nicht das Zeichen des Zitierens, sondern der Ironie ist; und mich sehr über sie lustig machen, daß sie so tiefe Deutungen über ihren Widerstand dem Analytiker ermöglicht und über die ihr unbewußten Motive ihres Sich-Lustig-Machens. Aber, da ich doch die Hoffnung habe, einige Leser zu überzeugen, erkläre ich hier feierlich und im Ernst, daß der Psychoanalytiker aus dieser „Fundgrube" gar kein Gold „herauslesen" kann. Denn unsere Deutungen verlangen Deutungsmaterial, das über das zu Deutende hinausgeht. Wir brauchen unbedingt die Einfälle des Träumers zu seinem Traum, um über ihn *irgendetwas* aussagen zu können. Dieser Traum sagt über sich selbst nichts aus. Ein Analytiker, der so viel riskiert wie Bühler auf der nächsten Seite, könnte allerbestes Falles vage Vermutungen haben über dieses oder jenes Detail des Traumes, Vermutungen, die aber gerade das Individuelle nicht treffen könnten, und die überdies erst der Bestätigung bedürften, die uns wieder nur der Träumer selbst geben kann.

Es tut mir leid, daß das Bild, das sich Bühler vom Analytiker gemacht, so völlig unzutreffend ist. Vielleicht korrigiert sie es durch Studium der Freudschen Schriften. Wir lesen hier nichts heraus. Höchstens werden wir uns sagen: wir wissen zwei Fakta, die über den berichteten Traum hinausgehen, und beide vom Träumer selbst: *Erstens*, daß er selbst den Traum für „verrückt" erklärt. Das heißt zweifellos, daß er ihn als einen bezeichnen will, mit dem seine Persönlichkeit nicht einverstanden ist, für den er nicht verantwortlich ist. *Zweitens*, daß er ihn trotzdem für wert hielt, nicht allein gemerkt, sondern im Tagebuch vermerkt zu sein. Aber daraus läßt sich so gut wie nichts Konkretes schließen. Wir würden freilich nur wenig erstaunt sein, wenn sich zeigen sollte, daß der Inhalt des Traumes vom sonstigen Verhalten des Träumers recht weit absteht; wir würden ferner auf einen ziemlichen Widerstand des Träumers gegen den Versuch der Deutung gefaßt sein und diese erst dann wagen, wenn wir mehr über den Träumer, sein Verhalten, seine Gedanken, den Traumanlaß usw. wüßten. Wollten wir den berichteten Traum deuten, ohne daß der Träumer seine Einfälle mitteilte, so müßten wir aus dem übrigen Tagebuch uns jene Stellen zusammensuchen, die wir als „Einfälle" verwenden könnten.

Es ist das ein Verfahren, das natürlich sehr beträchtliche Fehlerquellen enthält, aber das sich immerhin rechtfertigen läßt. Bühler selbst scheint es für einwandfrei zu halten, denn nachdem sie durch die neckische Apostrophe verraten hat, daß sie auch in der zweiten Auflage noch keine Kenntnis vom analytischen Verfahren besitzt, erklärt sie: „Und doch sind faktisch die Beziehungen von

V. [dem Träumer] zu diesem Freunde sehr ruhige und kindliche. V. steht ihm sogar kritisch gegenüber und kommt bald sehr sang- und klanglos mit ihm auseinander." (S. 128) Für den Versuch der Traumdeutung sind diese Sätze von Wichtigkeit. Sie beinhalten, wie V. sein Verhältnis zu Roehl schildert. Man muß ihm nicht glauben, daß es *wirklich* so war; sondern so erschien es ihm selbst. Und weil der Traum von diesem Verhalten sehr weit absteht, wird er als „verrückt" bezeichnet. Für Bühler sind die von V. berichteten Einstellungen nicht Fakten, sondern die faktischen Beziehungen. Dies aber selbst zugegeben, irrt sie sehr, wenn sie diese faktischen Beziehungen gegen das ausspielt, was nach ihrer Meinung der Analytiker „alles herauslesen" würde; sie teilt ja nicht mit, was sie in dieser Grube unter dem Anführungszeichen angeblicher Analytikermeinung gefunden hat, es war jedenfalls unkindlich und unruhig. Aber in jedem Fall kann natürlich im Traum ein faktisches Verhalten durch ein nie stattgehabtes ersetzt sein; und unbewußte Gedanken, die der Träumer als seine nicht gelten lassen würde, können sich im Traum Ausdruck verschaffen. Vor der Deutung muß der Analytiker wissen, wie V. zu Roehl steht; es kann ihm gleichgültig sein, ob ruhig oder wild, die Fakta aber muß er kennen. Von diesen gibt Bühler noch ein Stück: V. „charakterisiert ihn unter anderen Mitschülern kurz nach dem Traumbericht zweimal folgendermaßen: ‚Roehl ist sehr hübsch, mein bester Freund, hat einen sehr anständigen Charakter, hat aber sehr viel Neigung zum unangenehm vornehmen Herrchen.' – ‚Roehl ist ein Mensch, der eigentlich sehr anständig ist, aber er hat zuviel Freunde und Freundinnen, und diese haben ihn vollständig verrückt gemacht. Er ist sehr hübsch, zwar hat sein Gesicht etwas Mädchenhaftes, er weiß auch zu sehr, daß er hübsch ist, und bis vor kurzem hatte er absolut keinen Freund oder Freundin, den er wirklich gern gehabt hätte. Aber vorgestern las er mir eine Geschichte, die er gemacht hatte, vor, sie hatte ungefähr folgenden Inhalt: Ein Junge ist in den Ferien auf dem Lande und trifft dort ein Mädchen, das ihn durch ihr Auge zwingt, sie zu küssen. Am nächsten Tag sagte er mir, daß *er* der Junge gewesen sei.' Roehl ist mädchenhaft und redet schon viel vom Küssen und Dingen aus einer Welt, die den damals noch sehr kindlichen V. sehr erstaunen. Diese Züge kehren im Traum wieder. Ich bin so kühn, weiter nichts wie dieses als Grundlage des obigen Traumes anzunehmen und die Ausgestaltung der Bilder im Traum der im ersten Erregungsbeginn stehenden Pubertätsphantasie zuzuschreiben. Weder verkappte Wünsche, noch verkappte Abwehr, noch sonst Geheimnisse enthält dieser Traum für den, der die Entwicklung von V. kennt ... Die Freundschaft mit Roehl ist nur eine kurze Episode für V. Kurz vor diesen Träumen macht V. eine Überlegung über Freundschaft und Liebe, bei der Roehl noch gar nicht genannt wird. ... Ich glaube, daß wahre Freundschaft oft Liebe ist. Aber während man einen Schuft lieben kann, so kommt bei der Freundschaft noch die gegenseitige Achtung. Deshalb ist Freundschaft nur unter Anständigen möglich. Eichwald habe ich geliebt, nicht geachtet. Richter achtete ich nur. In der Erinnerung liebe ich ihn auch.'" (S. 128f.) Zu Eichwald macht Bühler in Parenthese die Bemerkung: „Dieser wird einmal als gemeiner Schuft bezeichnet. Seine Sache hätte weit eher zu Träumen im Sinne der Analytiker Anlaß geben können, tat es aber nicht." (S. 129) *Sic!* O Gläubigkeit! Weil V. solche Träume nicht berichtet, hatte er auch keine! Nein, so darf man Tagebücher nicht als Quellen für die jugendliche Forschung benutzen. Noch weniger darf man von „Träumen im Sinne des Analytikers" sprechen. Man verrät dadurch, daß man nicht weiß, daß die Analytiker nicht vom manifesten Trauminhalt, sondern von seinen latenten Gedanken sprechen, und man zeigt, daß man die Vorstellung der Provinzzeitungen von Psychoanalyse teilt, „im Sinne der Analytiker" sei ein Trauminhalt, der – unanständig ist.

Bühler gibt also eine Deutung, die sie selbst kühn nennt. Ein Analytiker würde nicht so kühn, aber etwas methodischer verfahren. Wir nehmen die Gelegenheit, dies analytische Verfahren an diesem Beispiel zu demonstrieren. Und hoffen zugleich zu zeigen, was der rechte Glauben gegenüber Tagebüchern unserer Meinung nach ist. Die von Bühler aufgeworfene Frage ist, was man aus jenem Traum „herauslesen" kann. Wobei das Tagebuch an Stelle der „Einfälle" des Träumers stehen muß. Bühler selbst sammelt nun „Einfälle" aus dem Tagebuch, in dem sie teils vor, teils nach dem Traumbericht niedergeschriebene Stellen aussucht, die dazu zu gehören scheinen. Das ist das richtige Verfahren, aber Bühler verwendet es nicht konsequent. Sie sucht aus, was sie brauchen kann zur Polemik gegen die analytische Windmühle, die sie sich errichtet hat. Methodisch wäre, konsequent zu verfahren, d.h. *alle* Tagebuchstellen zu verwenden, die sich auf den Traum beziehen können. Natürlich nicht nur jene, die sich auf Roehl beziehen, denn der Traum handelt nicht bloß von Roehl, es ist fraglich, wie weit er sich auf ihn überhaupt bezieht. Die Vollständigkeit ist eine absolut nötige methodische Forderung, da ja auch dann längst nicht die wünschenswerte Menge Deutungsmaterial zustande kommt. Nicht alles Gedachte und Erlebte wird ins Tagebuch aufgenommen, sondern bloß eine Auswahl. Natürlich nicht eine zufällige Auswahl, sondern eine motivierte. Das ist der Glaube, mit dem wir an ein Tagebuch herantreten: Es stellt eine streng motivierte Auswahl des Erlebten dar; jedes niedergeschriebene und ausgelassene Wort hat seinen Sinn. Nur sind uns leider die Kriterien der Auswahl unbekannt; sie waren es auch dem Tagebuchschreiber. Wir werden die Fehler, die aus dieser Quelle fließen, nicht vermehren dürfen, indem wir noch eine willkürliche Auswahl treffen. Nirgends im Bühlerschen Buch sind Tagebücher in diesem Sinn verwendet, nirgends werden sie sorgfältig untersucht und das Ergebnis der Untersuchung mitgeteilt, sondern sie werden benutzt, um Belege für die Bühlerschen Anschauungen zu liefern, die freilich aus den Tagebüchern gewonnen sind, aber nicht anders, als daß diese Lektüre der Tagebücher der Verfasserin Eindrücke gab, die sie je nach ihren sonstigen eigenen Jugenderfahrungen und Fremdmitteilungen verarbeitete. Was ein impressionistisches Verfahren ist, durch das man niemals zu ernsthafter Analyse und Theorie der Pubertät gelangen kann.

Der gedachte Traum ist Bühler nicht sehr wichtig, obwohl sie zu sehr kühnen Behauptungen bei seiner Deutung gelangt. Er ist nur ein Detail und freilich ein typisches; wir wollen daher über die Unvollständigkeit der „Einfälle", die sie zur Deutung präsentiert, nicht rechten. Wir haben erklärt, ohne Einfälle als Analytiker nicht deuten zu können. Allerdings erweckt der Traum im Analytiker gewisse Erwartungen. Er würde sich nicht wundern, wenn zum Beispiel der Träumer, falls er nur alle seine Einfälle sagen wollte: zu den „langen Gedichten, die er nachts im Bett gemacht hatte", eine Reihe von sexuellen Symboleinfällen brächte, die vielleicht in tiefere Schichten führen könnten. Aber ohne Einfälle oder deren Ersatz durch Tagebuchstellen ist unmöglich Konkretes auch nur mit einem Anschein von wissenschaftlicher Berechtigung zu sagen. Und vielleicht trifft sogar die Deutung des Analytikers ungefähr mit der Bühlers zusammen. Nur ist Bühler so kühn, auch eine negative Deutung sehr energisch zu behaupten. Mit welcher Methode wohl diese gefunden ist: „Weder verkappte Wünsche, noch verkappte Abwehr, noch sonst Geheimnisse enthält dieser Traum"? Nun, ich finde reichlich Geheimnisse. Man muß zwar nicht anspruchsvoll sein in den Ergebnissen, aber doch wohl in den Problemen. Und ich meine, keine Geheimnisse enthält solch unbedeutende Tagebuchnotiz erst dann, wenn wir jedes Detail in Determination und Sinn verstanden haben, und wenn wir verstehen, was den Schreiber veranlaßte, gerade dieses Erlebnis gerade in dieser Form niederzuschreiben. Und von diesem letzteren Problem, das Bühler nirgends auch nur anmerkt, abgesehen, bleibt doch noch viel in diesem Traum völlig ungeklärt: Was ist zum Beispiel mit dem Geld, von dem Roehl irgendetwas sagt; was mit dem riesigen, kahlen und kalten Zimmer; was mit dem Tagebuch in Versen; was mit dem Herrn aus der Ausstellung usw.?

Es bedarf keiner Entschuldigung, daß Bühler diesen Details nicht nachgeht, es würde den Rahmen ihres Buches überschreiten. Aber es muß festgehalten werden, daß sie die Methode, die aus dem Tagebuch Forschungsergebnisse brächte, überhaupt nicht verwendet. Und es verlangt schärfste Ablehnung, wenn sie ohne jede Untersuchung erklärt, hier seien keine Geheimnisse mehr. Woher will sie wissen, ob nicht die sorgfältige Untersuchung des Traumes, trotz allem, entstellte Wünsche aufdecken würde? Wie kann dies geleugnet werden, wo doch Bühler selbst zugibt, daß dieser Traum wirklich Wünsche darstellt, gegen die der kindliche Knabe sich noch in heftiger Abwehrstellung befindet? Und da es kaum die Wünsche sind, die deutlich im Traum ausgesprochen sind, so dürften sie sich in diesen manifesten Bildern doch „verkappt" äußern. Die Verfasserin macht sich doch wahrhaftig die Traumpsychologie zu leicht. Sie ist zu kühn. Fast so kühn wie jene Pseudopsychoanalytiker, gegen die ihre Polemik am Platze sein mag, die aber am besten im Namen der Psychoanalyse und nicht mit ihr zugleich bekämpft würden.

Durchgreifend hat sich demnach das Niveau der Bühlerschen psychoanalytischen Kenntnisse nicht gebessert. Doch stellenweise. Im Literaturverzeichnis zum Beispiel, in das (2. Auflage) Freud eingezogen ist – mit dem Heftchen „Über Psychoanalyse" und mit den „Drei Abhandlungen zur Sexualtheorie". Viel ist das nicht, und wie gezeigt wurde, viel Kenntnis und Studium der Psychoanalyse verrät auch die zweite Auflage nicht. Dennoch hält sie sich für berufen, endgültig Stellung zu nehmen. Sie glaubt in der Frage Sexualität–Erotik „zwischen Spranger und Freud sachlich abwägend eine klare Position gefunden zu haben. Was Spranger im ‚Eros' vorschwebt, ist Pubertät" (der erste Abschnitt der Pubertät in der Bühlerschen Terminologie), „Adoleszenz" (der zweite Abschnitt der Pubertät) „im Anfangsstadium oder bei sehr hochkultivierter Entwicklung. Was der Gegenpartei" (in Wahrheit ist Spranger die Gegenpartei, da es ja Freud bisher noch nicht einfiel, seine Begriffe gegen Sprangers Aufstellungen zu formulieren) „vorschwebt, ist durchschnittliche Adoleszenz, niemals aber gesunde, reine Pubertät. In ihr ist der seelische Drang noch erdenfrei, noch getrennt von allem Körperhaften, und wird als Sehnsucht erlebt." (S. 68)

Merkwürdig, daß auch Bühler poetisch wird, wenn es gilt, die Beziehung zwischen Sexualität und Erotik wissenschaftlich zu bestimmen, obwohl sie klarer und nüchterner als Spranger sieht, daß wenigstens für die späteren Jahre der Pubertät die Aufrechterhaltung der Erotik als einer Grundform des Erlebens, die nicht weiter ableitbar ist, unmöglich wird. Von einem Verständnis der Freudschen Anschauung freilich ist sie weiter entfernt als Spranger. Ihre klare Position zwischen Spranger und Freud, im Grunde die Mollsche, lautet: „... in der Adoleszenz ... haben die Triebe [Annäherungs- und Detumeszenztrieb] sich zwar zum Ganzen geeint, aber unsere kulturellen und wirtschaftlichen Verhältnisse verbieten eine sofortige Eheschließung nach abgeschlossener Reife und überlassen es der Selbstbeherrschung des einzelnen, wie er diese Wartezeit zubringt. Dieser einfachste Typus dürfte der am weitesten verbreitete sein. ... Mit diesem Kampf des Adoleszenten beginnt das, was Freud Sublimierung nannte, die Bemühungen, das Triebhafte in Geistiges umzuwandeln, die Aufmerksamkeit auf höhere Ziele abzulenken und mit dem Streben nach ihnen die latente Kraft zu sättigen. ... Noch sind beide Triebwelten getrennt wie in der Pubertät, der Körpertrieb wird in gar keine Verbindung gebracht mit dem vom Annäherungstrieb gewählten, verehrten Objekt. Aber doch schon beginnt – und damit die Adoleszenz – der Körpertrieb sich mit dem Annäherungstrieb zu neuartiger Objektwahl zu verbinden, und die reine Liebe der Pubertät wird als Hilfe zur Sublimierung angerufen. ... Dies alles hat bereits Moll ähnlich aufgefaßt." (S. 67) (Also hat eigentlich Moll die klare Position zwischen Spranger und Freud gefunden?)

Diese Erörterung ist uns interessant nicht so sehr, weil sie zeigt, wie Bühler von der Phänomenologie, die ein Jugendtypus aufweist, nicht loskann, obwohl sie weiß, daß der verbreitetste anders strukturiert ist, und sie durch die Einschränkung: so sei es bei „reiner Jugend", die Kenntnis, daß diese Behauptung nicht die ganze Pubertät, sondern höchstens eine Verlaufsform trifft, durch eine ethische Einteilung entwerten möchte, obzwar doch kein Grund ist, warum psychologische Feststellungen nicht auch für „unreine Jugend" gelten sollten. Sie interessiert uns durch die Selbstverständlichkeit, mit der Freudsche

Begriffe „Objekt", „Objektwahl", „Sublimierung" verwendet werden ohne die Freudsche Prägnanz, nicht als wissenschaftliche Begriffe, sondern als Worte der Umgangssprache. Freud nimmt das Wort „Trieb" als Grundphänomen der Psychologie ernst. Bühler verwendet „Trieb" als ein bequemes Wort zur Bezeichnung von Drängendem; plötzlich führt sie einen Körpertrieb ein. Das ist für sie beinahe eine stilistische Frage. Nicht aber für die Psychoanalyse, die versucht, eine Wissenschaft vom Seelenleben auf den Trieb als eines der – weiter für die Psychologie nicht ableitbaren – Grundphänomene aufzubauen. Und nur ein solcher Versuch mit diesen formalen Qualitäten verdient den Namen einer Theorie. Bühler antwortet auf Freuds Theorie, wie jemand sprechen würde, der unter Zelle eine Kloster- oder Gefängniszelle versteht und Schleidens Theorie von der Zelle als Baustein alles Lebendigen hörte, und nicht verstehen könnte oder wollte, daß Schleidens Zelle ein botanischer Begriff und nicht die vage Bezeichnung für „kleines Zimmerchen" ist.

Dieses selbe Mißverstehen der Tatsache, daß Freud die Psychologie als Wissenschaft mit definierten Termini und einigen wenigen Grundannahmen aufbaut, führt zu den schiefen Erörterungen (S. 59): „Trieb zur gegenseitigen Annäherung, – das ist eine gemeinsame Wurzel vieler Bedürfnisse der Lebewesen, ein Trieb, der schon von Geburt an besteht. Durchaus nicht nur das sexuelle und erotische Bedürfnis gipfelt in ihm, vielmehr ist derselbe Trieb die Wurzel auch aller" (bekannte Kühnheit Bühlers) „sozialen Bedürfnisse der Lebewesen." (S. 59) „Wenn wir der Psychoanalyse hier nur *einen* Vorwurf machen, so ist es vor allem der, daß sie von der doppelten Wurzel des Annäherungstriebes nichts zu wissen scheint und leichtfertig alles auf die sexuelle Seite schiebt." (S. 60) Hier ist Bühler entschieden der Vorwurf zu machen, daß sie das Wort „Wurzel" statt als Begriff der Entwicklungspsychologie als Bild nimmt und daher sich – und ihre Leser verwirrt, aber jedenfalls der Psychoanalyse Vorwürfe macht. Oben heißt es: Annäherungstrieb ist die Wurzel von a) Sexualität + Erotik; b) von sozialen Bedürfnissen. Unten heißt es: Annäherungstrieb = a) Sexualität + Erotik; b) soziale Bedürfnisse. Ferner: Annäherungstrieb von Geburt an. Hier ist bei aller Vermengung von Biologie und Psychologie doch zugegeben, daß die sexuell-erotischen Phänomene dieselbe Entstehung haben wie die sozialen. Beides behauptet die Psychoanalyse und ist der Psychologie eben durch die Psychoanalyse bekannt und schmackhaft geworden. Der Unterschied zwischen Bühler und der Psychoanalyse ist nur: (1) Freud nennt die Annäherungstriebe nicht so, sondern anders. Und zwar im psychologischen Zusammenhang Sexualtriebe, im biologischen Erostriebe. (2) Freud hat sich nicht damit begnügt, diese allgemeine Formel aufzustellen (die Bühler ja nicht einmal aufstellt, sondern einfach mit anderen Worten übernimmt, allerdings ohne vorheriges gründliches Studium und daher mit verwirrenden Entstellungen), sondern hat die Differenzierung der sexuell-erotischen aus der mit den sozialen gemeinsamen Wurzel, dem „Annäherungstrieb", sorgfältigst studiert. Oder wenn die zweite Formel richtig ist: den Anteil der sexuell-erotischen Wurzel im Sozialen sorgfältig untersucht. (3) Freud hat dieses Studium nicht an beliebiger Stelle abgebrochen und sich nicht gescheut, sein ihn selbst erstaunendes Ergebnis: daß der Anteil des sexuell-erotischen sehr beträchtlich ist, immer aufs neue zu prüfen und, den Regeln der empirischen Forschung entsprechend, schließlich selbst anzuerkennen. „Leichtfertig" dürfte die am wenigsten zutreffende Vokabel für einen Gelehrten sein, der den Fragenkomplex, welchen Bühler in elf Sätzen erledigt, in elf Bänden Forschungsarbeit, zudem erstmalig, studiert hat.

Aber, wie bezeichnet man das formale Verfahren, das Bühler richtig scheint, um dasjenige, was sie von Freud gelernt hat und das sie als integrierenden Bestandteil in der zweiten Auflage neu in ihre Theorie aufgenommen hat, ihren Lesern mitzuteilen? Bühler ist nämlich in die Reihe jener eingetreten, die erfreulicherweise die Freudsche Aufstellung der infantilen Sexualität im allgemeinen akzeptieren. Dieser bedeutsame Schritt über die offizielle Psychologie hinaus wird leider nicht ohne Möglichkeit der Erweckung von Mißverständnissen getan. Bühler sagt (S. 18): „Ich stelle die These auf, daß ein der Pubertät entsprechender Reifungsprozeß in kleinerem Maße schon einmal in der Kindheit auftritt, und zwar zwischen dem dritten und vierten Lebensjahr. Auf *allen* Gebieten funktionaler Umgestaltung habe ich Parallelen zwischen der Pubertät und dem 3.–4. Lebensjahr auffinden können. Sie häuften sich zu meinem eigenen Erstaunen von allen Seiten her zusammen, angefangen von der Parallele des ersten und zweiten Trotzalters bis zur Parallele gesteigerter Zuneigungserlebnisse und Affekte über mehrere andere Übereinstimmungen hinweg, die an Ort und Stelle zur Sprache kommen. Es muß also zwischen Babyalter und Kindheit in kleinerem Maßstab, daher weniger bemerkt, einen ebensolchen Schub und Abschnitt schon einmal geben, wie ihn die Pubertät später im großen zeigt. Es muß an diesem Zeitpunkt auch einen ersten Ruck oder ersten Anfang sexueller Entwicklung geben, eine kurz aufflammende Bewegung, die später verebbt und erst in der Pubertät wieder aufgenommen wird. So muß ich zu meinem Staunen auf Grund zahlreicher Beobachtungen an diesem Punkte mit Freud zusammentreffen, den offenbar ähnliche, wenn auch leider nicht mitgeteilte Beobachtungen zur Annahme eines ebenso datierten Entwicklungsabschnittes bewogen haben, wie später ausgeführt wird.[9] Hiermit soll übrigens noch keine der sonstigen Freudschen Theorien und am wenigsten seine psychoanalytische Methode akzeptiert sein."

Es ist recht kühn, die Freudsche Lehre mit dem Satz einzuleiten „Ich stelle die These auf". Vor fünfundzwanzig Jahren mochte jemand so schreiben dürfen, weil damals die Möglichkeit einer gleichzeitigen unabhängigen Entdeckung bestand. Auch heute noch ist solche unabhängige Nachentdeckung möglich; man wird sich aber hüten müssen, sie als solche zu bekennen, denn eigentlich sollte ein psychologischer Forscher von Freud und seiner

---

9 Charlotte Bühler verweist hier auf analoge Ausführungen bei Jonas Cohn: Geist der Erziehung. Leipzig/Berlin 1919, und Paul Häberlin: Wege und Irrwege der Erziehung. Basel 1918.

Lehre gehört haben. So viel über die reichlich unvorsichtige Formulierung der Tatsache durch Bühler, daß sie zwischen der ersten und zweiten Auflage einsehen gelernt hat, daß Freud mit den Aufstellungen der „Drei Abhandlungen" recht hat. Ihre eigenen Beobachtungen bestätigen seine von ihr inzwischen im Original zur Kenntnis genommenen Befunde.

Erstaunlich bleibt, daß Bühler sich so energisch dagegen verwahrt, auch sonst mit Freud gemeinsamer Anschauung zu sein. Wer erlebt hat, daß eine bekämpfte Theorie in ihrem wesentlichen Stück sich als richtig bewährt, wird nach dem ersten Staunen darüber, daß die anderen die Lehre bekämpfen, obwohl leicht zu machende Beobachtungen sie bestätigen, doch wohl das Bedürfnis haben zu prüfen, ob nicht noch mehr Richtiges an dieser Lehre ist; ob nicht die Methode, die zur Auffindung dieser Fakten und Thesen führte, wohl doch eine gewisse Brauchbarkeit hat; ob nicht die Ablehnung dieser Lehre und die Festhaltung der üblichen ihr entgegenstehenden einer Revision bedarf. Das wäre heute noch kühn und mutig und wird morgen schon selbstverständlich sein. Vielleicht wird Bühler, die zwischen 1922 und 1923 soviel von Psychoanalyse gelernt hat, beinahe alles, was aus den zwei von ihr genannten Freudschen Schriftchen zu lernen ist, sich bald entschließen, noch weitere Freudsche Schriften zu lesen: damit sie nicht länger bei der Meinung bleibe, Freud habe ähnliche, wenn auch leider nicht mitgeteilte Beobachtungen gemacht wie sie, sondern bemerke, daß Freud seine Beobachtungen reichlich mitgeteilt hat. Wir dürfen hoffen, daß die weitere Lektüre Bühler, und wäre es zu ihrem eigenen Staunen, weitere Übereinstimmungen mit Freud zeigen wird.

Die Pädagogik

Walter Hoffmanns Buch ist mehr vom Standpunkt des Pädagogen und des Jugendfürsorgers als dem des Psychologen geschrieben.[10] Darum liegt auf „dem sechsten Kapitel über ‚Die soziale Reifung' mit seinen Ausführungen über die historische und soziale Bedingtheit der Seelenstruktur ... geradezu das Schwergewicht der ganzen Arbeit" (S. V); Hoffmann ist wie Spranger führerisch eingestellt. Dies wird nicht allein in dem Abschnitt deutlich, von dem er es bekennt: „eigens meinen jungen Freunden zum Danke habe ich das Schlußkapitel geschrieben" (S. VI) über Jugendkultur. Zugleich versucht er – ähnlich Charlotte Bühler –, auf dem allzuschwachen Fundament eines einzigen Begriffs, dem Prinzip der „seelischen Resonanz", eine einheitliche Psychologie der Jugend, ja eigentlich der Psychologie überhaupt aufzubauen. Wie wenig dieses Prinzip besagt, kann im Rahmen dieser Sammelkritik nicht nachgewiesen werden. Für unser Thema bietet Hoffmanns Buch neben Spranger und Bühler, die geradezu Typen repräsentieren, keinen wesentlichen Beitrag. Doch gibt er ähnlich wie Tumlirz, auf einem anderen Niveau als dieser, Belege für das Maß, in dem die Psychoanalyse bereits in die Psychologie eingedrungen ist, und für die Motive, aus denen von einem gewissen Punkt an den Freudschen Lehren die Gefolgschaft verweigert wird.

Die neuen Gedanken, die die moderne Psychologie beherrschen, und die, soweit sie nicht direkt dem Freudschen Werk entstammen, doch zu einer großen Annäherung zwischen Psychoanalyse und Psychologie führen, sind auch in Hoffmanns Buch lebendig: „das Ideal der Psychologie wäre, seelische Vorgänge möglichst vollständig nach gesetzmäßigen Abhängigkeiten (Determinationen) zu ordnen." (S. 5) „Die Beobachtung der jugendlichen Entwicklung hat es nahegelegt, die *Triebhandlung* als fundamentale Form alles Wollens anzusehen". (S. 10) Es „wird damit nichts gewonnen, daß man für jeden besonderen Inhalt des Wollens einen eigenen ‚Trieb' annimmt. So wird von einem Spieltrieb, einem Kampftrieb, einem

---

10 Walter Hoffmann: Die Reifezeit. Probleme der Entwicklungspsychologie und Sozialpädagogik. Leipzig 1922.

Wissenstrieb gesprochen. Diese Art, das Seelenleben nach Bedarf in Triebe zu zerfasern, bedeutet doch nur eine Neuauflage der Lehre von dem ‚Seelenvermögen'." (ebd.) „Die theoretische Aufgabe ist erfüllt, nachdem die Bedeutung der im seelischen Unterbau verlaufenden Prozesse klargestellt und auf die allgemeine Gesetzmäßigkeit der Resonanz zurückgeführt worden ist." (S. 28) „Überblickt man das Gesamtbild der geistigen Reifung, so ist es gekennzeichnet durch ein Übermaß an *seelischen Konflikten*". (S. 106) „Konflikte bedeuten Dissonanzen im seelischen Unterbau, und jede Dissonanz stört die seelische Einheit, die sich als Ich-Bewußtsein spiegelt." (S. 106f.)

Für Hoffmann sind solche Gedanken nicht gelegentlich berührte Hilfen, sondern sie sind die konsequent durchgeführten methodischen Grundanschauungen seiner Psychologie. Nur daß sein Begriff vom Trieb und der Triebhandlung unsicher und blaß ist, völlig unzureichend, um die Welt des Trieblebens zu ordnen und zu erklären, und daß die allgemeine Gesetzmäßigkeit im seelischen Unterbau, das Prinzip der Resonanz, kein Fundament für eine umfassende Entwicklungspsychologie ist. Man wird aber gerne zugeben, daß in diesen methodischen Gedanken Elemente einer wissenschaftlichen Psychologie enthalten sind. Ungeduldige Einbrüche einer außerwissenschaftlichen Weltanschauung verderben jedoch an allen für die Jugendpsychologie entscheidenden Punkten das wissenschaftliche Konzept. Und zwar ist es auch bei Hoffmann immer wieder Auseinandersetzung mit der Psychoanalyse, die sonst verborgene Werteinmengungen decouvriert.

So heißt es: „Hierin finden die von der psychoanalytischen Schule benutzten symbolischen Deutungen ihre wissenschaftliche Grundlage; nur darf man nicht verkennen, daß sie Resonanzerscheinungen bei *kranken* Seelen betreffen. ... Die psychoanalytische Schule ... braucht sich nicht zu wundern, wenn bei einem normal veranlagten Seelenleben die Zumutung, sich auf solche krankhafte Resonanzerscheinungen einzulassen, lebhaft widerstrebende Affekte auslöst. Das ist eben in diesem Falle ein Zeichen von Gesundheit." (S. 24f.) Eben. Punktum. Und woher bezieht dieses Diktum seine Überzeugungskraft? Schwerlich aus den wissenschaftlichen Gewißheiten, die mit den Worten „krank" und „gesund" verkündet werden. Die Psychoanalyse hat die banale und naive Bedeutung dieser Worte sehr beträchtlich erschüttert, die Grenze zwischen beiden als viel undeutlicher und komplizierter erwiesen, wie populärem Meinen entspricht. Die wissenschaftliche Selbstgewißheit des Wortes „gesund" gegen die Psychoanalyse als Argument zu verwenden, ist etwa vom Rang des Einwandes: „Wie töricht die Anschauung der Astronomie über die Größe der Fixsterne sind, erweist sich aus ihrer jedermann in sternenklarer Nacht sichtbaren Winzigkeit!"

Aber man muß sich nicht in die Problematik der Wertungen Gesund–Krank begeben, um auch an Hoffmann die gründliche Wissenschaftlichkeit unserer Jugendpsychologen aufzudecken. Mit der Libidotheorie vermag sich Hoffmann nicht ganz zu befreunden, obwohl er manchen wichtigen Tatbestand und einzelne Gesichtspunkte wohl akzeptiert. Seine Einwände sind stellenweise durchaus erwägenswert, zum Beispiel: „Aber von diesem [Freudschen] Standpunkt aus werden doch alle anderen Gebiete des Seelenlebens, denen beim Gesunden eine gleiche Bedeutung zukommt, in zu weite Ferne gerückt. Insbesondere geraten die Beziehungen zur Außenwelt außer Sichtweite, und so erklärt es sich, daß eine Analyse des Vorstellungslebens jenen Theorien [scil. Adler und Freud] fehlt, so daß mit ‚unbewußten Vorstellungen' und symbolischen Deutungen ausgeholfen werden muß, die den wissenschaftlichen Kritiker befremden." (S. 28) Gewiß hätte der wissenschaftliche Kritiker sein Studium der Psychoanalyse nicht mit Freuds „Einführung des Narzißmus" beenden müssen, wie das Literaturverzeichnis ausweist (S. 252); er hätte sonst vielleicht entdeckt, daß die Psychoanalyse allmählich auch diese Lücke – die tatsächlich bis vor etlichen Jahren empfindlich bestand – zu schließen bemüht ist. Doch fehlt uns einiges Zutrauen in seine Belehrbarkeit, wenn der wissenschaftliche Kritiker auf Seite 115 sich zum gleichen Thema also vernehmen läßt: „Es ist unbedingt notwendig, zwischen sexuellen

Reizen und Vorgängen auf organischem Gebiete und den erotischen Beziehungen auf seelischem Gebiete zu unterscheiden, um aus jener schwülen hysterischen Atmosphäre" (*id est* Freuds Libidotheorie[11]) „herauszukommen." Also nicht *weil* die Freudsche Theorie nicht ausreicht, das Vorstellungsleben zureichend zu erklären, sondern *um* einer peinlichen Atmosphäre zu entrinnen, *darf* man bestimmte Annahmen *nicht* als wissenschaftliche Hypothese aufstellen. Und wenn sich diese Annahme als Gewißheit erweisen sollte, wäre es auch dann unbedingt notwendig, sie abzulehnen? Ist das Entrinnen aus jener Atmosphäre oberstes Erkenntnisziel der Psychologie?

Hoffmann bemüht sich unzweifelhaft – und nicht allenthalben ohne Erfolg – um Psychologie als Wissenschaft, Kapitel V („Die geschlechtliche Reifung", S. 114-165) aber stellt den Zusammenbruch dieser Bemühungen dar. „Die Art des Stoffes hat es mit sich gebracht, daß sich bisher vorwiegend Mediziner und namentlich Psychiater damit befaßt haben." (S. 144) Hoffmann will dem die Bemühungen des Psychologen hinzufügen, so scheint es, aber er flieht mit fliegenden Fahnen ins Lager der Pädagogen. „Sexualität und Perversion nehmen leider heute in unserer Kultur einen so breiten Raum ein" (S. 116). „Wenn sie ausfallen, so würde eine zynische Auffassung des Geschlechtslebens die höchste unerwünschte Folge sein." (S. 118) „Dieser natürliche Übergang zum Wirklichkeitserleben bietet sich in der Weise, daß der Jugendliche seine Aufmerksamkeit der Ausbildung und Pflege seiner Körperkraft zuwendet. Turnen und Sport bringen also wiederum den nötigen Ausgleich" (S. 119). Kein Wort über die Psychologie der Onanie, aber deren etliche über ihre Behandlung: „Als wesentlich erscheint mir, den Jugendlichen darauf hinzuweisen, was er sich an echter Lebensfreude verscherzt" (S. 123), „– ungetrübte Jugend –" (S. 125) usw.

Die Pädagogik ist gewiß eine interessante Angelegenheit, wenngleich eine höchst problematische. Aber sie hat

---

11 Hoffmann bezieht sich hier tatsächlich aber auf Otto Weininger: Geschlecht und Charakter. Wien/Leipzig 1903 (zahlr. Aufl.).

Psychologie zur Voraussetzung. Hoffmanns Sexualpädagogik ist in ihren wesentlichen Gedanken nach meiner Meinung sehr beachtenswert, sie folgt nur leider nicht aus seiner Sexualpsychologie, sondern sie steht an deren Stelle; und so nimmt sie ihr im eigentlichen Sinne des Wortes den Platz weg. Der wissenschaftliche Kritiker sollte befremdet sein von diesem Verhalten, das er mit den anderen Jugendpsychologen völlig gemeinsam hat. Insbesondere dürfte sich nicht mit dem Anspruch auf Wissenschaftlichkeit das sonderbare *Quidproquo* verbinden, das einige für die Psychologie der Jugendpsychologie interessante Seiten des Hoffmannschen Buches darbieten. Er vertritt die pädagogische Ansicht, die sexuelle Frühreife müsse verhindert, die Sexualabstinenz bis weit in die Pubertät hinein aufrechterhalten werden. Gewiß eine pädagogische Forderung und kein psychologisches Faktum. Die Gegner berufen sich „in letzter Linie" darauf, „daß eine Verdrängung des Geschlechtstriebes zu hysterischen Erkrankungen führe. Sollte wirklich die geistige Höherentwicklung auf Kosten der Gesundheit gehen, oder sind es nicht wiederum die schwachen Naturen, die solchen Hochspannungen nicht gewachsen sind? Wir müssen *daher* (!!) kurz zu der Frage Stellung nehmen, wie die Erscheinung der *Hysterie* psychologisch zu deuten ist." (S. 140f.) Folgen vier Seiten, die das „Rätselhafte der Hysterie" lösen: „Die Hysterie ist letzten Endes eine Autosuggestion des Kranken" und diese Lösung gegen Freuds Hysterielehre sichern, um zu gipfeln: „Somit bildet die Erscheinung der Hysterie keinen Anlaß, von den vorgetragenen pädagogischen Grundsätzen abzugehen." Zu diesem tröstlichen Ende hätte man einfacher und redlicher (wissenschaftlicher) gelangen können ohne eine oberflächliche, schiefe und unrichtige Hysterietheorie von zweihundert Zeilen. Denn man kann so gut aus der Freudschen wie aus jeder wissenschaftlichen Hysterietheorie schließen „auf die Notwendigkeit, sexuelle Frühreife zu vermeiden, um das Kind nicht vor Konflikte zu stellen, denen es auf dieser Entwicklungsstufe noch nicht gewachsen ist". Ob die Hysterie Autosuggestion ist oder aus den komplizierteren Prozessen entsteht, die Freud nachwies, dem Pädagogen bleibt es unbenommen, die Forderung zu vertreten, das Kind sei vor Frühentwicklung seiner Sexualität zu schützen. Die Frage ist, wieweit dies dem Pädagogen gelingen wird. Freuds Meinung ist: jeder Fall von Hysterie beweist, daß diese pädagogischen Bemühungen an diesem Individuum mißlungen sind. Die Aufstellung einer neuen Hysterietheorie schafft die Fälle nicht aus der Welt, zu deren Erklärung die alte aufgestellt wurde. Daß es verdrängte Triebregungen gibt, daß sie Neurosen zur Folge haben können – daraus folgt keineswegs, daß es keine Verdrängungen geben dürfe. Und wenn der Psychoanalytiker mißglückte Verdrängungen korrigiert, so vertritt er nicht die pädagogische Anschauung: die Kinder sollen sich sexuell ausleben. Sondern er verschließt sich bloß nicht der Einsicht, daß die pädagogischen Maßnahmen nicht immer ausreichen, den erwünschten Idealeffekt dem Triebleben aufzuzwingen.

Es ist schlimm genug, daß die Sexualpädagogik die Jugendpsychologie verdrängt. Ganz böse wird die Situation, wenn die verdrängende Sexualpädagogik zu der grenzenlos optimistischen Art gehört. Als solche verrät sich Hoffmanns in der folgenden Argumentation (die übrigens der antipsychoanalytischen Weltliteratur angehört): „Wenn man zum Beispiel den Bericht Freuds über die Psychoanalyse eines fünfjährigen Knaben prüft, so sieht man, wie durch irgendeinen unglücklichen Zufall die Aufmerksamkeit des Kindes auf den ,Wiwimacher‘ gelenkt worden ist und sich hieraus ein ganzer Komplex schmarotzender Ideen entwickelt hatte. Auch scheinen Erziehungsfehler vorgekommen zu sein". (S. 144) Gewiß waren da unglückliche Zufälle, und ganz gewiß waren da Erziehungsfehler; denn es gibt gar kein Kinderleben ohne jene und ganz gewiß keine Eltern und Erzieher, die nicht Erziehungsfehler machen. Ein Kind, bei dem Erziehungsfehler vorgekommen zu sein scheinen, als sonderbaren, nicht für das Normale maßgeblichen Fall betrachten, heißt den, einen wissenschaftlichen Kritiker mit Recht befremdenden, Standpunkt der Morgensternschen Philosophie einnehmen, daß nicht sein kann, was nicht sein darf.

Nach alledem werden wir wenig erschüttert sein von

dem Anathema, das Hoffmann der Psychoanalyse im Namen der Wissenschaft zuruft: „Wer nicht zwischen Erotik und Sexualität unterscheiden kann, dem wird das Liebesleben stets ein Rätsel bleiben, denn es ist erfüllt mit Konflikten zwischen sexueller und geistiger Anziehung. Dann sieht man mit Freud selbst in den Äußerungen reinster Mutterliebe eine Befriedigung geschlechtlichen Verlangens, und die Liebe eines alten Ehepaares wäre nur ein Kennzeichen der Altersverblödung. Wer wie Plato die geistigen Wurzeln der Liebe aufdeckt, wird von der Gegenseite als Heuchler gebrandmarkt. Waren aber nicht die Griechen in geschlechtlichen Dingen viel offenherziger wie wir? Glaubt man wirklich, ein Bild des geistigen Lebens zeichnen zu können, wenn man nur zwei Farben auf seiner Palette hat? Gewiß ist diese Schnellmalerei überraschend einfach, aber man hat keinen Grund, sich darüber zu beschweren, wenn die Wissenschaft das Bild nicht in allen Teilen für richtig anerkennt." (S. 121) Gewiß ist diese Zauber- und Schnellmalerei, die in jedem Satz ein Faktum fälscht, überraschend, aber Hoffmann hat keinen Grund, sich darüber zu beschweren, wenn man sein Bild von Wissenschaft in keinem Teil für richtig anerkennen kann.

Überwundene Belastungen

Eine der Thesen, derentwegen die ausführliche Kritik der angezeigten Bücher hier unternommen wurde, ist sozusagen eine wissenschaftshistorische. Die Psychoanalyse mit ihren neuartigen Gesichtspunkten, Methoden, Entdeckungen und Hypothesen hat die Revolution, welche seit einigen Jahren das gesamte psychologische Forschen und Denken umwälzt, wenn auch vielleicht nicht erzeugt, so gewiß katalytisch beschleunigt und vertieft. Weder die Fakten, welche unsere Jugendpsychologen beschäftigen, noch die Theorien, die sie aufbauen, sind unbeeinflußt von der Psychoanalyse, ob diese nun bejaht oder verworfen wird. Im Gegenteil, sie weisen unverwischbare Spuren eines Kampfes mit Freud auf. Im Zusammenhang mit dieser Erörterung wird das kleine Buch von Theodor Ziehen „Das Seelenleben der Jugendlichen"[12] zu einem interessanten Beleg. Es ist eine Ausnahme und bestätigt die Regel gerade dadurch aufs trefflichste. Ziehen erwähnt Freud und die Psychoanalyse mit keinem Wort, er findet auch keinen Anlaß, sich anonym mit ihr auseinanderzusetzen. Sein Buch gehört aber auch nicht der psychologischen Literatur unserer Zeit an, es ist ein sonderbares Relikt aus dem längstvergangenen vorigen Jahrzehnt. Nicht etwa, daß Ziehen prüde wäre und sich scheute, Sexualfakta anzuerkennen. Man ist eher erfreut zu sehen, daß er, durch keine pseudo-platonische Philosophie getrübt, Tatsachen kennt und beim Namen nennt, die anderen Jugendpsychologen den Verdacht psychoanalytisch-materialistischer Denkweise erwecken könnten. Zum Beispiel heißt es schlicht: „die geschlechtlichen Phantasievorstellungen knüpfen in der Regel an irgendein geschlechtliches Erlebnis im allerweitesten Sinne an: das Kind beobachtet oder belauscht zu Hause einen Geschlechtsakt seiner Eltern oder ..." (S. 78). Schön sagt er es auch Sprangern. „Matthias[13] hat die zunächst sehr ansprechende, freilich schwer beweisbare Vermutung ausgesprochen, daß die idealische Richtung des puberalen Gefühlslebens eine biologische Schutzeinrichtung gegenüber der erwachenden Sinnlichkeit sei. Ich muß Sie aber daran erinnern, daß gerade bei solchen schwärmerischen Jugendlichen schwere sexuelle und zwar onanistische Exzesse recht häufig sind." (S. 44) Aber ein wenig Offenheit in sexualibus ist noch lange nicht Psychoanalyse, am wenigsten psychoanalytische Psychologie. Von dieser ist Ziehen völlig unbeschwert. Höchstens dürfte man stutzig werden bei der Anmerkung: „... die Hysterie, *die nach meiner Theorie gerade durch die abnorme Wirksamkeit latenter gefühlsbetonter Vorstellungen charakterisiert ist"* (S. 45, Anm. 1). Doch heißt „latent" keineswegs „unbewußt", und so fehlt wirklich

---

12 Friedrich Mann's Pädagogisches Magazin. Heft 916. Langensalza
    1923.
13 Wie erziehen wir unseren Sohn Benjamin? 10. Aufl. München
    1916.

jede Spur von Psychoanalyse – und zugleich jede Spur von Psychologie in irgendeinem heutigen Sinne.

Dies wird aus einigen wenigen Proben genügend deutlich werden: „... drei ursächliche Momente [wirken] in der Regel zusammen, um das eigentümliche Seelenleben der Jugendlichen zur Pubertätszeit hervorzurufen ..., erstens die *anatomische Weiterentwicklung des Zentralnervensystems* ..., zweitens die *Reifung der Geschlechtsdrüsen* ..., drittens die meistens in die Pubertätszeit fallende *Umwälzung der Umwelt und Lebensbedingungen.*" (S. 7) „Besonders scharf tritt dies [dritte Moment] bei dem Volksschüler und der Volksschülerin hervor. Mit der Schulentlassung im 14. bzw. 15. Jahr erweitert sich meistens der Lebenskreis ganz enorm. ... *Nach* der Schulentlassung erlebt der Jugendliche oft in einem Monat mehr, als er früher in einem Jahr erlebt hat. ... Nachlaß der Aufsicht. Strafen und Straffurcht treten zurück. ... Zufall der Verführung". (S. 14f.) Bei den höheren Schülern tritt „an Stelle der äußeren Erweiterung der Umwelt eine analoge innere. Durch die Lektüre zahlreicher Schriftsteller dehnt sich der Erlebniskreis der Phantasie ... in vielleicht noch höherem Maß aus als bei dem Volksschüler durch den Eintritt in das ‚wirkliche Leben‘." (S. 15) Es ist nicht unsere Aufgabe, diese physiologische und Vererbungspsychologie als unfruchtbar zu erweisen. Aus ihrer Überwindung ist die moderne Psychologie entstanden, die auch jenseits der Psychoanalyse nichts mehr anzufangen weiß mit abschließenden Formulierungen wie die Ziehensche: „Ganz allgemein können wir sagen: die Pubertät ist die Klippe, an der namentlich erblich belastete Individuen oft scheitern." (S. 19)

Freilich – so sehen wir an der Jugendpsychologie –, auch die modernen Psychologen sind vom Ursprungsland ihrer Wissenschaft der physiologischen Psychologie bei weitem noch nicht soweit vorgedrungen wie die Psychoanalyse, und sie haben noch viel wissenschaftlicher zu werden, um wirklich vorwärts zu kommen. Ganz allgemein können wir sagen: die Pubertät ist die Klippe, an der namentlich physiologistisch und weltanschaulich belastete Psychologen scheitern.

ÜBER DIE EINFACHE MÄNNLICHE PUBERTÄT[1]

(1935)

Die Geschlechtsreife macht sich dem Knaben am eigenen Körper deutlich bemerkbar. Sollte sich selbst der Eintritt der Pollutionen verspäten, so sorgen die sekundären Geschlechtsmerkmale doch dafür, daß er die eingetretene Änderung nicht übersehen kann. Aber nicht jeder Knabe reagiert gleicherweise auf dies neue Faktum. Der eine Typus nimmt die beginnende Erwachsenheit bewußt an und richtet sich danach; der andere fühlt sich in Besorgnisse, Ängste, Bedrückungen versetzt, die so intensiv sein oder ihn so plötzlich erschreckend überfallen können, daß er die ganze Neuigkeit ableugnet und versucht so weiterzuleben, als wäre nichts geschehen, gelegentlich unter Anwendung von Verdrängungen und phobischen Schutzmechanismen. Die Erscheinungen mögen noch so mannigfaltig sein, die dieser zweite Typus darbietet, der tieferen Beobachtung zeigen sie doch Gemeinsamkeiten: Abwehr, Angst, Angstbewältigung. Da aber die Bewältigungsweisen der Angst, die Abwehrformen, die zur Verfügung stehen, sehr zahlreich sind, entsteht jene unerschöpfliche Fülle von Verlaufsformen, welche die Verzweiflung des Wissenschaftlers bildet, der eine einheitliche Formel für die Pubertät sucht.

Die Angst und ihre Bewältigung erklärt natürlich nur einen Teil der Formen. Doch ist dieser Anteil einigermaßen durchsichtig. Wir verstehen die Natur dieser Angst und können die Bedingung angeben, unter der sie Chancen hat, sich zu einem wesentlichen Moment im Leben des Jugendlichen zu entwickeln. Es ist innere Angst, die

---

1 Nach einem am XIII. Internationalen Psychoanalytischen Kongreß (Luzern, August 1934) gehaltenen Vortrag.

ausgelöst wird, weil das Erwachsensein und seine Sexualität wie eine bedrohende Gefahr erlebt wird oder unbewußt als solche wirksam wird. Die allgemeinste Ursache hierfür liegt in der frühen Kindheitszeit. In ihr wurden gegen alle frühen Regungen der Sexualität Hemmungen eingesetzt: drohende Strafen, Angst, Gewissensunruhe; es war geglückt, sie zu verdrängen, zu unterdrücken, aufzuschieben, verkümmern zu lassen. Die Anzeichen der beginnenden Erwachsenheit bedrohen diesen mühsam aufgerichteten Bau mit dem Zusammenbruch. Die Furcht davor bestimmt die Pubertätsverläufe dieses Typus.

Die Psychoanalyse nennt gewisse sehr häufige Bewältigungsweisen solcher innerer Angst Neurosen. Wir sind daher gewohnt, die innere Angst selbst neurotische Angst zu nennen, auch wenn sie nicht zu eigentlicher Erkrankung führt. Daher dürfen wir diese ganze reiche Gruppe von Jugendentwicklungen, wenn kurz auf sie hingedeutet werden soll, *neurotische Pubertät* nennen[2]. Wir bewerten sie vor näherer Prüfung trotzdem nicht als krankhaft, sondern wissen, daß sie sehr häufig und im allgemeinen nicht besorgniserregend und behandlungswürdig sind. Unter ihnen befinden sich auch in der Regel den Pädagogen erwünschte, kulturell und menschlich wertvolle Jugendliche.

---

2 Von einem anderen Gesichtspunkt aus wird sie als „gestreckte Pubertät" zu charakterisieren sein; denn sie hat zur Folge, daß der Übergang in das erwachsene Denken, Fühlen und Handeln weit über die physiologische Geschlechtsreife hinaus verzögert wird. Beachtet man insbesondere die sehr häufigen und auffallenden Verläufe gestreckter Pubertät, in denen starke Neigung zu Betätigungen in Kunst, Dichtung und Philosophie hervortreten und sich mit einem spezifischen Selbstwertgefühl, häufig auch mit Drang nach „jugendlichem Gemeinschaftsleben" verbinden, so darf man einen Typus „genialischer Pubertät" aussondern. – Siehe dazu vom Verfasser: Über eine typische Form der männlichen Pubertät, in: Imago 9 (1923), S. 169–188 [im vorliegenden Band S. 139–159]; Vom Gemeinschaftsleben der Jugend. Leipzig/Wien/Zürich 1922; Vom dichterischen Schaffen der Jugend. Leipzig/Wien/Zürich 1924; Trieb und Tradition im Jugendalter. Leipzig 1931.

Es dürfte heute kaum ein Kind geben, das nicht genügend eindringliche Erfahrungen gemacht hätte, die nicht nachwirkend in der Pubertät jene Angst erwecken würden. Trotzdem gibt es eine Gruppe von Knaben, die die Geschlechtsreife von ihrem ersten Beginn an eindeutig bejahen. Sie benehmen sich, als wäre sie das Anzeichen für das Eintreten eines lange ersehnten Zustandes: des Großseins, des Erwachsenseins. Dieses ist der Pubertätstyp, der bisher wenig Beachtung der Psychologen gefunden hat. Was sie erforschten, waren -- wenn auch nicht ausnahmslos – jene lärmenderen, komplizierteren und interessanteren „neurotischen" Pubertätsformen, die sich der Aufnahme der Geschlechtsreife in ihre Persönlichkeit widersetzen. Nicht unmöglich, daß diese die häufigeren und die eigentlich repräsentativen sind. Ich habe Grund, es zu bezweifeln, aber keine Belege, es zu bestreiten. Dennoch verdient deren Antipode, der soviel einfacher und unmittelbarer verständlich ist, den Namen der *einfachen Pubertät*. Von dieser Pubertät soll im folgenden die Rede sein.

Die Bedingung ihres Auftretens ist allgemein: das Ideal, groß zu sein, war in der Kindheit ungebrochen geblieben. Dies Ideal entwickelt sich sehr früh in der Kindheit aus dem konkreten Wunsch, wie Vater oder Mutter alles tun zu dürfen, alles haben zu dürfen, zu sein wie sie. Mindestens einen kräftigen Ansatz zu diesem Ideal bildet jedes Kind noch vor Beginn der Ödipussituation aus. Bei nicht wenigen steht es im Mittelpunkt aller Interessen, bestimmt die Spiele und erfüllt alle Phantasien. Es ist die Reaktion auf all die Einschränkungen, Versagungen und Leistungsunfähigkeiten, die das kleine Kind tagaus, tagein erleben muß, die zum Teil von den Erwachsenen verhängt sind, zum Teil als Konsequenzen des biologischen Zustandes sich ergeben und die das Kind beide als seinem Alter zugeordnet erlebt. Von den Versagungen, die das Leben des Erwachsenen eindämmen, weiß es nichts, oder es kann sie begreiflicherweise nicht voll einschätzen. Einschränkungen erfährt das ganze Triebleben des Kindes, seine Aggression und seine Sexualität. Das Ideal groß zu sein, enthält daher auch beide

Pole: Macht (Freiheit der Aggression) und Lust (Freiheit des Sexualgenusses). Je nach Struktur und Geschichte des Kindes kann dabei der eine Pol gegenüber dem anderen mehr betont sein. Doch uns dürfen hier, um nicht ins Weite zu geraten, diese Einzelheiten nicht befassen. Es genüge: In den Konflikten des Kindes mit seiner Umwelt und in seinen inneren Kämpfen wird auch das Ideal, groß zu sein, geschwächt, gebrochen und um seine Macht über das Realverhalten des Kindes gebracht. Das Kind akzeptiert schließlich in der sogenannten Latenzperiode, daß es nicht groß, sondern eben ein „Schulkind" ist. Wenn es dann in der Pubertätszeit beginnen soll, kein Kind mehr, sondern groß zu sein, zögert es, den Übergang zu finden, entwickelt neurotisches Verhalten oder erweist sich überhaupt als unfähig, erwachsen zu werden; es hat in solchem extremen Fall eine volle Neurose erworben.

Der Typus, auf den wir hier hinweisen und von dem wir sagten, sein Ideal, groß zu sein, blieb ungebrochen, nimmt die Latenzperiode wie eine echte Wartezeit hin, in der man zwar an Vergnügen mitnimmt, was sich bieten will, die man aber beendet, sobald es irgend möglich ist, je früher, je lieber, und am liebsten sogleich. Die ersten Anzeichen der Pubertät werden mit tiefer Genugtuung aufgenommen, mit einer Welle gesteigerten Selbstbewußtseins begrüßt und soweit als möglich mit Stolz zur Schau getragen. Ungeduldige Vorwegnahme führt zu Übertreibungen. Hastig werden kindliche Spiele, Gebräuche, soziale Anzeichen der Kindheit (die Tracht zum Beispiel) abgelegt und der Knabe drängt nach erwachsenen Formen und Umgang. Das erste Barthärchen möchte bereits als das Ende der Pubertät gelten.

In der Regel ändert sich aber die soziale Situation des Jugendlichen nicht gleich mit dem Eintritt der Pubertät. Und keinesfalls wird er als der Erwachsene betrachtet, der er zu sein vermeint oder vorgibt. Insbesondere die Eltern brauchen manchmal eine lange Zeit, um sich der geänderten Situation anzupassen. Dies Verhalten seiner Umwelt und vor allem seiner Erzieher drängt den Jugendlichen dieses Typus, der ohnedies zu einer männlichen, selbstbewußten, unabhängigen Haltung neigt, zur

Ungebärdigkeit, Auflehnung, Aggression. Diesen Sachverhalt meint die sprichwörtliche Flegelhaftigkeit des Jugendlichen. Es sind narzißtische Kränkungen, die ihm seine Umwelt zufügt, auf die er mit Wut, Ärger, Hochmut und Trotz reagiert. Aber es fehlt natürlich auch keineswegs die andere Gruppe narzißtischer Reaktionen: Scham und Depression. Es kommt so etwas Labiles, Schwankendes in die Gefühlswelt des Jugendlichen, das in extremen Fällen jäh von Hochgemutheit in Zerknirschung umkippen kann.

Selten wird, geistige Gesundheit vorausgesetzt, das männliche Selbstgefühl, ganz unberührt von der fehlenden Anerkennung durch die Umwelt, sich entfalten dürfen. Der Beobachter wird es mit Selbstwertherabsetzungen und Zweifeln gekoppelt finden. Sie gehören tatsächlich zusammen und erwecken leicht den Eindruck, als wäre das Selbstgefühl bloß Kompensation für diese; dies mag auch zutreffen, muß aber durchaus nicht so sein. Sondern alle Möglichkeiten, welche die äußere und innere Situation dieses Typs in sich birgt, findet man vor. Der Einbruch der Geschlechtsreife wird voll bejaht, ist Garant des nunmehr endlich verwirklichten alten ungebrochenen Wunsches, groß zu sein; die soziale Situation widerstrebt jedoch diesen Konsequenzen, und der Jugendliche versucht, sich in seiner Umwelt oder auch ein wenig neben ihr durchzusetzen. Dies ist die Grundsituation dieses Typus; es bestimmt ihn also nicht so sehr ein innerer Konflikt als [vielmehr] der Kampf gegen die eigene Umwelt. Dieser Kampf erfüllt tatsächlich die ganze Jugendzeit und findet erst mit ihr ein Ende.

Trotz aller Übergänge kann man also doch diese *einfache Pubertät* gegenüber den komplizierteren Formen in einer kurzen Formel charakterisieren: bei ihr ist (in ihrer ersten Phase) der zentrale Affekt, den es zu bewältigen und zu vermeiden gilt, die narzißtische Kränkung; bei der *neurotischen Pubertät* ist es die innere Angst.

Ganz rein ist die *einfache Pubertät* natürlich nie verwirklicht. Aus der Vergangenheit wirken an mancher wichtigen Stelle Erlebnisse nach, die sich als neurotische Symptome oder mindestens als innere Konflikte bemerkbar machen. Zudem liegt ein gewisser innerer biologischer Widerspruch im Pubertätszustand selbst; denn die Geschlechtsreife braucht Zeit; sie ist noch lange nicht wirklich abgeschlossen, wenn der Jugendliche ihr erstes Einsetzen bemerkt und dahin drängt, sie schon als überwunden zu betrachten.

Für das Verständnis des weiteren Entwicklungsganges der Jugendlichen, die in dieser einfachen Weise ihre Pubertät beginnen, ist die Formel vom ungebrochenen Ideal, groß zu sein, nicht ausreichend. Der Sachverhalt ist nicht ganz so einfach und will etwas näher betrachtet werden.

Ursprünglich umfaßt der Wunsch, groß zu sein, alle Vorrechte, die der Erwachsene vor dem Kinde genießt, aber natürlich bloß jene, die das Kind tatsächlich in seinen konkreten Umständen entbehrt. Soweit der Knabe kein Wissen vom erwachsenen sexuellen Leben oder nicht genügend affektvolle Vorstellungen davon hat, enthält auch sein Wunsch, wie die Großen zu sein, diesen Anteil nicht. Seine gegebene Sexualbefriedigung ist die Onanie, und es fehlen ihm Anlaß und Möglichkeit, sie mit dem erwachsenen Sexualleben zu vergleichen, als infantil minder zu werten und die erwachsene Weise anzustreben. Indem das Kind aber fortschreitend Schwierigkeiten darin findet, seine Onanie konfliktlos fortzusetzen, indem es anderseits immer tiefer in die Ödipussituation einwächst und allmählich über die sexuellen Geheimnisse mehr und Klareres erfährt, ahnt und phantasiert, gewinnt für den Knaben der Wunsch, groß zu sein, immer deutlicher den Inhalt: wie der Vater zu sein. Der Inhalt, wie er die Mutter zu besitzen und zu behandeln, wird in der Ödipussituation das zentrale Stück dieses Wunsches. Wollen wir nur diesen Anteil sexuell nennen, so muß man sagen: ursprünglich war der Wunsch, groß zu sein, nicht sexuell, aber es dominiert in ihm bald der sexuelle Anteil über den nichtsexuellen. Dieser nichtsexuelle Anteil mag sozialer Anteil heißen, denn in ihm wird Größe, Macht, Autorität, Unabhängigkeit, Straf- und Verbotsgewalt des Erwachsenen und dergleichen mehr enthalten sein.

In dem überaus häufigen und wichtigen Fall, der durch Freuds Entdeckungen und Darstellungen klassisch geworden ist, werden die sinnlichen Regungen infolge der Einwirkungen der Umwelt und der durch sie entstehenden inneren Konflikte, im wesentlichen durch einen umfangreichen Verdrängungsschub, unterdrückt. Damit verändert sich auch nachhaltig jener Wunsch, groß zu werden. Der sexuelle Anteil wird aus ihm gestrichen. Das Bild des Erwachsenen erfährt eine Idealisierung, es wird frei von Sexualität. Der Vater hat Macht, Autorität usw., aber keinerlei Sexualleben. Selbst die aufdringlichsten Fakten sexueller Natur – Ehe, Vaterschaft und dergleichen – werden ihres sexuellen Inhalts entkleidet und als bloße soziale Formen angesehen. Etwa wird „Verheiratetsein" zum Zeichen und Privileg der Erwachsenheit, aber nicht ein Anzeichen für sexuellen Verkehr. Selbstverständlich bleibt das verdrängte bessere Wissen bestehen und äußert sich entstellt in mannigfacher Weise. Allmählich gesellt sich, durch viele geheime und offene Kanäle der Aufklärung dem Knaben zufließend, auch ein Wissen um die wirklichen Fakten hinzu, bleibt aber in merkwürdiger Weise isoliert von dem verdrängten Wissen. Es gibt Fälle, in denen der so energisch bearbeitete Begriff vom Erwachsensein, der soziale Anteil des Wunsches, groß zu werden, im übrigen sehr wirksam verbleibt.

Trifft die Pubertät solche Knaben, so können sie sich zunächst völlig bejahend zu ihr stellen wie der Typ der *einfachen Pubertät*. Je mehr sie aber physiologisch heranreifen, je mehr sie vor allem der Verwirklichung ihres Wunsches nahekommen, je näher also auch in Wirklichkeit der sexuelle Anteil rückt, um so intensiver nähern sie sich einer scharfen Krise oder biegen in einen der komplizierteren Pubertätsverläufe ab. Denn die Angst, mit deren Hilfe sie seinerzeit die Verdrängung ihrer sinnlichen Strebungen vorgenommen hatten und deren Folge eben die Reinigung ihres Bildes vom Erwachsenen war, widersetzt sich nun in mehr weniger heftigen Erscheinungen der Einbeziehung des Sexuellen in ihr eigenes Leben. Sind sie zu Anfang ihrer Pubertät dem einfachen Typ sehr nahe, so ähneln sie ihm im weiteren Verlauf der Jugend immer weniger. Sie können schließlich denjenigen gleich werden, die aus der Ödipussituation nicht mit einem gereinigten Wunsch, groß zu werden, herausgekommen waren, sondern ihn völlig aufgegeben hatten.

Die Berücksichtigung der beiden Komponenten jenes Ideals belehrt uns über die tieferen Bedingungen, unter denen sich die *einfache Pubertät* entwickelt. Der Abbruch der infantilen Sexualität darf nur teilweise stattgehabt haben, soll statt einer der *neurotischen* Pubertätsformen die *einfache* auftreten.

Vergegenwärtigen wir uns den Sinn des völligen Abbruchs der infantilen Sexualität, wie er für den klassischen Fall bezeichnend ist, und der eine komplizierte *neurotische Pubertät* stiftet: das Leben wird durch ihn, für das Bewußtsein des Kindes, einfacher. Bleiben die sexuellen Wünsche wach und regsam, so steht das Kind im andauernden schweren bewußten Konflikt. Das lebhafte Wissen um die erwachsene Sexualität, besonders der Eltern und sogar als dem zentralen Motiv ihres Beisammenseins, wäre dauerndes Wachhalten tiefverbotener inzestuöser Wünsche. Das Desinteressement an dem Sexualleben der Eltern und der Erwachsenen überhaupt, das der Abbruch der infantilen Sexualität zur Folge hat, ist eine Hilfe für die Affektbewältigung, die nicht hoch genug eingeschätzt werden kann. Es ist klar, daß ein Kind, das die Inzestschranke gar nicht aufrichtete, dieser Hilfe nicht bedürfte. Aber es wird auch in seiner weiteren Entwicklung vom einigermaßen Normalen soweit abstehen, daß wir uns für seine Pubertät hier nicht zu interessieren brauchen. Soll das infantile Interesse, mindestens das Wissen um die erwachsene Sexualität und mit ihm der sexuelle Anteil des Wunsches, groß zu sein, bei genügend entwickelter Inzestschranke bewußt und rege bleiben, so muß sich eine sehr frühe und gründliche Loslösung von den inzestuösen Objekten vollzogen haben, und an deren Stelle müssen Personen getreten sein, mit denen sich sexuelles Wünschen und Denken befassen kann, ohne daß die tiefste innere Abwehr ausgelöst wird.

Wir erinnern uns hier einer Bemerkung Freuds. Die normale oder doch die wünschenswerte Entwicklung der Ödipussituation bestehe nicht in einer Verdrängung, die zur Folge hat, daß ein unbewußter Ödipuskomplex entsteht, sondern in einer völligen Überwindung, die die Spuren der Ödipussituation auch im Unbewußten bloß inaktuell aufbewahrt. Einer der Wege, die dahin führen, ist, so dürfen wir ergänzen, eben jene sehr frühe Loslösung von den inzestuösen Objekten, die durch frühe Übertragung der noch ungespaltenen infantilen sexuellen Wünsche auf nicht inzestuöse Objekte entsteht.

Ein praktisch bedeutsamer konkreter Fall dieser Art ist in Familien gegeben, in denen für den heranwachsenden Knaben etwa die folgenden Lebensumstände zusammentreffen:

(1) Enges Zusammenwohnen der Familie schafft dem Kinde reichliche Beobachtungsgelegenheit und drängt ihm alle biologischen Tatsachen, darunter auch die sexuellen im engsten Sinne des Wortes, unausweichlich und andauernd auf.

(2) Unbekümmertes Verhalten der Eltern ermöglicht dem Kind bald, volle Einsicht in die natürlichen Zusammenhänge und Vorgänge zu gewinnen. (Selbst wenn die Eltern auf dem Standpunkt stehen, das Kind dürfe nicht aufgeklärt werden, so wird diese theoretische Einstellung doch nicht wirksam. Ihre Sorglosigkeit verschafft dem Kind die viel nachhaltigere und bedeutsamere, nicht bloß verbale „Aufkärung".)

(3) Das Kind nimmt keine namhaften Fixierungen und Regressionen an prägenitale Phasen oder Strebungen vor, so daß es den Fortschritt zur genitalen Phase früh und bei allen Einschränkungen und Verwicklungen immerhin kräftig macht.

(4) Die Ödipuswünsche des Kindes werden, soweit sie sich an die Eltern direkt richten und in realen Handlungen und Äußerungen bemerkbar machen, früh und energisch abgewehrt. Daß solche Wünsche in diesem Milieu auftauchen, ist unvermeidlich. Es muß trotzdem geglückt sein, daß sie unter Aufrichtung einer Inzestschranke unterdrückt wurden. Wie es dabei zustandekommt, daß die Bedingung 3 eingehalten wird, kann ich hier nicht erörtern. Es genüge, daß es solche Fälle gibt. Eine Rolle wird dabei die überhaupt entscheidend wichtige nächste Bedingung spielen.

(5) Die Abwehrmaßnahmen der Eltern beziehen sich ausschließlich oder doch bloß wirksam auf die direkt auf sie gerichteten Ödipuswünsche. Das Kind findet eine Zeitlang Gelegenheit, diese Wünsche an Ersatzpersonen, ohne dabei von den Eltern nachhaltig gestört zu werden, in anfangs wenig entstellter Weise und mit geringen Zielablenkungen zu befriedigen. Die Befriedigung schließt die sinnlichen Regungen mit ein und geht dabei nicht selten bis an die Grenze dessen, was der körperliche Zustand des Knaben erlaubt. Als Ersatzpersonen kommen dabei Geschwister, erwachsene Verwandte, Bekannte und Fremde in Frage. Die Ungestörtheit dieser Liebesbeziehungen ergibt sich entweder daraus, daß der Knabe den wesentlichen Teil seines Lebens ohne Aufsicht der Eltern verbringt, oder daß diese geneigt sind, das Tun des Kindes, soweit es sie selbst nicht betrifft, als harmloses Spiel anzuerkennen, und es im wesentlichen gewähren lassen. Daß die Ersatzpersonen keine energische Abwehr leisten, kann sowohl daher rühren, daß sie (selbst unerwachsen) das gelegentlich direkt sexuelle Spiel für erlaubt oder doch für straffrei halten, oder daß sie als Erwachsene ihre eigene sexuelle Befriedigung suchen und ihre Struktur sie nicht nötigt, ihr Schuldgefühl in Strafen gegen das Kind zu wenden.

(6) Der Abbruch dieser befriedigenden Sexualbeziehung darf dann nicht durch plötzliche angsterweckende Drohungen und Abwehren von seiten des Objektes erfolgen, sondern muß in jener hier nicht näher präzisierbaren Weise stattfinden, die keinen Verdrängungsschub, sondern eine einfache Ablösung zur Folge hat.

(7) In diesem geschilderten Milieu wird es dem Knaben auch nicht an der Möglichkeit fehlen, seine Aggressionen, insbesondere auch die aus der Ödipussituation, in allerhand wilden Spielen und in der Aufrichtung von Herrschaftsverhältnissen gegenüber Geschwistern und Kameraden, weitgehend ungestört von den Eltern, unterzubringen.

Als Zusatzbedingungen, die die Wirkung jener sieben Punkte jedenfalls fördern, die aber für sich allein nicht ausreichen und gewiß auch nicht unerläßlich sind, wären noch anzuführen:

(a) Die maßgebenden Personen des Milieus haben eine schlichte Haltung gegenüber dem Geschlechtsunterschied, die man vielleicht kurz als Penisachtung bezeichnen könnte. Man findet diese milde und nicht provozierende Form des Penisstolzes bei unneurotischen und von den Komplikationen des modernen Bildungslebens wenig berührten Männern häufig genug. Aber auch Frauen, ebenfalls entfernt von Trieb- und Intellektkomplikationen, vermögen ihren Penisneid in eine primitive, in tausend Imponderabilien sich äußernde Penisachtung umzuwandeln. Für die Vorbereitung der *einfachen Pubertät* ist es eine Unterstützung, wenn der Knabe in solchem Milieu aufwächst und so durch die maßgebenden männlichen und weiblichen Personen eine narzißtische Schutzhaltung gegen Kastrationsangst gewinnt, die ihm auch bei voller Wirksamkeit der oben aufgezählten Bedingungen nicht ganz erspart bleiben wird.

(b) Auch früher Abbruch der infantilen Onanie und infolgedessen eine Latenzperiode ohne beträchtliche Onanieversuchungen werden dazu beitragen, den Typus rein zu entwickeln.

Die *einfache Pubertät* entsteht also, zusammenfassend gesagt, wenn in der Kindheit ein Teil der Sexualität von den Über-Ich-Geboten freigelassen wurde, indem diese sich bloß auf die Ödipussituation im engsten Sinne beziehen, in der sie entstanden sind. In der klassischen Kindheitsentwicklung wird die ganze Sexualität verfemt, in der hier betrachteten bloß die inzestuöse.

Vergegenwärtigt man sich die hier aufgezählten Bedingungen, so drängt sich dem Beobachter ein bestimmter sozialer Ort auf, an dem die Chance groß ist, daß sie alle zusammen verwirklicht sind.[3] Zwar kann gegebe-

---

3 Zu den Fragen des sozialen Ortes siehe des Verfassers Aufsätze: Zur Psychologie der „Sittenlosigkeit" der Jugend, in: Zeitschrift für psychoanalyt. Pädagogik 1 (1926/27), S. 319–328; Der soziale Ort und seine Bedeutung für Neurose, Verwahrlosung und Pädagogik, in: Imago 15 (1929), S. 299–312; Die Tantalussituation. Bemerkungen zum „kriminellen Über-Ich", in: Imago 17 (1931), S. 252–267.

nenfalls in jedem Milieu gelegentlich einmal dies Ensemble von Bedingungen verwirklicht sein. Man hat aber den deutlichen Eindruck, daß es soziale Orte gibt, an denen dieses Zusammentreffen von Bedingungen sozusagen ein pathologischer Zustand wäre. Für die typische Erziehung, die das Kind im wohlhabenden städtischen Bürgertum erfährt zum Beispiel, können die meisten der genannten Bedingungen nur als Ausnahme gedacht werden. Sie werden nicht rein zur Wirkung kommen können, weil die übrigen Verhältnisse störend und korrigierend eingreifen. Hingegen sind sie in gewissen Schichten des städtischen Proletariats und der kleinen bäuerlichen Wirtschaft der Normalzustand. (Genauer: einer der Zustände, die an dem betreffenden sozialen Orte innerhalb der Breite des Normalen liegen.) Es ist daher eine in sich harmonische Entwicklung innerhalb dieses Milieus möglich, die sich darin äußert, daß die Angehörigen dieses sozialen Ortes mit sich selbst und ihrer Umgebung in der Bewertung des Kindheits- und Pubertätszustandes übereinstimmen, sich selbstverständlich fühlen, und sich, ihre Kinder und Jugendlichen als normal bewerten.

Freilich gehört zu den charakteristischen Eigentümlichkeiten unserer heutigen Gesellschaft, daß die sozialen Orte, sie mögen in den Einzelheiten ihrer Struktur voneinander noch so verschieden sein, doch nicht scharf gegeneinander isoliert sind. Insbesondere gilt für den sozialen Ort, der uns hier interessiert, daß in ihm eine repräsentative Schicht der Gesellschaft sichtbar ist, die andere Lebensbedingungen und [eine] andere Struktur hat, deren Lebensführung und Denkweise aber für alle Schichten als maßgebend gilt. Die Pubertät dieser repräsentativen Schicht pflegt keine *einfache*, sondern die *neurotische* zu sein. Sie bewertet die *einfache Pubertät* aus guten Gründen als niedrige, nicht wünschenswerte, ja geradezu als verwahrloste. Und von dieser Bewertung gehen gewisse Störungen der Entwicklung, vor allem aber der Beurteilung der Entwicklung, auf den sozialen Ort der *einfachen Pubertät* über. Es bildet sich so etwas wie ein nach der Pubertät der repräsentativen Schicht gestaltetes Ideal von Jugend und Jugendleben, das, ohne Wirksamkeit auf den

Pubertätsverlauf, doch sehr bedeutsam für die Beurteilung und Selbstbeurteilung der Jugendlichen wird. Diese setzen nämlich entweder Bemühungen an, sich dem idealen Pubertätsverlauf anzuähneln, oder, da dies gewöhnlich keinen Erfolg hat, färben sie ihr eigenes Leben mit etwas trotzigem Ressentiment.

Ohnedies darf man nicht denken, daß die *einfache Pubertät* selbst bei Anwesenheit aller Bedingungen so frei von neurotischen Mechanismen sich verwirklicht, wie meine schematische Darstellung nahezulegen scheint. Weder bleibt den Knaben dieses sozialen Ortes die Kastrationsangst völlig erspart, noch geht es ohne gewisse Fixierung an einzelne Bestandteile der Ödipussituation ab. Doch bestimmen diese neurotischen Mechanismen bloß die Einzelheiten und gewisse spätere Schicksale dieses Typus.

Eine präzisierende Anmerkung soll hier nicht fehlen. Was oben von der repräsentativen Jugend gesagt wurde, gilt nicht mehr genau für die Generation, die zwischen 1914 und 1923/25 in die Pubertät eingetreten ist. Es haben sich sehr tiefgreifende Umwälzungen in dem Pubertätsverlauf gerade bei den wohlhabenden, gebildeten, großstädtischen Bürgerschichten vollzogen. Ein wichtiges Indiz dieser Umwälzung ist, daß diese Jugend in einem vor dem Krieg undenkbar großen Umfang den frühen erwachsenen Sexualverkehr aufgenommen hat. Es kann aber keine Rede davon sein, daß sie dadurch die *einfache Pubertät* bekommen hätte. Die völlig anderen Bedingungen ihres Kindheitslebens haben vielmehr sehr merkwürdige Mischungen nicht nur von neurotischen Mechanismen, sondern sogar von ausgesprochen schweren Neurosen mit frühem Sexualverkehr erzeugt. Man trifft diese bisher kaum beschriebenen Erscheinungsbilder vielleicht am besten mit dem Ausdruck, es bestehe bei ihnen eine sehr weitgehende sexuelle Verwahrlosung neben einer Neurose, wobei sehr häufig die Verwahrlosung auf das sexuelle Gebiet beschränkt bleibt. Trotz dieser realen Wandlung ist doch das wirksame Bild des repräsentativen Jugendverlaufes noch immer das der bürgerlichen Vorkriegspubertät geblieben. So sehen wir etwa im

Weltmaßstab gleichzeitig mit jenen Änderungen in der bürgerlichen Jugend die entgegengesetzte Änderung in der proletarischen Jugend, soweit sie von sozialdemokratischen und ähnlichen Jugendorganisationen erfaßt war. Hier gab die Jugend, wenigstens der Tendenz nach, den frühen Sexualverkehr auf und tauschte für ihn die Onanie mit neurotischen Abwehrmechanismen ein. Wenn nicht alles täuscht, so scheint für die Generation, die seit acht bis zehn Jahren in die Pubertät eintritt, im Zusammenhang mit der ideologischen Restauration der Vorkriegszustand, allerdings mit einigen Eigentümlichkeiten behaftet, wiederzukehren.

Die *einfache Pubertät* drängt selbstverständlich nach frühem Beginn des regelmäßigen Sexualverkehrs und schafft sich so die Anlässe für nicht seltene und ihr eigenartige Komplizierungen. Der vollwertige, psychisch und physisch befriedigende Sexualakt dürfte wohl erst nach Abschluß der physiologischen Pubertät erreichbar sein. Zu den ungeduldigen Verfrühungen dieser Jugend gehört aber, daß sie diesen Zeitpunkt nicht abwarten will. Man darf ihr zugute halten, daß er tatsächlich nicht scharf bestimmbar ist, und vor allem, daß die pädagogische Welt, in der sie lebt, auch diesen Zeitpunkt noch für viel zu verfrüht halten würde und Abstinenz bis zu einem viel späteren fordert. Gibt es die Gelegenheit, so setzt sich der Pubertierende über dieses Gebot hinaus. Der Fall ist nicht gerade selten.[4]

Ob der Jugendliche nun den Sexualverkehr beginnt oder aufschiebt, jedenfalls sieht er sich vor mannigfaltigen Schwierigkeiten. Die sozialen Ansprüche, die auf ihn

---

4 Übrigens beginnt bei gewissen Jugendlichen der Sexualverkehr im eigentlichen Sinn des Wortes schon in der Vorpubertät. Mein Erfahrungsmaterial reicht nicht aus zu entscheiden, welches die Folgen so verfrühten Sexualverkehrs für die weitere Jugendentwicklung und die Charakterologie des Erwachsenen sind. Es nötigt mich aber, sowohl die finstern Prognosen der einen als auch die optimistischen Versicherungen der anderen noch nicht als bündige Einsichten anzunehmen. Zum *einfachen* Pubertätsverlauf gehören diese Fälle, scheint mir, nicht; ich darf sie also hier übergehen.

eindringen, fordern, zwar mit gewissen Ausnahmen, Einschränkungen und Milderungen, entschieden Abstinenz. Es identifiziere sich unser Jugendlicher mit dieser Forderung, er finde sich also bereit, noch einige Jahre „Provisorium" zu akzeptieren und, unter freilich stark erschwerten Bedingungen, die Latenzperiode auf einem neuen Niveau zu verlängern. Woher die Motive für diese Folgsamkeit stammen und woher sie die Macht zur Selbstbeherrschung nehmen, sei hier nicht erwogen. Der Jugendliche wird sich dann vor der Aufgabe sehen, die Versuchung zu vermeiden und abgelenkte Befriedigung zu finden. Gleichgeschlechtliche Gesellschaft bietet dem einen, reichlicher aber zielgehemmter Umgang mit Mädchen (Flirt, Tanz, „Poussieren") dem andern, freiwillige Arbeit (in Partei, Verein, Sport, Liebhabereien und Bildung) manchem, hemmungslose Aggression (Rauferei, Flegeleien und als geordnete Verwahrlosung: Fußball) nicht wenigen Befriedigung und einigermaßen geglückte Bewältigung dieser Aufgaben. Im häufigsten Fall ist es ein Gemenge von all dem, das gesucht und gefunden wird. Wie das aber so zu sein pflegt, wird oft die Versuchung plötzlich übermächtig gerade durch die Mittel, die sie verhindern sollen, und die Ersatzbefriedigung mündet in tiefe Unbefriedigung. Eine gewisse Unstetheit und Unruhe fließt von hier aus und färbt das ganze Leben. Wie gut oder schlecht aber immer die Vermeidung der Versuchung und die Ersatzbefriedigung gelingen mag, nach einiger Zeit treten Abstinenzerscheinungen auf. Sie sind dem Arzt wohlbekannt als neurasthenische Beschwerden, der Pädagoge und Psychologe pflegt sie weder zu beachten, noch zu verstehen.

Ob die Abstinenz schädlich oder unschädlich sei, das ist die Frage, der sich die Literatur gewidmet hat. Eine Einigkeit ist darüber nicht erzielt und kann auch nicht erreicht werden, weil „Schädlichkeit" und „Unschädlichkeit" unscharfe Begriffe sind, die jede beliebige Interpretation gestatten, und weil die Entscheidung der Frage mit sehr wichtigen weltanschaulichen Überzeugungen zusammenhängt. Leider ist aber über diesen Streit die wohl beantwortbare Frage, welches die Symptome der Abstinenz seien, ungeklärt geblieben. Immerhin findet man die maßgebenden Kenner darin so ziemlich einig, daß die sogenannte Neurasthenie: Kopfdruck, Müdigkeit, Abgeschlagenheit, und psychische Zustände wie Deprimiertheit, leichte Reizbarkeit, Ängstlichkeit und Schlaflosigkeit, schließlich sowohl sehr gesteigerte sexuelle Erregtheit und Phantasie als auch sexuelle Stumpfheit mit der Abstinenz nahe zusammenhängen. Andererseits sind uns alle diese Erscheinungen als neurotische bekannt. Wir werden aber doch, und dürfen uns dabei auf die Auffassung von Freud berufen, der Annahme zuneigen, daß die sexuelle Abstinenz (beim Manne wenigstens) jenseits neurotischer Mechanismen sozusagen auf direktem physiologischem Weg, zum Beispiel nach Art der Intoxikation, körperliche und psychische Symptome der geschilderten Art hervorbringt. Aber man findet diese Symptome auch ohne Abstinenz. Sie erweisen sich in diesem Fall als rein neurotische Beschwerden. Hier mag manch ungelöstes Problem der Neurosenlehre vorliegen. Wo aber die neurasthenischen Erscheinungen mit Abstinenz verbunden sichtbar werden, liegt kein Grund vor, sie nicht einfach als Abstinenzsymptome zu beurteilen, die mit regelmäßigem, befriedigendem Sexualverkehr verschwinden werden. Erst wenn das nicht geschieht, dann liegt Veranlassung vor, sie komplizierter zu deuten.

Der angedeutete Symptomenkomplex nun, den wir als Abstinenzerscheinung ansprechen, ist in der beginnenden Pubertät nahezu ausnahmslos vorhanden. Ich würde die Hypothese verteidigen, daß spätestens bei Abschluß der Geschlechtsreife jeder abstinente Jugendliche, gegebenenfalls neben echten neurotischen Symptomen, eine Fülle von Abstinenzerscheinungen produziert. Zu ihnen schlagen sich die sehr ähnlichen psychischen Reaktionen auf die Onanie. Manche jener Eigenschaften, die die Jugendpsychologen als spezifische Eigentümlichkeiten der Jugend beschreiben, könnten durch diese Auffassung eine einheitliche – aber nicht jeden Psychologen ansprechende – Erklärung finden. Doch stehe dies dahin. Der abstinente Jugendliche des *einfachen* Typus wird jedenfalls, nicht anders als der Erwachsene, von zahlreichen Abstinenzsymptomen befallen. In der Regel weiß er natürlich nicht, was seine Beschwerden verursacht; er wird von ihnen gewöhnlich stark beunruhigt und ist geneigt, gewisse hypochondrische Einstellungen zu entwickeln. Oder durch eine besondere Betonung der Gesundheit und durch hygienische und sportliche Maßnahmen leugnet er die Symptome und mildert sie. Häufig wird er erfahren, daß seine Leiden „nervöser" Natur sind oder wird gar lernen, daß sie die Folgen der Onanie und der sexuellen Erregung sind. All dies addiert sich leicht zu den narzißtischen Kränkungen, denen dieses Alter und insbesondere dieser Typ ohnedies reichlich ausgesetzt ist.

Zweierlei Symptome pflegen unter den Beschwerden eine besonders hervorragende Rolle zu spielen: Reizbarkeit, die sich bis zu heftigen, unmotivierten Wutausbrüchen steigern kann, und Angstbereitschaft. Beide stehen in naher Beziehung zur Abstinenz. Sie bestimmen das Leben des Jugendlichen entscheidend. Nicht wenige seiner Lebensäußerungen und Eigentümlichkeiten sind auf die Bewältigung dieser beiden Affekte gerichtet. Insbesondere der Aggression müssen wir Aufmerksamkeit schenken, weil beachtliche Beträge von Aggressionsneigung aus verschiedenen Quellen sich im Pubertierenden sammeln. Schon oben wurde erwähnt, daß aus den narzißtischen Kränkungen Ärger und Wut entstehen. Wir erfahren hier, daß die Abstinenz einen weiteren Beitrag liefert. Erwägen wir noch, daß häufig die Angst als Aggression nach außen gewendet wird, so verstehen wir, daß dieser Affekt dem Jugendlichen nicht wenig zu schaffen macht. Denn diese Aggression summiert sich zu der primär vorhandenen Aggression hinzu, die – dies gehört geradezu zu jenen Bedingungen – vielfach ungebändigt geblieben ist. Wir werden schließlich nicht der Tantalussituation mit ihren spezifischen Aggressionen vergessen, der unser Pubertätstyp ausgesetzt zu sein pflegt.

Schätzen wir die Aggression richtig ein, so gewinnen wir Verständnis dafür, warum die *einfache Pubertät* der Verwahrlosung so nahe steht. Selbst die Mittel, die sich an ihrem sozialen Ort anbieten, die Aggression zu bewältigen, erscheinen von der Lebensweise und den Wertungen der repräsentativen Schicht her gesehen nicht selten als eine Art Verwahrlosung. Ich denke dabei in erster Linie an die großen Jugendorganisationen, denen sich diese Pubertierenden vorzugsweise anschließen oder mit denen sie sympathisieren, also Gebilde von der Art der Cliquen in Deutschland, der Platten in Österreich oder Sportorganisationen wie Boxer und Fußballteams oder schließlich politische Organisationen der radikalen, also aggressiven Art. Verwilderung scheint die Signatur dieser Jugend zu sein, auch dort, wo sie sich in den Dienst, von ihrem Standort aus gesehen, idealer Ziele der Politik und der körperlichen Ertüchtigung stellt.

Die Aggression, die mit der Abstinenz zusammenhängt, ist nur ein Faktor. Darum ist es auch nur ein anscheinender Widerspruch, wenn man einwenden wollte, daß die Masse der Jugendlichen in diesen Organisationen keineswegs dem Abstinenzgebot folge. Ich möchte übrigens in die Frage nicht eintreten, wieweit nicht das zum Teil perverse, jedenfalls zum größten Teil unbefriedigende Sexualleben dieser Jugend der Abstinenz äquivalent ist.

Der Jugendliche des *einfachen* Pubertätstyps, der das Abstinenzgebot akzeptiert, findet sich so vor einer Reihe schwer oder gar nicht bewältigbarer innerer Schwierigkeiten. An dieser Stelle schlagen nicht wenige in den komplizierteren Typus um. Manchmal in einer scharfen, nicht selten in einer an äußeren Anlässen ausbrechenden Krise, manchmal in einem allmählicheren Prozeß des Rückzugs, bei dem führende Persönlichkeiten oder Ideen (Bücher) eine entscheidende Rolle spielen können, holen diese Jugendlichen sozusagen nach, was sie in der Kindheit versäumt haben: die Unterstellung der gesamten Sexualität unter das Über-Ich und sein Schuldgefühl. Sie gehen ins Lager der Jugendlichen über, die von Anfang an gegen die eindringende Geschlechtsreife und ihre Forderungen mit heftiger innerer Abwehr reagiert hatten. Sie verlieren dadurch ihre neurasthenischen Beschwerden nicht, sondern vermehren sie um eine Fülle von neurotischen Zügen, die sie selbst aber nicht als bedenklich oder gar krankhaft empfinden. Auch der Psychologe wird gut tun, sie zwar als neurotisch zu beschreiben, aber nicht als solche zu bewerten und zu behandeln. Er wird daran denken müssen, daß ein gewisses Maß von Neurose zur normgemäßen komplizierten Pubertät gehört und daß die einfachere, die man geneigt wäre wegen der Schlichtheit ihres Anfanges die normale zu nennen, in der heutigen Zeit verwahrloster und psychotischer Entwicklung gefährlich nahekommt.

Bei diesem Übergang der *einfachen Pubertät* in die komplizierte wirkt die Onanie bestimmend mit. Wer Abstinenz fordert, muß Onanie erwarten, wenn er nicht in Widerspruch mit den Tatsachen geraten will. In der Regel setzt die Onanie bei dem *einfachen* Pubertätstyp unter dem Druck der Abstinenzbeschwerden oder der Übermacht des Triebes als „provisorische", als Notonanie, ein und wird in ihren Phantasien nicht weit von der Vorstellung normaler sexueller Beziehungen bleiben. Tatsächlich ist die Onanie imstande, die Abstinenzerscheinungen zu mildern. Sie verringert insbesondere die Aggression. Freilich erwirbt sie dann leicht aggressive Inhalte und öffnet so den Weg in analsadistische Regressionen. Aber auch ganz allgemein wird selbst die pure Notonanie, wenn sie längere Zeit ausgeübt wird, den Anschluß an verdrängte oder sonst abgewehrte und unbewußte infantile Phantasien finden und von hier aus Schuldgefühl, Kastrationsangst und Abwehr inzestuöser Regungen mobilisieren und so zwar die Abstinenzbeschwerden mildern; aber im ganzen wird auf diese Weise die Aggression verinnerlicht und so aus dem der Verwahrlosung nahestehenden ein der Neurose angenäherter Verlauf der Pubertät erzeugt.

Das Kind, welches unter der Wirksamkeit jener sieben Bedingungen aufwächst, von denen oben die Rede war, weiß sehr früh, was Kindern in anderem Milieu manchmal lange unklar bleibt, daß die Onanie eine infantile Lustform ist, die die Erwachsenen gegen eine reichere und intensivere Lustmöglichkeit ausgetauscht haben. Die Onanie wird dadurch entwertet, was vermutlich dazu mithilft, daß sie früh aufgegeben wird und in der Latenzperiode keine nachhaltige Verführungskraft besitzt. Der Pubertierende erlebt dann seine Onanie vor allem als eine niedrige Befriedigungsweise, strebt von ihr weg und ist einerseits geschützter vor der Gefahr, sich an die Onanie zu fixieren, erlebt aber andererseits den äußeren Zwang, der ihm auferlegt zu sein scheint, und den inneren Drang, dem er sich ausgeliefert fühlt, als starke Selbstwerterniedrigung. Er reagiert auf sie mit Wut und Scham.

Unter dem Druck dieser Schwierigkeiten entzieht sich ein Teil der Jugendlichen des *einfachen* Typus den allmählich sich verschärfenden Konflikten durch Aufnahme des Sexualverkehrs. Diese gehen also nicht ins Lager der *komplizierten Pubertät* über, sondern zu denjenigen, die von Anfang an solche Einschränkung nicht auf sich nehmen wollten. Hier erweist sich dann aber, daß die Abstinenzforderung kein willkürliches und machtloses Gebot der Autoritäten ist, sondern daß sie in der seelischen und sozialen Wirklichkeit eine gewisse Begründung findet. Was wir aus theoretischen Gründen einen *einfachen Pubertätsverlauf* heißen, sichert kein einfaches Jugendleben.

Der Jugendliche, insbesondere der sehr Jugendliche, findet nämlich nicht ganz leicht ein Objekt, das er in jeder Beziehung wertschätzen und begehren kann. Er muß erfahren, daß er Gefahr läuft, von erwachsenen Frauen als grün und lächerlich abgewiesen zu werden, daß die Altersgenossinnen nicht minder abgeneigt sind, ihm volle Liebe und Sexualität zuzuwenden. Selbst wenn seine sexuelle Männlichkeit sich bewährt und Anerkennung findet, wird er gewöhnlich weder sozial noch seelisch – noch auch, wenn dies in Frage steht: geistig – ohne weit überlegene Konkurrenz bleiben. Sollte sich seine Wahl nach Idealen der Wertschätzung des Objektes, der Dauer der Beziehung und gar der Treue orientiert haben, so wird er sehr verwickelte Sachlagen vorfinden und an dem Problem des Objektes unüberwindbare Schwierigkeiten finden, falls er nicht, was nun freilich der häufigste Ausgang zu sein pflegt, in dieser oder jener Weise sich „oberflächlich" abzufinden weiß.

Die Eigentümlichkeiten des sozialen Ortes, an dem sich die Werbung abspielt, gibt dem jungen Liebhaber noch eine andere sehr harte Nuß zu knacken. Die Werbung kostet Geld, und Geld pflegt dasjenige zu sein, was der Jugendliche überhaupt am wenigsten besitzt. Die Mädchen wollen ins Kino und auf den Bummelplatz geführt, sie wollen bewirtet, beschenkt und vielleicht sogar gekleidet werden. Wer ein Motorrad besitzt, wer sich selbst „fein" kleiden kann, hat unvergleichlich erhöhte Chancen. Es wird in diesen Kreisen und in diesem Alter nicht nach sicherem Einkommen gefragt, das einen Hausstand ermöglichen soll, aber nach frei verfügbarem barem Geld, mindestens zum Wochenende, für reine Luxusausgaben. Daran ist vielfach tatsächlich die Möglichkeit geknüpft, eine Objektwahl auch nur zu erwägen. Dies gilt natürlich nicht oder sehr eingeschränkt für den Fall, daß der Jugendliche bei einem Mädchen eine intensive Liebesbindung erzielte. Aber eben dieser Fall pflegt selten zu sein und um so seltener, je jünger der Pubertierende ist. Das reale Problem der Werbungskosten wird noch gesteigert durch die innere Unsicherheit und durch vorausgegangene Enttäuschungen. Je geringer das Selbstwertgefühl des Jugendlichen, um so mehr wird er glauben, durch Kleidung, Gastlichkeit, Motorrad und dergleichen den erotischen Wert seiner Persönlichkeit verstärken zu müssen. Wir wissen, welchen Beitrag die Kriminalität des Jugendlichen aus dieser Quelle bezieht. Aber auch, wenn er keine kriminellen Handlungen begeht, hat er an dieser Stelle reichlich Schwierigkeiten zu gewärtigen.

Nun ist es nicht einmal damit getan, wenn das Objekt gefunden ist, sich zum Sexualverkehr bereit findet und die Partner sich auch als sexuell zulänglich erweisen. Denn dann erscheint Verhütung und Abtreibung als ernste Bedrohung der Liebesbeziehung. Ansteckung und Ansteckungsgefahr kommen dazu, und den meisten bietet die in Großstädten, besonders im Winter, sehr schwer zu lösende Frage der geeigneten Örtlichkeit harte Einschränkungen und empfindliche Kränkungen.

So findet der Jugendliche, der sich dem Abstinenzgebot zu fügen unwillig ist, Hindernisse genug, die einen einfachen Entwicklungsweg in die Erwachsenheit verbauen. So einfach die *einfache Pubertät* in ihrem Anfang ist, so sehr verwickelt sie sich im weiteren Verlauf. Es kann aber natürlich keine Rede davon sein, daß etwa die Mehrzahl der Jugendlichen dieses Typus sich darum andauernd unglücklich fühlte. Sie wissen in allen Lebenslagen ein genügendes Stück Befriedigung zu gewinnen, um bereit zu sein, nach jenem größeren Maß zu streben, das ihnen als „Glück" erscheint. Sie kämpfen so darum, wie es Persönlichkeit, Zufall und sozialer Ort eben gerade geben, und führen ihren Glückshaushalt mit kleinen Einnahmen und großen Zukunftsinvestitionen – ein Budget, das die wenigen Jugendjahre hindurch sich in Balance halten läßt. Aber die angedeuteten Umstände drängen unvermeidlich das Sexualleben dieser Jugendlichen in eine bestimmte Haltung. An der Lebensweise und den Werten eines anderen sozialen Ortes gemessen, würde es als geschädigt anzusprechen sein. Der Jugendliche selbst wird meistens diese Beurteilung nicht teilen können, sondern erst in der Erwachsenheit Beschwerden und Verkürzungen erleben, ohne über sie zu reflektieren.

Die allgemeinste Wirkung aller dieser Umstände nämlich ist der als Spaltung von Sinnlichkeit und Zärtlichkeit wohlbekannten Erscheinung sehr ähnlich. Die Psychoanalyse hat bisher Fälle studiert, in denen diese Störung in der frühen Kindheit entstand. Als eine Folge der inneren Abwehr gegen die infantilen inzestuösen Regungen wird der Erwachsene unter bestimmten Bedingungen unfähig, den Gegenstand seiner Liebe wertzuschätzen (zärtlich zu lieben) und gleichwohl sexuell zu begehren. Er muß diese beiden Komponenten, die in der frühesten kindlichen Liebe vereint waren und in der erwachsenen wieder vereint sein sollten, auf verschiedene Objekte streng getrennt verteilen; er verehrt oder begehrt. Der Typus von Jugendlichen, den wir hier betrachten, sieht sich von außen her dazu gedrängt, mit dem erniedrigten, jedenfalls dem nur sexuell geliebten und liebenden Objekt vorlieb zu nehmen. Seine zärtlichen Regungen verkümmern oder binden sich zielabgelenkt an Kameraden und Männer, oder auch, durch den seit Freuds Massenpsychologie gut bekannten Mechanismus, an die Gruppe überhaupt. Seltener wird eine Frau Gegenstand der zärtlichen

Liebe. Äußere Bedingungen erreichen so ein Resultat, das den Wirkungen innerer Abwehr sehr ähnlich ist. Wenn freilich nicht die Kindheitsgeschichte auch dieser Jugendlichen solchen Entwicklungsweg angelegt hätte, würden vermutlich selbst die krassesten äußeren Umstände wirkungslos bleiben. Dennoch besteht hier ein Unterschied. Bei jener klassischen Form der Spaltung von Zärtlichkeit und Sinnlichkeit wirken Verdrängungen entscheidend mit. Der Ausgang der Konflikte der *einfachen Pubertät* ist topisch davon sehr unterschieden, indem bei ihm zwar Verdrängungen nicht ganz fehlen, der zentrale Mechanismus aber als Verkümmerung deutlicher charakterisiert würde. Das Sexualleben erfährt so eine Färbung, die, von einem anderen sozialen Orte aus gewertet, als Verrohung erscheint. Dieses Schicksal droht jedem Jugendlichen dieses Typs und kann zu einem Dauerverhalten werden. Er muß aber subjektiv darunter nicht leiden, weil es soziale Orte gibt, an denen diese „verrohte" Sexualität die selbstverständliche ist.

An Stelle der Verkümmerung der Zärtlichkeit setzt zuweilen eine echte Regression ein, und der vorhandene Ansatz zu *neurotischer Pubertät* entwickelt sich nachträglich mit reichlichen Symptomen zu einer richtigen, vielleicht sogar schweren Neurose. Die Regression kann von Umständen der Realität ausgelöst werden und pflegt ihren Weg über die Onaniephantasie zu nehmen. Die Neurose, die in solchen Fällen mit dieser Vorgeschichte entsteht, weist neben eigentlichen neurotischen Symptomen eine undurchsichtige Fülle von Verwahrlosungserscheinungen und auch von psychotischen Zügen auf. So ist auch bei diesem einfachsten Fall der *einfachen Pubertät*, der nicht einmal das Abstinenzgebot annimmt, eine Weiche zu den komplizierteren Pubertätsverläufen gestellt.

Da bei diesen Entwicklungen die äußeren Konflikte eine hervorragende Rolle spielen, so sind sie viel mehr als jene, die ihre Entstehung inneren Konflikten verdanken, von der Länge der Zeit abhängig, welche die konfliktvolle äußere Situation andauert. Den Effekt, den ein innerer Konflikt sozusagen momentan erzielt, wird in der Regel die äußere Konfliktsituation erst dann herbeiführen, wenn sie monate-, ja jahrelang gleich scharf und gleich unbewältigbar wirkt. Vielleicht wird so die sehr auffällige Tatsche verständlich, daß gar nicht selten Jugendliche des *einfachen Typus* sich mit 18 oder 19 Jahren, selbst noch später, nachdem sie seit dem 14. oder sogar 12. Lebensjahr erwachsenen Sexualverkehr hatten, plötzlich von ihrer bisherigen Lebensweise und ihren Kumpanen abwenden und ein intensive „Vertiefung" und „Verinnerlichung" durchmachen. Oft wird die neue Lebensweise durch eine Bekehrung entweder zu den Idealen einer politischen Partei oder einer religiösen bzw. lebensgestaltenden Gruppe eingeleitet. Solche Charakterwandlung hat manchmal starke Ähnlichkeiten mit einem psychotischen Schub; dennoch handelt es sich – bei den Fällen, an die ich denke – um nichts anderes als um das verspätete Einsetzen einer *neurotischen Pubertät*. Was eine Kindheitsentwicklung mit weitgehender Verdrängung der infantilen Sexualität, und damit des sexuellen Anteils im Ideal, groß zu werden, beim ersten Aufscheinen der durch die Geschlechtsreife gesetzten inneren Gefahren zustandebringt, bewirkt ähnlich auch die jahrelang einwirkende Summe von Schwierigkeiten und Kränkungen, Behinderungen und Einschränkungen, denen der *einfache Pubertätstyp* ausgesetzt ist.

Daß die Jugendlichen, die auf eine der genannten Weisen, im Laufe ihrer Jugendzeit, sich den neurotischen Pubertätsverläufen angenähert haben, sowohl wegen der Eigentümlichkeit ihrer Vorgeschichte als auch wegen der besonderen Bedingungen, die ihnen ihr sozialer Ort bietet, merkwürdig sind, darauf kann ich hier bloß hinweisen. Diese kompliziert gewordene einfach begonnene Pubertät verlangt gesonderte Darstellung.

*

Noch vor wenigen Jahren hätte jeder Leser eines Aufsatzes über die männliche Pubertät eine Stellungnahme zu der viel umstrittenen Frage erwartet, ob dem Jugendlichen die Sexualbetätigung freigegeben werden soll oder nicht. Man erinnert sich wohl noch, daß unter den Psychoanalytikern Reich einen extrem radikalen und, wie ihm schien, freiheitlichen Standpunkt einnahm. Er fand wenig Zustimmung unter den Psychoanalytikern und erwachsenen Menschen sonst, aber einen gewissen Anhang in einigen kleinbürgerlichen, proletarisierten Jugendkreisen. Die Diskussion hat im Augenblick an Bedeutung eingebüßt, ohne ganz überflüssig zu sein. Es ist klar, daß diese Frage wissenschaftlich gar nicht beantwortet werden kann, da sie nicht auf Tatbestände, sondern auf Forderungen gerichtet ist, die ihrerseits von den Idealen abhängen, nach denen man das Leben künftiger Generationen geregelt sehen möchte. Der Psychologe wird darauf hinzuweisen haben, daß ein Teil der Jugend *de facto* Sexualfreiheit besitzt, ein anderer, größerer Teil sie sich trotz aller Verbote erobert hat. Unser *einfacher Pubertätstyp* gehört dazu. Ich glaube, gezeigt zu haben, daß er wenigstens in der gegenwärtigen Zeit dabei nicht durchaus glücklich werden kann. Die heutigen Zeiten sind der sexuellen Freiheit der Jugend nicht günstig. Es ist natürlich möglich, sich Zeiten auszudenken, die sich in diesem Punkt von der heutigen beträchtlich unterscheiden.

Wer aber nach einem Wunschbild der Zukunft schon heute sein Verhalten und Urteilen regelt und andere gleichfalls dazu bestimmen möchte, hätte doch zu bedenken, daß auch die absehbare nächste Zukunft, selbst bei raschestem Entwicklungstempo, der uneingeschränkten Sexualfreiheit der Jugendlichen nicht wesentlich günstiger wird sein können, als es die heutige ist und jede frühere war, weil zwar die gesellschaftlichen Einrichtungen sehr rasch geändert werden können, aber ein wichtiger Teil der Pubertätsschwierigkeiten aus der psychophysiologischen Tatsache des zweizeitigen Ansatzes der Sexualentwicklung folgt. Man müßte die Latenzperiode abschaffen – und wie das in einer nahen Zukunft glücken sollte, ist schwer einzusehen.

TYPES OF ADOLESCENCE

(1938)

A comprehensive psychoanalytic theory of adolescence has not yet been worked out. The fragments which have been published by several authors are to a certain degree inconsistent with each other, but they coincide in points of sufficient importance to warrant an attempt at piecing them into a theory. Briefly and roughly it may be sketched as follows.

After years of conflict between the instincts and the external and internal powers which enforce renunciations, the child reaches the equilibrium well known to us as the latency period. This relatively stable structure of mind and of behavior pattern is soon submitted to the test. Puberty appears. We do not know exactly either its eliciting factors or all the details of the far-reaching bodily changes which it involves. In psychoanalytic terms, puberty consists of a considerable increase of libido arising suddenly. The structure of course is not fitted to bear that burden. To adjust it to the new situation becomes of most urgent concern, and it is managed by the complex changes of mind and behavior which we call adolescence. Thus, adolescence is the adjustment of the child's personality to puberty, or at least an attempt at one. The task of bringing things into a new equilibrium can be accomplished by many and very different means. Each libidinal urge can be satisfied or repressed or be overcome by the various defense mechanisms of which only a small number has been described and named by psychoanalysts to date. Since there are scores of different ways of adaptation, there must exist more than a few types of adolescence. The selection of a definite mode of adaptation is, as we know, determined by the past life history of the individual. Thus we may expect to gain knowledge of the conditions which foster or prevent the development of these types.

Our simple but nice formula is too poor to pass even as a nucleus of a scientific theory. Nevertheless it conforms to the facts better than the various formulæ suggested by many psychologists, who claim that the very nature of adolescence or the peculiarities of the adolescent have been discovered by them. German writers, especially from 1920 to 1930, have been fertile in constructing such formulæ for the age between childhood and adulthood. From the start their efforts could not be successful because adolescence is a phenomenon so complex and multiform that one or a few terms cannot cover it. What happens during the years of youth varies from individual to individual and the field of variation is a conspicuously extensive one. Considering the abundance of variation the aim of the psychologist seems to consist in describing types only. No doubt such criticism is sound. Guided by it psychologists have not always escaped the other danger, that of overlooking the similarities which unite the various forms. In this situation our psychoanalytic formula deserves some attention. It considers the mentioned unity, terming it ‚adjustment to a biological fact (puberty)‘ and at the same time comprises all the possible types of adolescence by the very fact that the adjustment in question can be achieved by different means.

By amending the formula we make its usage more expedient. Puberty occurs in a certain body; but that body lives in a definite time, at a definite place under concrete social and cultural circumstances. The pubescent child is surrounded by people who have clear ideas about how he should behave. The means he chooses to overcome the situation aroused by the increased amount of libido may either be in harmony with these requisites or may contradict them. Adolescence may be compliant or rebellious. The biological process occurring in the body and the attitude of the environment in which it lives are two sets of facts that are constant in contrast to the mind of the youngster, and neither is changeable nor subject to his influence. The particular form of adolescence that is developed to meet the disturbing biological fact may therefore be described in terms of biological and social dependencies.

The attitude of adult people towards the puberty of their children unfortunately varies from culture to culture. It varies within the same nation from class and varies with time even within the same stratum of society in the same nation. Nevertheless there is some conformity in these different attitudes. With rare exceptions, adults guiding and judging the behavior of children and adolescents are opposed to early sexual intercourse, even in the advanced stages of youth. And more than that, they expect that the adolescent shall not be much concerned with wishes, fantasies or plans, in so far as they express specific adult sexual attitudes.

We may disregard the exceptions mentioned in the present sketch. Thus the compliant adolescent has to renounce adult sexual life; he must reject such sexual wishes, should they become conscious. The rebellious adolescent will disregard such prohibitions. He will try to get libidinal satisfaction through sexual activity as soon as his physique permits it, perhaps even earlier. Since many facts work together to make this task difficult for him, he may be forced to postpone the realization of his plans. He will struggle against the obstacles, regarding them merely as external hindrances which are put in his path without justification and considering it his right or duty to overcome them by cunning and patience. Such rebellious pubescents exist beyond doubt, though psychologists do not like them and have given them less consideration than they deserve in point of number and social importance. As pure types in every field are rare, the extremely rebellious adolescent, which I have in mind, is more unusual than the numerous varieties that display, among other traits, disobedience to a greater or less degree.

Let us consider the opposite case, the extremely compliant adolescent. He can settle his problem in the easiest and simplest way, that is, by repressing thoroughly at the onset of puberty. In such cases puberty passes almost un-noticed. A tendency to develop symptoms of neurotic anxiety or of hysteria as well as a short period of restless-ness, which either accompanies or precedes the formation of these symptoms, may be noted. Then the pubescent re-sumes his former comparatively balanced emotional life. In spite of intellectual development he remains childish, sometimes even in external appearance, and exhibits none of the turbulence that goes hand in hand with the storm and stress of youth.

Certainly these two types cover but a small part of the whole field of adolescence. We include all of them in our scheme by supposing that there may be mixed types, composed of different rebellious and different compliant traits. Unable to analyze these mixed types briefly, I shall try to check the hypothesis, first asking whether there is an item common to all the supposedly mixed types and absent in all the pure ones. In point of fact, the extremely rebellious and the equally compliant have no internal conflicts, but all the others experience them. Of cource, internal conflicts cannot be absent when libidinal de-mands are to be controlled. The adjustment to puberty includes a struggle between the id and the superego, and therefore internal conflicts. But no conflicts will arise, (a) unless the libidinal urge is influenced at the onset by in-hibiting demands, or (b) if the libidinal urge is completely powerless. The first case is identical with the rebellious type, the second with the compliant type. Thus all the other forms of adolescence, besides both pure types have a common characteristic, the presence of conflicts. Conflicts should be describable in terms of rebellion and compliance. They are aroused obviously where motives for both attitudes are at work simultaneously.

Without going into details, let this reflection be suffi-cient check for the hypothesis. We may then deduce from our psychoanalytic formula three classes of adolescence: (a) the purely rebellious class, I; (b) the purely compliant class, III; (c) the mixed class, II, as we shall call it. These classes may be inferred in terms of permutation from the formula. We may symbolize rebellious traits by the

sign ,–' and compliant traits by the sign ,+' and deal with
sets of two signs. We then obtain the following table:

TABLE I					
		Milieu			
	Class	Past	Present	Type	
Rebellious	I	–	–	1	rebellious
Mixed	II	–	+	2	obstreperous
		+	–	3	dangerous
Compliant	III	+	+	4	compliant

We do not yet know how to discriminate between the two
subclasses, – + and + –. They both have conflicts, they are
mixed, they are represented by two different symbols.
But the order of the symbols is not yet significant.

In this embarrassing situation, we find a way out by
reconsidering the very simple facts which we have ex-
pressed above in highly abstract psychoanalytic lan-
guage. The superego is the internalized and perpetuated
attitudes of the little child's adult environment towards
his libidinal impulses. The internal conflicts which are
specific for the mixed class remind us to take into account
the past environment of the child in addition to the present environment of the adolescent. In accordance with
the orders of the authorities of his early childhood as
well, the adolescent may behave either rebelliously or
compliantly.

We introduce this thought in our table I, giving the
first column the meaning of past *milieu*, and the second,
present *milieu*. Thus we obtain four types, of which 1 cor-
responds with class I, 2 and 3 with class II, and 4 with
class III.

The meaning of types 1 and 4 is not affected by this
new point of view. But types 2 (– +) and 3 (+ –) are no
longer identical. As we have not heretofore bothered
about the exceptions and have supposed that the requisites of the present environment uniformly reject adult
sexual patterns, we have simplified the facts regarding
the past environment as well. The adults who take care

of the small child attempt to suppress its libidinal strivings. Their pressure is more powerful and directed to more complete and thorough rejection than is that of the authorities composing the environment of the adolescent. But the content of the requisites is not the same in childhood as in adolescence. Rebellion against one of the two sets of demands may be accompanied by compliance with the other. Rebellion against the past environment means roughly that a certain part of the libidinal infantile wishes no longer is kept within limits by the superego. Nevertheless the adolescent may behave compliantly to the later influence, avoid adult sexual gratifications, be in defense against those wishes and fantasies, and even a complete asceticism may appeal to him. At the same he will, for instance, be inclined to infantile masturbation, fantasies or their equivalents and averse to any progression towards adult sexuality. He may be ‚naughty', ‚rebellious', or ‚aggressive' enough to be a nuisance and to become a problem at home and in school, and nevertheless remain sexually compliant. He exhibits inconsistent patterns and of course experiences serious conflicts. His structure is highly unbalanced. Therefore the tendency will be strong either to become compliant to past influences, too, or on the contrary, to expand the rebellious attitude towards the present influences. The obedience is costly, for the doubly strong libidinal demands can be held in check only by very great repression. Anxiety, introversion, high emotional irritability, infantile perversions on the one hand, and a consistently unsuccessful struggle to abstain on the other hand are characteristics of this type (2). It may be called the obstreperous type.

It is easy to identify pubescents who belong to this type, because the standard form, which psychologists usually describe as *the* adolescent is precisely our deduced combination – +.

An adolescent who complies with the demands of his childhood authorities and who nevertheless enjoys in fantasy or in action, gratifications reserved for adults only, is certainly in a dangerous position. He will be exposed to violent attacks by his conscience. Sexual fantasies and actions are not only disapproved of by his environment, but punishable by guilty feelings in all their disguised forms with all their effects. Probably he will not be fully conscious of the connection between his depressions and his sex life, to which he believes himself to be entitled, and he will defy the reproaches, orders, and punishments of the adult authorities. To avoid pain and conflicts he is likely to renounce his pleasure and be submissive, to become an extremely compliant individual. The opposite solution is also possible. But there are instances enough in which the problem is not solved and proves to be insoluble. In our symbols this type has the designation 3 (+ −). These adolescents may become criminals; some of them will commit suicide or become wayward. I therefore suggest calling this the *dangerous* type.

Certainly this ‚typology' is so crude that readers may doubt if it is worthy of consideration, in spite of my repeated assertion and apology that I myself know how rough this scheme is. Its main asset, in my opinion, is the possibility of its being improved in several ways.

We have omitted the banal but important fact that adolescence is a process and not a state. It lasts several years during which changes occur. These are mostly not trivial but usually more significant than any other changes experienced during a long life. They do not keep within the limits of one particular type. A boy may start adolescence in a state of pure compliance, may become dangerous over night, and after one or more years he may fit into the class of the rebellious. Hardly any adolescence is uniform from the beginning to the end; the development is phasic. We shall not consider whether certain laws govern the succession of these phases and their number. We restrict ourselves to a few remarks on how to deal with these phases in the frame of our combinatory typology. The simplest method seems to be to regard the succession of phases as a succession of types. A particular adolescence is thus described by a series consisting of several of the four types or of all of them. The same type may occur several times in one series.

We consider first an adolescence with two phases. For

instance, the case of the youngster who started adolescence obedient to his past environment and rebellious to the present (a dangerous pubescent) – in symbols, type 3 (+ –). At seventeen years he becomes rebellious to his past milieu, without changing his attitude to the present. He turns into a purely rebellious adolescent – in symbols, type *1* (– –).

We may very conveniently draw up Table II, showing all possible diphasic developments as follows: column A means the type which is shown in the first phase, column B the type of the second phase. The types are symbolized by the figures which name them in Table I. There are twelve different possible diphasic forms of adolescence: *a* to *l*, if we suppose that puberty may start or end with every one of the four types. The case *m* to *p* represent the four monophasic types, which we considered before and which appear here as singularities of the diphasics.

	TABLE II	
	A	B
a	1	2
b	2	1
c	1	3
d	3	1
e	1	4
f	4	1
g	2	3
h	3	2
i	2	4
j	4	2
k	3	4
l	4	3
m	1	1
n	2	2
o	3	3
p	4	4

It is confusing to invent too many artificial names. We shall therefore call the different forms of diphasic adolescence by the letters *a* to *l* or by a formula, which is not limited in usage by the number of phases. We may, for instance, write A (3,1) for the case we considered above as example, and which according to Table II would be *d*.

Some psychologists consider diphasic forms with preference. The reality is more multiform. Three phases and frequently many more are required to describe many an adolescence. Our symbols make it apparent that an abundance of forms is imaginable. Suppose, for instance, by looking closely at a case of type *a*, you discover a third phase either before the former first phase or between the former first and second phase, or after the second phase. There are sixty possible different forms, obtainable by permutation. The beginning of the whole set is shown in the following table:

TABLE III			
a	1st phase	2nd phase	3rd phase
α	1	2	2
β	1	1	2
λ	1	2	1
δ	1	2	3

Which of these possible forms really exist, can be decided through a specific research only. How many phases a typical, how many an extremely complicated adolescence has, can not be guessed either. It is the aim of this article to encourage such questions as these, and perhaps to incite and facilitate research on them.

For the purpose of comparing individual adolescents, it will probably be useful to deal with a fixed yardstick. We divide the period of youth from its beginning to its end into phases, each one, let us say, one half year long. We evaluate the type of each of these phases in terms of our types 1 to 4. The formula of a pubescent NN may then be: A (2,2,1,2,2,1). This would mean that his adolescence lasted three years, that it started as an obstreperous one, became rebellious for the third half year, and terminated rebellious.

It may now prove diverting to calculate how many different forms of adolescence are theoretically possible. Supposing four years of adolescence to be the maximum, and admitting cases with eight discernable phases only, we obtain a substantially high number, $\angle 4^8$=65 536. This game may become useful, if it stimulates reflection. Since the variety of forms which we really meet is certainly far below this number of possible forms, there must be definite laws that determine the succession of types during adolescence. The laws exclude many of the mathematically possible series. A nice variety is left, but talking about innumerable individual forms is vague, metaphoric, or unsound.

I expect that many readers will take this article to be an entertainment. According to this judgment, they will either like it in a way, or reject it angrily. In neither case will they take it seriously. I admit that I myself am uncertain how far my remarks in this article will prove to be applicable in serious research. The psychology of adolescence on the one hand, and typology in general on the other, are so complicated and at present so deficient, that every student is justified in communicating a new thought.

A comparison between the kind of types which psychologists usually describe and the nature of types which I advocate in this article is instructive. It touches a problem of general interest for methodologists.

In comparing several adolescents, differences and similarities naturally are observed. The psychologist usually groups them in such a way that the similarities approach a maximum within each group, which is called a type, whereas they tend to a minimum between each two of these types. When the question arises as to which type the adolescent NN belongs, it will be answered on the basis of the observation of NN. The required observation is a very simple one: look at him, see how he behaves, ask him what he feels, thinks, hopes, and fears. This method is obviously not applicable to our types. The coordination of NN to one of our types depends upon such criteria as ,obedience' and therefore involves knowledge about the environment which can not be plainly observed, and is not indicated by the observed behavior of NN. It further depends upon such criteria as relation to the past *milieu* which likewise cannot be simply observed. The criteria of our division of types are defense mechanisms or historical facts which become observable by psychoanalysis only. The usual types are phenotypes, ours are genotypes. This typological difference, which becomes more and more important in different branches of modern science, will be easily understood by thinking over the following paradigm:

The carp and the whale belong to the same type, as compared with birds or flies. They are alike in many plainly observable important facts of behavior and of bodily construction. In a division of phenotypes they may be members of the same class or of two closely related. If anatomy, histology, and embryology are permitted to produce criteria for the division, the carp and the whale are no longer in the same group. The whale becomes a close relative of animals which have a minimum of plainly observable similarities with it. The division into genotypes uses criteria which can be selected only after a definite research, after analysis of the plain facts.

An obstreperous youth, NN, and a dangerous one, MM, can be as alike as carp and whale. Both, for instance, may be introverted types (Jung) or negativistic types (Bühler). Psychoanalytic research, however, might reveal that NN has a rebellious, MM a compliant relation to his past environment, the superego, and that they belong to different genotypes.

A typology at the same time genotypic and combinatory offers so many scientific advantages, that an attempt to introduce it into the psychology of adolescence warrants some indulgence.

Anzeigen

Charlotte Bühler: Zwei Knabentagebücher. Mit einer Einleitung über die Bedeutung der Tagebücher für die Jugendpsychologie. (Quellen und Studien zur Jugendkunde, Heft 3.) Jena 1925.

Sehr dankenswert ist die „absolut vollständige" Veröffentlichung des umfangreichen Tagebuches: „Gedanken und Gedankensplitter, Auszüge aus Büchern, Register und Beschwerdebuch über Haus und Schule und Welt." Verfasser, sechzehn Jahre alt, führt hier durch acht Monate ein sehr reichhaltiges Diarium, das seine religiösen Kämpfe, seine geistigen Interessen, seine erste Liebe (vom zärtlichen Typus) höchst lebhaft schildert, seine Konflikte mit den Eltern und seine sexuellen Schwierigkeiten aufschlußreich andeutet.

Daß ein solches Dokument für die psychoanalytische Forschung von Interesse ist, bedarf keiner Bemerkung. Ein genaues Studium dieses und anderer Tagebücher dieses Typus können Aufklärung mancher Detailfrage zur Psychologie der Pubertät und Liebe bringen. Die Bestätigungen für die Freudschen Lehren sind zahlreich und durchsichtig. Bühler freilich findet in ihrer Einleitung, daß das Tagebuch einen sehr exakten Beleg gegen Freuds Sublimierungstheorie liefert. In den ersten vier Monaten berichtet der Tagebuchschreiber über lebhafte geistige Interessen, dann erst von einbrechenden Sexualkonflikten, die zugleich eine deutliche Produktionshemmung bringen. Die Sexualbeschwerden werden überwunden durch die Konzeption eines Dramas, „Brennendes Eis", und durch eine „reine" Liebe zu einem unbekannten Mädchen. So schildert der Knabe seine Entwicklung, das Tagebuch stimmt damit objektiv überein: „Meine sexuelle Entwicklung ist in den Mittelpunkt getreten und hat beinahe die Philosophie verdrängt", formuliert er vor Überwindung der „tierischen" Leidenschaften. Dies ist für Bühler ein exakter Beweis. Sie dekretiert: „Die geistige Interessenperiode unseres Tagebuchschreibers liegt *vor* der Periode der sexuellen Krise. Die seelische Problematik leitet den Pubertätsprozeß ein, und weit entfernt davon, als Sublimationsprodukt der sexuellen Krise aufzutreten, *endet* sie vielmehr, unwiderruflich scheiternd an der stärkeren Gewalt des körperlichen Prozesses, der später entsteht oder dessen Krisis wenigstens später liegt." (S. XII) Allerdings wird diese sexuelle Krisis doch durch „Sublimation" (Drama zum Beispiel) überwunden, und zwar so deutlich und vom Schreiber betont („meine neue Geliebte ist die Literaturwissenschaft"), daß man sich doch fragen könnte, ob nicht die geistige Interessenperiode, mit der das Tagebuch beginnt, Folgezustand von voraufgegangenen sexuellen Krisen ist. Was mag wohl mit der Sexualität der „ersten Pubertät" im dritten Lebensjahr, die doch Bühler in einem früheren Buch so rühmlich und selbständig entdeckt hatte, geschehen sein? Ob die nicht ein wenig sublimiert worden ist?

Es ist entschieden übertrieben, den Anfang des Tagebuches mit dem Anfang der Pubertät gleichzusetzen. Bühler findet die von ihr aufgestellten Phasen der Pubertät im Tagebuch wieder. Das entwertet freilich ihre seinerzeitige Phasenaufstellung, die für den ganzen Pubertätsverlauf (eines Typus) recht ansprechend war, aber doch nicht innerhalb acht Monaten mitten in einer Pubertät ablaufen kann. Überhaupt bringt diese Einleitung „Über die Bedeutung des Tagebuchs" keine Fortschritte; sie rekapituliert bloß, was der Tagebuchschreiber sagte. Vom bearbeitenden Psychologen wäre zu fordern, daß er über den Tagebuchschreiber mehr zu sagen wüßte, als dieser von sich selbst ohnehin aussagt.

Die Bedeutung des Tagebuchs für die Jugendpsychologie wird überschätzt beziehungsweise falsch gesehen. (Zum Beispiel: „Isolierungsbedürfnis ist eigentlich die einzig notwendige Voraussetzung des Tagebuchschreibens." (S. IX) Wir werden „von einem Gesetz der Isolierung sprechen, welches ein ... spezifisches Verhalten des Reifungsalters bezeichnet. In der Tatsache des Tagebuchschreibens findet es eine der möglichen Ausdrucksformen." (S. X) „Das Tagebuch bietet eine geschlossene Folge von Selbstbeobachtungen. Gemessen an den Selbstbeobachtungsprotokollen im wissenschaftlichen Experiment weist das Tagebuch gewisse Vor- und Nachteile aus. Der Hauptmangel ist selbstverständlich darin begründet, daß wir es nicht mit einer wissenschaftlich geschulten Versuchsperson zu tun haben" (S. V). Die Priorität, die Bühler für den Gedanken beansprucht, „die Auswertung von Tagebüchern Jugendlicher als Quelle ... als methodisches Prinzip vorgeschlagen" zu haben (S. V), kann, so wenig bedeutend der Gedanke ist, ihr doch nicht zuerkannt werden. Diese Selbsttäuschung über die Originalität ihrer Anschauungen, kehrt in den Bühlerschen Büchern immer wieder und berührt den sachkundigen Leser recht wenig angenehm.

Das zweite Tagebuch (11 Seiten) ist so ausgiebig gestrichen, daß sein Wert als Tagebuch äußerst gering ist; wohl aber bietet es einige Belege für eine Ausdrucksform des Sehnsuchtserlebnisses in der Pubertät.

William Stern: Anfänge der Reifezeit. Ein Knabentagebuch in psychologischer Bearbeitung. Leipzig 1925.

Die umfangreichen Tagebücher eines Knaben von der Mitte seines 12. bis zum vollendeten 15. Jahre werden in reichlichen Auszügen, vom personalistischen Standpunkt geordnet und – gelegentlich – gedeutet. „ ... es soll die wesentliche Struktur der *Phase* persönlichen Lebens, die wir *frühe Pubertät* nennen, an einem konkreten Beispiel zur Darstellung kommen." (S. 3) Das Material ist vielseitig und von beträchtlichem psychoanalytischen Interesse; umso mehr, als das Tagebuch aus den Jahren 1884/86 stammt, sich also einige Parallelen zwischen heutiger und damaliger Jugend aufdrängen. Die minimale Relevanz der Kulturunterschiede für die wesentlichen Strukturbestandteile eines Pubertätstyps wird hiebei deutlich. Bedauerlich ist, daß bloß, von einem bestimmten Bearbeitungsgesichtspunkt gewertete, Auszüge geboten sind. Die vollständige Publikation hätte Nachprüfung und Verwertung des wertvollen Stoffes von anderen Gesichtspunkten aus ermöglicht.

Sehr dankenswert hingegen ist, daß Stern – im Gegensatz zu den Bühlerschen Tagebuchveröffentlichungen – ausführliche biographische Daten über den Tagebuchschreiber und dessen Bemerkungen (von 1924) zu seinem Tagebuch bietet. Hiebei wird festgestellt: „Es gab auch solche [Tagebuchnotizen], die mich geradezu überraschten. Sie waren völlig vergessen und verschollen ... Bei diesem unberechenbaren Spiel der Erinnerung ist nicht etwa die Wichtigkeit der allein entscheidende Auslesefaktor. Ein so aufregendes Erlebnis wie der Selbstmord eines mir bekannten Knaben gehörte zu dem ganz Vergessenen (vielleicht liegt hier eine Verdrängung vor?)." (S. 6) Leider ist solche – im Buch mehrfach gegebene – Bestätigung der Verdrängungslehre für Stern kein Anlaß, der Tatsache der Verdrängung in seinen personalistisch-psychologischen Deutungen ernsthaft Berücksichtigung zu gewähren. Sehr entschieden und unseres Erachtens sehr richtig betont Stern, daß Tagebücher nicht „als *direkte* Wiedergaben des wirklichen seelischen Erlebens zu werten [sind]. Auch hier muß *gedeutet* und umgedeutet werden ... vor allem darf man nicht das, was im Tagebuch *nicht* gesagt wird, als fehlend oder seelisch irrelevant ansehen ... Hier wird sich erst allmählich eine psychologische Deutungstechnik entwickeln müssen ... verfehlt wäre es doch zu wähnen, in diesen (Tagebüchern) bereits die adäquaten Seelenkonterfei der Verfasser zu besitzen." (S. 2)

Dennoch verstößt Stern an einigen Stellen, an wenigen zwar, aber gerade an für uns entscheidenden, gegen diese methodischen Prinzipien. So heißt es zum Beispiel (S. 39): „Das geschlechtliche Moment ... *Ein* Eindruck geht eindeutig aus dem Tagebuch hervor: beim 14jährigen ist dies Erlebnisgebiet vorhanden, aber es spielt keineswegs eine zentrale Rolle." „Im Tagebuch" müßte es heißen, dann wäre das methodisch korrekt und würde zu der psychologisch sehr fruchtbaren Fragestellung führen, welche Ursachen dies Tagebuchphänomen hat und unter welchen Bedingungen andere Typen von Tagebüchern zustandekommen. Stern schließt aber hier, so scheint es, gegen seine eigene methodologische Einsicht, aus dem Verhalten des Tagebuchschreibers direkt auf dessen psychisches Verhalten überhaupt, als wäre das Tagebuch nicht ein Objekt der Deutung, sondern eine urkundliche Wahrheit.

Karl Reininger: Über soziale Verhaltungsweisen in der Vorpubertät. Aus dem psychologischen Institut Wien. (Wiener Arbeiten zur pädagogischen Psychologie, hrsg. von Charlotte Bühler und Viktor Fadrus, Heft 2.) Wien/Leipzig/New York 1924.

Verfasser hat über ein Jahr lang „sorgfältige Beobachtungen" an einer Volksschulklasse mit fünfunddreißig durchschnittlich elfjährigen Knaben „sowohl im Unterricht wie in den Pausen und nach Möglichkeit auch außerhalb der Schule studiert, wobei planmäßige Maßnahmen wie Wechsel der Sitzordnung, Aufsatzlernen, Spielanregungen u. dgl. unauffällig die Arbeit unterstützten." (S. III) Die festgestellten Sachverhalte verdienen Interesse. Die Bildung einer festen Rangordnung unter den Schülern, ihre Gruppierung um Führer, das typische Verhalten der Rangobersten und Rangunterstern untereinander, die Qualitäten der Führer – dies alles wird durch die systematische Bearbeitung der gemachten Beobachtungen plastisch herausgearbeitet. Die Ergebnisse entsprechen im wesentlichen den Befunden, die Hoffer[1] beschrieb – eine Arbeit, die übrigens dem Verfasser entgangen zu sein scheint. Die Deutungen, gänzlich auf Adlers Lehre vom Drang „nach oben" aufgebaut, vermögen das beigebrachte Material nicht zu bewältigen; wenn sie auch jeweils ein Stück weit reichen. Vergessen hat der Verfasser, seine eigene Rolle – als Klassenlehrer der beobachteten Kinder – bei der Gruppenbildung zu erfassen und in Rechnung zu stellen; der Vernachlässigung dieses wichtigen Faktors dankt er die Möglichkeit, die libidinösen Fundamente der Gruppe nicht sehen zu müssen.

---

1 Wilhelm Hoffer: Ein Knabenbund in einer Schulgemeinde. In: Siegfried Bernfeld (Hrsg.): Vom Gemeinschaftsleben der Jugend. (Quellenschriften zur seelischen Entwicklung, Bd. II.) Leipzig/Wien/Zürich 1922, S. 76–144.

NACHWEIS DER ERSTVERÖFFENTLICHUNGEN UND EDITIONSBERICHT

Die neue Jugend und die Frauen. Wien/Leipzig: Kamönenverlag 1914. 71 Seiten.

Selbstanzeige. In: Der Anfang. Zeitschrift der Jugend 2 (1914), H. 4, S. 118f.

Über den Begriff der Jugend. Dissertation, der Philosophischen Fakultät der Universität Wien vorgelegt im Sommersemester 1915. Datierung Bernfelds auf dem Titelblatt: Wien 1914/15. Datierung der Erklärung über die benutzten Hilfsmittel: 19.4.1915. 93 Schreibmaschinenseiten. Bisher unveröffentlicht.

Über eine typische Form der männlichen Pubertät. In: Imago 9 (1923), S. 169–188.

Die heutige Psychologie der Pubertät. Kritik ihrer Wissenschaftlichkeit. In: Imago 13 (1927), S. 1–56.

Über die einfache männliche Pubertät. In: Zeitschrift für psychoanalytische Pädagogik 9 (1935), S. 360–379.

Types of Adolescence. In: The Psychoanalytic Quarterly, vol. 7 (1938), S. 243–253.

Anzeige Charlotte Bühler: Zwei Knabentagebücher. Jena 1925. In: Imago 14 (1928), S. 396–398.

Anzeige William Stern: Anfänge der Reifezeit. Leipzig 1925. In: Imago 14 (1928), S. 399f.

Anzeige Karl Reininger: Über soziale Verhaltungsweisen in der Pubertät. Wien/Leipzig/New York 1924. In: Imago 14 (1928), S. 524.

Der Wiederabdruck der Texte erfolgt grundsätzlich unverändert. Offensichtliche Versehen und Druckfehler wurden stillschweigend korrigiert, vergessene Wörter eingefügt. Einfügungen, die der besseren Lesbarkeit oder grammatikalischen Korrektur dienen, sind durch [ ] gekennzeichnet. Sprachliche Eigentümlichkeiten wurden beibehalten, Interpunktion und Orthographie jedoch dem heutigen Gebrauch angeglichen. Gelegentlich wurden längere unübersichtliche Sätze durch eine neue Interpunktion gegliedert; längere Absätze wurden, der Gedankenführung folgend, weiter untergliedert. Die sprachlichen Glättungen und Korrekturen von Bernfelds Hand im Original der Dissertation wurden eingearbeitet. Alle Zitate wurden überprüft und korrigiert. Die Quellen- und Literaturnachweise erfolgen in der heute üblichen Titelaufnahme. Bei den Anmerkungen wurden diejenigen Bernfelds durch einige wenige Erläuterungen des Herausgebers ergänzt und – auch abweichend von den Vorlagen – durchlaufend numeriert.

SIEGFRIED BERNFELD

WERKE

Siegfried Bernfeld (1892–1953) ist in der Psychoanalytischen Bewegung und in der Pädagogik als ein ungewöhnlich kreativer und produktiver Kopf hervorgetreten. Eine
Werkausgabe fehlt jedoch bisher, der erste Versuch einer
Gesamtausgabe ließ sich verlegerisch nicht realisieren.[1] Einzelne Schriften Bernfelds sind seit dem Ende der 1960er Jahre
wichtige Diskussionsgrundlagen gewesen: in wissenschaftsgeschichtlichen und -theoretischen Zusammenhängen der
Wiederentdeckung der Freudianischen „Linken" (Dahmer
1980, 1982) und der Rekonstruktion der Freud-Biografie
(Grubrich-Simitis 1981), im Zuge der Psychoanalyse-Mar-
xismus-Debatte (Reich et al. 1968; Gente 1970/1972; Sandkühler 1971), der Wiederaneignung der Psychoanalyse in
der Pädagogik (Klein 1968; Reich et al. 1970; Bernfeld 1925),
der Antiautoritären Erziehung (Bernfeld 1968; Strafe und Erziehung o.J.; Antiautoritäre Erziehung I–III; Werder/Wolff
1969/1970) und der Kibbuz-Erziehung (Fölling-Albers 1977;
Melzer/Neubauer 1988) sowie der Kritischen Jugendforschung (Zinnecker 1978). Neben vielen Raubdrucken entwickelte sich Bernfelds *Sisyphos oder die Grenzen der Erziehung*
(zuerst 1925) in der Neuausgabe im Jahre 1967 in der Suhr-
kamp-Reihe *Theorie* zu einem „Longseller" und avancierte in
der Generation der von der Kritischen Theorie inspirierten
akademischen Pädagogen zum meistgelesenen „Klassiker"

---

1 Die im Beltz-Verlag (Weinheim/Basel) von Ulrich Herrmann 1992
zu Bernfelds 100. Geburtstag begonnene 16-bändige Gesamtausgabe musste nach drei Bänden, die den Bänden 1, 2 und 4 der
vorliegenden Ausgabe entsprechen, aus finanziellen Gründen
eingestellt werden.

(Horn/Ritzi 2003)[2]. Ein Sammelband mit bio-bibliografischen Materialien und punktuellen Sachbeiträgen versuchte eine erste Einführung in Leben und Werk (Fallend/Reichmayr 1992; Hörster/Müller 1992)[3]. Die oben erwähnte dreibändige Auswahlausgabe von Bernfelds Schriften durch Lutz von Werder und Reinhart Wolff hat – trotz eines irreführenden Titels und gänzlich unzulänglicher editorischer Qualität – das Verdienst, die Beschäftigung mit Bernfelds Werk intensiviert zu haben. Sie soll durch diese Werkausgabe auf eine breitere und solidere Basis gestellt werden. An ihr werden Fachleute für das jeweilige Band-Thema mitarbeiten.

Die Anordnung der einzelnen Bände dieser Werkausgabe folgt Bernfelds Arbeitsschwerpunkten im Verlauf seines Lebens.

Als Student in Wien suchte Bernfeld Anschluss an den kulturkritischen Flügel der deutschen Jugendbewegung (die *Jugendkultur*bewegung um Gustav Wyneken; vgl. Herrmann 1985, 2006) und die Bewegung der freistudentischen „Sprechsäle". In Wien gründete Bernfeld einen eigenen Sprechsaal für (jüdische) junge Leute (Jungen und Mädchen, Gymnasiasten und Studierende), ein „Akademisches Comité für Schulreform" (A.C.S.) und eine Arbeitsgruppe zum Studium und zur Erforschung des Jugendalters mit angeschlossenem „Archiv für Jugendkultur".

Band 1 der *Werke (Theorie des Jugendalters)* enthält als Erstveröffentlichung Bernfelds Wiener Dissertation von 1915 mit dem Titel „Über den Begriff des Jugendalters" sowie seine grundlegenden Abhandlungen zu einer psychoana-

---

2   Darin S. 51ff.: Ingrid Lohmann über Bernfeld. Die Rangordnung – Bernfeld an erster Stelle – sagt freilich nur etwas über die Wertschätzung des Bernfeld'schen *Sisyphos* für die Selbst-Zuschreibung einer Akademikergruppe zur Kritischen Theorie, jedoch kaum etwas über die Relevanz des *Sisyphos* für deren Reflexions- und Argumentationspraxis im Wissenschaftsbetrieb.

3   Der Band von Fallend und Reichmayr enthält Dokumente, historiografische Beiträge mit durchweg vorläufigem Charakter, die Bibliografie der Veröffentlichungen Siegfried Bernfelds von Ulrich Herrmann und Christoph von Bühler (S. 328–346, Stand 1990), eine knappe Zeittafel sowie eine Bibliografie der zitierten Literatur. Die Beiträge im Band von Hörster und Müller gehen thematisch weit über die Sozialpädagogik hinaus.

lytischen Theorie der Pubertät und der Adoleszenz. In den Jahren 1913/14 war Bernfeld Mitherausgeber der Zeitschrift *Der Anfang*, dem Organ der Jugendkulturbewegung, das Pfemfert in Berlin verlegte. Auf einen Reprint des *Anfang* kann im Rahmen dieser Werkausgabe verzichtet werden, da Bernfelds darin enthaltene Beiträge hier wieder abgedruckt werden und der *Anfang* im Bibliotheks-Fernleihverkehr als Mikrofilm zur Verfügung steht.

Band 2 *(Jugendbewegung – Jugendkultur)* bringt neben Bernfelds Programmschriften zahlreiche kleinere Texte, Vorträge aus dem Nachlass, Texte zur Begründung des „Archivs für Jugendkultur" und – in Bernfelds zionistische Phase im und kurz nach dem Ersten Weltkrieg hineinreichend – Texte und Dokumente zur geplanten Arbeit des „Jüdischen Instituts für Jugendforschung".

Band 3 *(Zionismus und Jugendkultur)* führt ins Zentrum von Bernfelds Engagement im Rahmen der Zionistischen Bewegung gegen Ende des Ersten Weltkriegs. Der Band enthält Bernfelds Monografie *Das jüdische Volk und seine Jugend (1919)* – in ihr begründet Bernfeld die Kibbuz-Erziehung (Melzer / Fölling 1989; Melzer / Yitzehaki 1992) –, kleinere Beiträge zum Zionismus, zur Palästina-Frage, zur jüdischen Jugendkultur sowie bisher unbekannte Texte und Dokumente aus Bernfelds praktisch-organisatorischer und publizistischer Tätigkeit in den Jahren 1918/19 für die jüdische Jugendbewegung und die jüdische Erziehung (und praktische Ausbildung als Vorbereitung auf eine mögliche Auswanderung nach Palästina). In dieser Zeit hat Bernfeld auch zwei Zeitschriften herausgegeben (*Blätter aus der jüdischen Jugendbewegung* und *Jerubbaal*); seine Beiträge darin sind in dieser Werkausgabe enthalten, von *Jerubbaal* ist für den Bibliotheks-Fernleihverkehr ebenfalls ein Mikrofilm verfügbar.

Band 4 *(Sozialpädagogik)* enthält neben kleineren Texten Bernfelds erste selbständige größere Veröffentlichung: *Kinderheim Baumgarten. Bericht über einen ernsthaften Versuch mit neuer Erziehung* (1921), hervorgegangen aus der kurzen, aber ungemein intensiven praktischen Arbeit 1919/20 im von ihm gegründeten Kinderheim für jüdische Kriegswaisenkinder im Wiener Vorort Baumgarten. Mit dem „Kinderheim Baumgarten" gehört Bernfeld neben August Aichhorn („Oberhollabrunn"), Karl Wilker („Der Lindenhof") und Curt Bondy („Hahnöfersand", zusammen mit Walter Herrmann) zu den bahnbrechenden Reformpädagogen auf dem Gebiet der Sozialerziehung, der Resozialisierung und der Sozialpädagogik. Dieser Band enthält auch den herausragenden Aufsatz „Der soziale Ort und seine Bedeutung für Neurose, Verwahrlosung und Pädagogik" von 1929, in dem Bernfeld die Bedeutung des Zusammenspiels von soziokulturellen kollektiven Überlieferungen und individuellen Erfahrungen, bezogen auf den „sozialen Ort", den „Sitz im Leben", von seelischen Erkrankungen oder pädagogischen Problemen stringent herausgearbeitet hat. Ergänzend zu Bernfelds Bericht vom Kinderheim Baumgarten sei auf einen weiteren Bericht von Willi Hoffer hingewiesen („Ein Knabenbund in einer Schulgemeinde", d. h. in Baumgarten; Hoffer 1922), ein frühes Beispiel für eine ertragreiche Teilnehmende Beobachtung in Kombination mit einer empirisch-analytischen ethnographisch-sozialpsychologischen Vorgehensweise zum Verständnis von Gesellungsformen im Kindes- und Jugendalter. Dieses Verständnis war aus einem einfachen Grund sehr wichtig: Ohne diese Einsichten ermangelt die förderliche erziehende Einflussnahme auf Einzelne ganz entscheidend der Wirksamkeit durch ihre Einbettung in korrigierende und stützende Gruppenprozesse. „Individualerziehung", so um 1910 das Credo von Reformpädagogen, mag gelingen, jedoch ist „Sozialerziehung" für Aussicht auf Erfolg unabdingbar. Was heute „Sozialisation" heißt, war damals lebendig präsente Erfahrung nicht nur der Geschwister, sondern vor allem auch durch prägende Erlebnisse in den Gruppen der Jugendbewegung.

Nach dem Ersten Weltkrieg bis zur Emigration über Frankreich und England in die USA arbeitete und forschte Bernfeld – neben seiner Lehrtätigkeit in der Wiener und in der Berliner Psychoanalytischen Vereinigung – in erstaunlicher thematischer Breite auf dem Gebiet der Pädagogik (Empirische Jugendkulturkunde, Theorie und Praxis der Psychoanalytischen Pädagogik, Sozialistische Schulkritik und -theorie) sowie zu Grenzgebieten der Pädagogik und Psychoanalyse, zu theoretischen Grundlagen der Psychoanalyse und zur Debatte zwischen Psychoanalyse und Marxismus, experimentierte in der Psychophysiologie.

Diese Ausgabe der *Werke* folgt dieser Entwicklung: Band 5 *(Theorie und Praxis der Erziehung)* enthält die zuerst 1925 erschienene Monografie *Sisyphos oder die Grenzen der Erziehung*. Sie ist nicht nur Bernfelds eigenständiger und origineller Beitrag zur Diskussion über „die Grenzen der Erziehung" (einer Debatte in der Mitte der 1920er Jahre in Deutschland; vgl. Dudek 1999; Herrmann 1995), sondern ein Text, der in der erziehungswissenschaftlichen Theoriedebatte der ausgehenden 1960er und 1970er Jahre einer der wichtigsten Anstöße für deren ideologiekritische Selbstreflexion gewesen ist. Der zweite Teil dieses Bandes enthält Bernfelds Arbeiten zur Psychoanalytischen Pädagogik, ergänzt durch Texte aus dem Nachlass (insbesondere eine Vortragsreihe aus dem Jahre 1934).

Daneben hat sich Bernfeld der Empirischen Jugendkulturforschung zugewandt (jetzt die Arbeiten in den Bänden 6 und 7). Der Band *Vom dichterischen Schaffen der Jugend* (1924) geht auf Materialien zurück, die er für das „Archiv für Jugendkultur" seit 1913 gesammelt hatte; er eröffnete den Band mit einem verschlüsselten autobiografischen Text und hat auch sonst Autobiografisches eingearbeitet (Reichmayr 1991). Den folgenden Band *Trieb und Tradition im Jugendalter* (zuerst 1931) hat Jürgen Zinnecker (als Herausgeber eines Reprints 1978) als Bernfelds Hauptwerk seiner Jugendforschung bezeichnet: als einen frühen Versuch, „kulturanthropologische, sozialgeschichtliche und psychoanalytische Deutungen der Jugendsituation füreinander fruchtbar zu machen", wodurch „wir Bernfeld auch als frühen Vertreter einer ‚ethnomethodologisch' orientierten Jugendforschung ansehen" dürfen (ebd., Vorbemerkung)[4]. Bernfelds Arbeiten in einem weiteren von ihm herausgegebenen Sammelband aus dieser Arbeitsphase („Die Psychoanalyse in der Jugendforschung", „Ein Freundinnenkreis", beide in: *Vom Gemeinschaftsleben der Jugend*, 1922) wurden in Band 2 dieser Werkausgabe aufgenommen.

Studien, die jetzt in Band 8 gesammelt sind *(Sozialistische Pädagogik und Schulkritik)*, zeigen Bernfeld als Vertre-

---

4 Dieser ethnomethodologische Ansatz charakterisiert auch den oben erwähnten Aufsatz von 1929 über den „sozialen Ort".

ter einer sozialistisch-kritischen Pädagogik in der Zeit der Weimarer Republik. Der zentrale Text, ausgehend von den Schulgemeinde-Erfahrungen im Kinderheim Baumgarten und von den Hintergründen in den Lietz'schen Landerziehungsheimen bzw. der Freien Schulgemeinde Wickersdorf seines Mentors Gustav Wyneken, ist „Die Schulgemeinde und ihre Funktion im Klassenkampf" von 1928 ein „revolutionärer Text" für die „68er", argumentierte er doch gegen eine ständische und obrigkeitsstaatliche Schulstruktur und -verwaltung mit dem Mittel der autonomen Schulgemeinde für eine Demokratisierung „von innen". Bernfelds scharfsichtige Analysen haben in vieler Hinsicht nichts an Aktualität eingebüßt!

Die Bände 9 bis 11 enthalten Bernfelds Veröffentlichungen aus demjenigen Arbeitsgebiet, das ihn seit dem Ersten Weltkrieg Zeit seines Lebens begleitet hat: die Psychoanalyse. Er war kein orthodoxer Freudianer und diskutierte die Psychoanalyse auch methodenkritisch von seinem marxistischen Standpunkt aus; auf dem Gebiet der Erziehung neigte er eher der Position von Alfred Adler zu; als studierter Biologe begab er sich auf das Grenzgebiet zur Psychophysiologie. Mit seinem Buch *Psychologie des Säuglings* (1925, jetzt in Band 9, ergänzt durch eine bisher unveröffentlichte Fortsetzung aus dem Nachlass) begab sich Bernfeld auf das damals noch so gut wie unbekannte Gebiet der Entwicklungspsychologie der frühesten Kindheit, auch hier wieder einmal bahnbrechend.

Mit seinen gemeinsam mit seiner Frau Suzanne Cassirer-Bernfeld vorgenommenen Forschungen zur Freud-Biografie (die auch in die Freud-Biografie von Ernest Jones eingegangen sind; vgl. Grubrich-Simitis 1981) nahm Bernfeld im kalifornischen Exil seine wissenschaftsgeschichtlichen Interessen wieder auf und kehrte so an der Neige seines Lebens zu seinen Anfängen in Wien zurück – ein Wien, das er, so berichtete seine Schwester Lilly Stross, nach der Flucht vor den Nazis und Faschisten und aufgrund der befreienden Erfahrung des amerikanischen Exils in San Francisco nach 1945 auf keinen Fall wiedersehen wollte. 1953 starb er in San Francisco als hoch geachteter Lehranalytiker. Eine eigene therapeutische Praxis war ihm wegen fehlender medizinischer Ausbildung verwehrt worden.

Sein Werk hat nichts an Anregungspotenzial für eine Kritische Theorie des Subjekts und der Erziehung, für eine Kritische Sozialpsychologie und die Begründung einer Psychoanalytischen Pädagogik eingebüßt.

***

Auch an dieser Stelle sei nochmals gedankt für die Förderung meiner Bernfeld-Recherchen in den 1980er Jahren durch die Deutsche Forschungsgemeinschaft und die Unterstützung durch die Familie Bernfeld (Siegfried Bernfelds Schwester Lilly Stross und seine Tochter Rosemarie Ostwald, beide Berkeley, California, sowie durch seinen Stiefsohn Prof. Peter Paret, damals Stanford, California). Mein damaliger Tübinger Mitarbeiter Johannes-Christoph von Bühler hat sich im Rahmen seiner eigenen Forschungen über die Anfänge der Jugendkunde und Jugendforschung in Österreich und Deutschland (Bühler 1990) der Vervollständigung des Tübinger Bernfeld-Archivs und der Bernfeld-Bibliografie angenommen. Auch für diese unerlässliche Grundlage der Bernfeld-Werkausgabe sei hier nochmals herzlich gedankt, desgleichen der Stiftung Dokumentation der Jugendbewegung (Archiv der deutschen Jugendbewegung, Burg Ludwigstein, besonders Jürgen Reulecke) für eine namhafte finanzielle Zuwendung, ohne die der Wiederbeginn dieser Werkausgabe nicht gewagt worden wäre. Im Gegenzug wird mein Bernfeld-Archiv nach Abschluss der Editionsarbeiten in den Bestand des Archivs Burg Ludwigstein übergehen und allgemein zugänglich sein. Nicht zuletzt sei für das Wagnis des Wiederbeginns einer Bernfeld-Werkausgabe dem Verleger Prof. Dr. Hans-Jürgen Wirth (Gießen) Dank gesagt.

Tübingen, Februar 2010
Ulrich Herrmann

Literatur

Antiautoritäre Erziehung I (1968): Wera Schmidt, Melanie Klein & Sandor Ferenczi (Revolutionäre Schriften IV). Berlin (Underground Press).

Antiautoritäre Erziehung II (1968): Melanie Klein: Die Psychoanalyse des Kindes (Revolutionäre Schriften XXIII). Berlin (Underground Press). Zuerst Wien 1932.

Antiautoritäre Erziehung III (1968): Kritik an Wilhelm Reich. Die kommunistische Diskussion um die Psychoanalyse von Siegfried Bernfeld (Revolutionäre Schriften VII). Mit Beiträgen von Melitta Schmiedeberg, Siegfried Bernfeld, Wilhelm und Anni Reich, Melanie Klein, Edith Jacobssohn. Berlin (Underground Press).

Bernfeld, Siegfried (Raubdruck o.O., o.J.): Psychologie des Säuglings. Zuerst Wien 1925.

Bernfeld, Siegfried (1968): Die Schulgemeinde und ihre Klassenkampffunktion (richtig: „und ihre Funktion im Klassenkampf") (Revolutionäre Schriften V). Berlin (Underground Press). Zuerst Berlin 1928.

Dahmer, Helmut (Hg.) (1980): Analytische Sozialpsychologie. 2 Bde. Frankfurt/Main (Suhrkamp).

Dahmer, Helmut (1982): Libido und Gesellschaft. Studien über Freud und die Freudsche Linke. Frankfurt/Main (Suhrkamp).

Dudek, Peter (1999): Grenzen der Erziehung im 20. Jahrhundert. Allmacht und Ohnmacht der Erziehung im pädagogischen Diskurs. Bad Heilbrunn (Klinkhardt).

Fallend, Karl & Reichmayr, Johannes (Hg.) (1992): Siegfried Bernfeld oder die Grenzen der Psychoanalyse. Materialien zu Leben und Werk. Basel (Stroemfeld/Nexus).

Fölling-Albers, Maria (1977): Kollektive Kleinkind- und Vorschulerziehung im Kibbuz. Paderborn (Schöningh).

Gente, Hans-Peter (Hg.) (1970/1972): Marxismus – Psychoanalyse – Sexpol. 2 Bände. Frankfurt/Main (Fischer).

Grubrich-Simitis, Ilse (Hg.) (1981): Siegfried Bernfeld/Suzanne Cassirer Bernfeld – Bausteine der Freud-Biographik. Frankfurt/Main (Suhrkamp). TB-Ausgabe 1988.

Herrmann, Ulrich (1985): Die Jugendkulturbewegung. Der Kampf um die höhere Schule. In: Thomas Koebner et al. (Hg.): „Mit uns zieht die neue Zeit". Der Mythos Jugend. Frankfurt/Main (Suhrkamp), S. 224–244.

Herrmann, Ulrich (1995): Von der Revolution der Schule zur Wiederentdeckung der Grenze. Zur Selbstrevision und Historisierung der deutschen Reformpädagogik in der Weimarer Republik. In: Zeitschrift für Pädagogik 41, S. 121–136.

Herrmann, Ulrich (Hg.) (2006): Gustav Wyneken – Freie Schulgemeinde Wickersdorf. Kleine Schriften. Jena (iks garamond).

Hoffer, Willi (1922): Ein Knabenbund in einer Schulgemeinde. In: Siegfried Bernfeld (Hg.): Vom Gemeinschaftsleben der Jugend.

Beiträge zur Jugendforschung (Quellenschriften zur seelischen Entwicklung, Bd. II). Leipzig/Wien/Zürich (Internat. Psychoanalyt. Verlag), S. 76–144.

Horn, Klaus-Peter & Ritzi, Christian (Hg.) (2003): Klassiker und Außenseiter. Pädagogische Veröffentlichungen des 20. Jahrhunderts. Hohengehren (Schneider).

Hörster, Reinhard & Müller, Burkhard (Hg.) (1992): Jugend, Erziehung und Psychoanalyse. Zur Sozialpädagogik Siegfried Bernfelds. Neuwied (Luchterhand).

Klein, Melanie (1968): Die Psychoanalyse des Kindes. Reprint als Antiautoritäre Erziehung II (Revolutionäre Schriften XXIII). Berlin (Underground Press). Zuerst Wien 1932.

Melzer, Wolfgang & Fölling, Werner (Hg.) (1989): Biographien jüdischer Palästina-Pioniere. Über den Zusammenhang von Jugend- und Kibbuzbewegung. Opladen (Westdeutscher Verlag).

Melzer, Wolfgang & Neubauer, Georg (Hg.) (1988): Der Kibbutz als Utopie. Weinheim/Basel (Beltz).

Melzer, Wolfgang & Yitzehaki, Shlomo (1992): Der Einfluss Siegfried Bernfelds auf die Theorie und Praxis der Kibbuzpädagogik. In: Reinhard Hörster & Burkhard Müller (Hg.): Jugend, Erziehung und Psychoanalyse. Zur Sozialpädagogik Siegfried Bernfelds. Neuwied (Luchterhand), S. 119–142.

Reich, Wilhelm; Fromm, Erich & Bernfeld, Siegfried (1968): Dialektischer Materialismus und Psychoanalyse (Revolutionäre Schriften II). Berlin (Underground Press).

Reich, Wilhelm; Schmidt, Wera; Bernfeld, Siegfried & Freud, Anna (1970): Psychoanalyse und Pädagogik. Onanie – Nackterziehung – Aufklärung – Selbstmord. Berlin (Rober's Press).

Reichmayr, Johannes (1991): „Die Geschichte meines Gymnasialstudiums". Ein autobiographisches Fragment von Siegfried Bernfeld. In: PSYCHE 45, S. 523–533.

Sandkühler, Hans Jörg (Hg.) (1971): Psychoanalyse und Marxismus. Bernfeld, Reich, Jurinetz, Sapir, Stoljarov. Frankfurt/Main (Suhrkamp).

Strafe und Erziehung (o. O., o. J.): Materialien zur Antiautoritären und Sozialistischen Erziehung 1. Mit Beiträgen von Siegfried Bernfeld, Sybille L. Yates, Erich Fromm und Sigmund Freud.

Werder, Lutz von & Wolff, Reinhart (Hg.) (1969/1970): Antiautoritäre Erziehung und Psychoanalyse. Ausgewählte Schriften. 3 Bände. Frankfurt/Main (März). Nachdruck Frankfurt/Main (Ullstein) 1974.

Zinnecker, Jürgen (Hg.) (1978): Trieb und Tradition im Jugendalter. Frankfurt/Main (päd. extra Buchverlag). Zuerst Leipzig 1931.

Siegfried Bernfeld – Werke

BAND 1: Theorie des Jugendalters

BAND 2: Jugendbewegung – Jugendforschung

BAND 3: Zionismus und Jugendkultur

BAND 4: Sozialpädagogik

BAND 5: Theorie und Praxis der Erziehung/
Pädagogik und Psychoanalyse

BAND 6: Vom dichterischen Schaffen der Jugend

BAND 7: Trieb und Tradition im Jugendalter

BAND 8: Sozialistische Pädagogik und Schulkritik

BAND 9: Psychologie der frühen Kindheit

BAND 10: Psychoanalyse und Psychologie

BAND 11: Psychoanalyse und Psychophysiologie

BAND 12: Studien zur Biografie von Sigmund Freud

NACHWORT

Ulrich Herrmann

Siegfried Bernfelds Werkausgabe wird mit seinen Schriften zur *Theorie des Jugendalters* eröffnet. Wie aus der zuvor in diesem Band gegebenen Übersicht über die Bände dieser Werkausgabe hervorgeht, werden Bernfelds Arbeitsschwerpunkte in ihrer Abfolge in seinem Leben präsentiert; denn Bernfelds Beschäftigungen mit wissenschaftlichen Problemen und die spezifischen Wendungen, die er seinen Fragestellungen, Arbeitshypothesen und Praxisorientierungen gab, sind in ihrer Entstehung und in ihrem Ansatz immer auch durch den jeweiligen lebensgeschichtlichen „Ort" und dessen zeit- und wissenschaftsgeschichtlichen Kontext charakterisiert. Dieser Umstand ist besonders deutlich am Beginn von Bernfelds wissenschaftlichen Arbeiten: der Zusammenhang von Engagement in der Jugendbewegung und dem Versuch einer wissenschaftlichen Durchdringung und Klärung der Probleme „Jugendalter" und „Jugendkultur" sowie der Verknüpfung von Wissenschaft und Jugendpolitik (Bühler 1990; Dudek 1990, 1992, 2002; Herrmann 1992).

Bernfeld gehörte zu jener Generation von Gymnasiasten, Studenten und jungen Erwachsenen, die vor dem Ersten Weltkrieg in Deutschland und in Österreich durch die Thematisierung von „Jugend" – Jugend*alter*, Jung*sein*, Jugend*leben* und Jugend*kultur* – eine Jugendbewegung initiierten bzw. mittrugen (vgl. Kindt 1963/1968/1974): Bruno Lemke und Hans Lißner wurden 1886 geboren, Friedrich Schlünz 1887, 1888 Knut Ahlborn, Hans Blüher und Walter Hammer, Wilhelm Flitner und Hans Heinrich Wix 1889, 1890 Karl Brügmann, 1891 Rudolf Carnap, Christian Schneehagen und

Helmut Tormin, 1892 – in Bernfelds Geburtsjahr – Karl Bittel, Max Bondy und Harald Schultz-Henke, im Jahr darauf Hans Bohnenkamp und Hermann Buddensieg, 1894 Ernst Buske, Franz Ludwig Habbel und Erich Weniger. Diese Jugendbewegung der Wandervögel (vgl. zuletzt Herrmann 2006) und der Freistudentischen Hochschulgruppen (Bias-Engels 1988), die dann als *die* Jugendbewegung in die deutsche und österreichische Kultur- und Gesellschaftsgeschichte eingegangen ist, war von ihren Ursprüngen und ihren Absichten her keineswegs eine Protestbewegung (Aufmuth 1979) – abgesehen von der radikalen Gruppierung einer Jugend*kultur*bewegung um Gustav Wyneken, der sich auch Bernfeld zurechnete (Herrmann 1985), und der (späteren) „Entschiedenen Jugend" (Linse 1981) –, sondern eher eine vorsichtige jugendkulturelle Sezession aus bildungsbürgerlichen liberalen Elternhäusern, von diesen und von modernen aufgeschlossenen Pädagogen wie Ludwig Gurlitt gefördert. Gleichwohl vermittelte diese Generation den Zeitgenossen eine Differenzerfahrung: Sie lenkte die Aufmerksamkeit von der *Fremd*thematisierung von „Jugend" durch die herrschende Jugendkunde und Jugendforschung, Jugendpflege und Jugendfürsorge als einer immer auch problematischen Statuspassage auf die *Selbst*thematisierung von „Jugend", d.h. auf deren Selbstreflexion und auf die Artikulationsformen ihres ihnen eigentümlichen authentischen Selbstverständnisses.

Diese Selbstthematisierung sollte aus der Sicht der jungen Leute den Blick für ihr Selbstgefühl, ihr Eigenrecht und ihre Eigenart öffnen; für ihre Lage in (Hoch-)Schule und Beruf, Kultur und Gesellschaft, Wirtschaft und Politik; für ihre Stellung im Generationenverhältnis und für ihren Auftrag hinsichtlich einer von ihr selbst entworfenen und nicht einer von der Erwachsenengeneration erwarteten oder vorgeschriebenen Zukunft. Bernfeld wirkte bei dem Versuch, dieses neue Selbstverständnis zu artikulieren, tatkräftig mit: in seinem Wiener „Sprechsaal" und als Mitherausgeber des *Anfang* sowie durch seine rege Vortragstätigkeit, aus der der Eröffnungsbeitrag dieses Bandes stammt. Bemerkenswert ist hier nicht nur die Prägnanz, mit der Bernfeld die Differenz von Wandervogel und Jugendbewegung markiert, sondern wie er bereits so früh wesentliche Aspekte seiner dann langjährigen

Theoriearbeit in dem sich differenzierenden Problemfeld „Jugend" und „Pubertät" zu benennen imstand ist:

➤ das *Werte-Erlebnis* als Charakteristikum des Jugendalters;

➤ die Suche nach den *jugendeigenen* Organisations- und Selbstentfaltungsformen einer jungen Generation, die von einem entschiedenen *Kulturwillen* beseelt ist – und nicht nur, wie die Wandervögel, der Langeweile in Elternhaus und Schule durch das Natur- und Gemeinschafts*erlebnis* zu entkommen sucht;

➤ die *Frontstellung gegen Familie und Schule*: beide seien Instanzen und Medien der Verbiegung, der Verkümmerung und der Unterdrückung der Kinder und Heranwachsenden und demzufolge durch andere Instanzen zu ersetzen[1];

➤ das Plädoyer für einen „Orden der Jugend" – als Erweiterung der Freideutschen Jugend – in der Form autonomer jugendlicher Lebensgemeinschaften.

Bernfelds Blick war dabei auf die (von Paul Geheeb und Gustav Wyneken 1906 gegründete) Freie Schulgemeinde Wickersdorf und auf Wynekens Konzeption von „Jugend" gerichtet (Wyneken 2006; Alphei/Herrmann 2006; Dudek 2009). Er radikalisierte aber deren Ansatz, indem er auf eine Jugendkultur Anspruch erhob, die unter den Bedingungen des alltäglichen Lebens und in der Stadt und nicht nur fernab in der „pädagogischen Insel" eines Landerziehungsheimes in der Weltabgeschiedenheit des Thüringer Waldes möglich sein sollte. Kultur- und Gesellschaftskritik sollte nicht nur von insulären, großstadtfernen Fluchtburgen aus erfolgen – Wyneken nannte seine Freie Schulgemeinde eine „Burg der Jugend" –, sondern aus einer avantgardistischen Großstadtkultur heraus. Der „Orden der Jugend" sollte nicht nur eine exzentrische oder esoterische „Gemeinde" sein, sondern mitten in den Strömungen und Gärungen der Zeit eine in-

---

1   In Bernfelds Wiener „Sprechsaal" war, zum Entsetzen einiger Eltern, die Abschaffung der Elternliebe diskutiert worden; der „Sprechsaal" wurde schließlich (nicht nur) wegen „familiengefährdender Umtriebe" polizeilich verboten!

tellektuelle und kulturelle Avantgarde bilden. Bernfeld sah Ansätze dazu in den „Sprechsälen" der Höheren Schüler und der Freistudenten in vielen Universitätsstädten.[2] Vor diesem Hintergrund versteht man auch die Anstrengungen von Gustav Wyneken, auf dem Freideutschen Jugendtag im Oktober 1913 auf dem Hohen Meißner die Jugendbewegung für seine Jugendkulturbewegung zu gewinnen und sich zu ihrem Führer zu machen (was fehlgeschlagen ist).

Die Eröffnungsschrift von 1914 gibt eine Einführung in die intellektuellen Traditionen und soziokulturellen Kontexte, die für Bernfelds weiteres Denken und Wirken wichtige Voraussetzungen bildeten. Von diesem Ausgangspunkt aus versteht man auch am besten die Versuche in seiner Wiener Dissertation von 1914 / 15 – hier erstmals im Druck veröffentlicht –, von einem *naiven* Begriff von „Jugend" – dem Selbstverständnis der Jugendbewegten und den entsprechenden Zuschreibungen der Erwachsenen – weiterzukommen zu einem *wissenschaftlich-kritischen* Konzept des Jugendalters. Bernfeld setzte sich mit den zeitgenössischen Repräsentanten der Empirischen Jugendforschung – Ernst Meumann und George Stanley Hall – auseinander, um seinen weiterführenden Ansatz zu profilieren:

➤ im Bereich der Forschungsmethoden über die experimentelle und die Fragebogen- bzw. die Enquêtemethode hinaus die Hinzunahme von „Ego-Dokumenten" jugendlichen Lebens und Erlebens;

➤ die Einführung der psychoanalytischen Betrachtungsweise, um verständlich zu machen, was das Jugendalter von Kindheit und Erwachsenenalter unterscheidet, nämlich die Veränderung der *Einstellung zu und die Bewertung von Werten und Idealen in ihrer Idealität und absoluten Verbindlichkeit*, das „prävalierende Werterlebnis".

Das Jugendalter ist *nicht* durch eine Differenz physiologischer und psychologischer Entwicklungsstadien von Kindheit einerseits und Erwachsenenalter andererseits – durch ein Nicht-Mehr oder ein Noch-Nicht, d.h. etwas Unvollständiges ohne Eigen-Sinn – charakterisiert, sondern es ist im *po-*

2 *Der Anfang* 1913 / 14 berichtet regelmäßig über ihre Aktivitäten.

sitiven Sinne gekennzeichnet als ein eigenständiger Bewusstseinszustand sowohl im Ich-Bezug als auch in der sinnhaften Wahrnehmung, Deutung und Aneignung der Welt. „Jugend" ist darüber hinaus die Chiffre für eine kulturschaffende Kraft, die im Wechsel der Generationen das Überkommene nicht nur aneignet und tradiert, sondern durch diesen Prozess der Aneignung verändert und ihm eine eigene Gestalt zu geben vermag. Dies ist der „emphatische" Begriff von „Jugend", den Bernfeld von Wyneken übernommen hat.

Die folgenden Studien Bernfelds vertiefen und differenzieren diesen Ansatz, und in der Zusammenschau der verschiedenen Aspekte wird die originäre weiterführende theoretische und bis heute Anregungen und Anstöße vermittelnde Leistung Bernfelds sichtbar (Rosenmayr 1962, 1976):

➤ Der *psychoanalytische Ansatz* mit den über Freud hinausführenden Überlegungen zur Funktion der Sublimierung und der jugend-anthropologischen Deutung ihrer Leistungen wird wichtiger.

➤ Die *soziologischen Dimensionen* unterschiedlicher Pubertätsverläufe an unterschiedlichen „sozialen Orten" werden damit in Verbindung gebracht.

➤ *Zeit- und kulturgeschichtliche Aspekte* des generationsspezifischen Erlebens und Verarbeitens von krisenhaften Umbrüchen werden in eine sich soziokulturell und historisch-ökonomisch differenzierende Theorie „des" Jugendalters eingebracht. Jürgen Zinnecker hat daher zu Recht hervorgehoben, dass „wir Bernfeld auch als frühen Vertreter einer ‚ethnomethodologischen' Jugendforschung ansehen" dürfen (Zinnecker 1978, Vorbemerkung).

Neben der „einfachen" Pubertät und ihren Milieu-Bedingungen werden auf diese Weise die psychosozialen Strukturen und Prozesse der „gestreckten" Pubertät (und letztere in ihren beiden Varianten der „genialischen" und der „neurotischen" Pubertät) rekonstruiert: die elternhäuslichen und die soziokulturellen Kommunikationsbedingungen; die Dynamik und Ökonomik der intrapersonalen Verarbeitungsmodi von Sexualvermögen und Sexualbedürfen bzw. ihrer Diskrepanzen im Unterschied zur „einfachen männlichen

Pubertät"; die daraus resultierenden Erscheinungsformen jugendlichen Kultur- und Sexualverhaltens sowie die Erklärung ihrer unterschiedlichen Bewertungen und Zuordnungen durch die Leitwerte der Erwachsenen (normal vs. verwahrlost, gebildet vs. verroht usw.).

Bernfelds ausführlicher Literaturbericht von 1927 gibt einen guten Einblick in seine weitere Vorgehensweise. Entlang der Frage nach der Rezeption der Psychoanalyse arbeitet er Differenzierungen bei der Betrachtung von „Jugend" und „Jugendalter" heraus, die in der Jugendforschung der nachfolgenden Jahrzehnte unbeachtet geblieben sind. Nicht zuletzt hat Eduard Spranger – von Bernfeld gelegentlich der Inkompetenz in Sachen Psychoanalyse bezichtigt – mit seiner *Psychologie des Jugendalters* (zuerst 1924, bis in die 1960er Jahre fast 30 Auflagen) die Weiterentwicklung der Jugendkunde und -forschung im Bernfeld'schen Sinne behindert; was erst – wie Leopold Rosenmayr bestätigt – durch die „68er"-Bewegung korrigiert wurde. Ein bezeichnendes Schlaglicht auf den Umgang mit Bernfeld und der Psychoanalyse wirft ein Vorgang von 1930/31 an der Berliner Universität: die Abwehr eines Lehrauftrags für den Außenseiter Bernfeld (Tenorth 1992). Aber auch in Hans Heinrich Muchows einflussreichen Büchern *Sexualreife und Sozialstruktur der Jugend* (zuerst Reinbek 1959) und *Jugend und Zeitgeist. Morphologie der Kulturpubertät* (zuerst Reinbek 1962) sucht man Bernfeld vergebens.

Die Renaissance der Wiederaneignung der Bernfeld'schen Arbeiten zur Theorie des Jugendalters und zur Jugendforschung resultiert, wie oben angedeutet, aus einem Bruch in der Geschichte der (westdeutschen) Jugend in den 1960er Jahren. Die vorherrschende Jugendsoziologie war von einem generationellen Übernahme- und Anpassungsmodell ausgegangen: Die „junge Generation" tritt in die Rollen und Funktionen der Erwachsenen ein, wie anders soll geschichtliche Kontinuität zustande kommen? Die Protestbewegungen der 1960er Jahre, die heute unter der Chiffre „68" figurieren, belehrten Politik, Gesellschaft und Wissenschaft eines anderen. Mochte noch so sehr der „Generationen-Vertrag" beschworen werden: Die akademische studentische Avantgarde – angeleitet durch die Kritische Theorie, sensibilisiert durch den Algerien- und den Vietnam-Krieg, generell die

Dritte-Welt-Problematik – forderte Opposition und Demo-
kratisierung, den Bruch mit fragwürdigen Kontinuitäten, die
Wiederentdeckung einer gesellschafts- und selbstkritischen
Konstitution des Subjekts, die Abwehr der ideologisch ver-
blendeten Subjektion der Subjekte unter die Zwänge der
Systeme und Organisationen.

In diesem Kontext und in diesem intellektuellen Klima
avancierte Bernfeld in den Raubdrucken der „Revolutionären
Schriften" geradezu zum Kultautor, der Außenseiter mutierte
zum „Klassiker".[3] In den Debatten der 1960er und 1970er
Jahre erwuchs die Sensibilisierung für Bernfelds Fragestellungen zu den Themen „Jugend – Subkulturen – Gesellschaft"
und „Schulsystem – soziale Benachteiligung – Chancengerechtigkeit", die er seinerzeit aufgrund der Erfahrungen
in den Umbruchsituationen und Krisen am Vorabend des
Ersten Weltkriegs und in der Weimarer Republik gewonnen
hatte, wo Bernfeld sich in den 1920er und 1930er Jahren bis
zur Rückkehr nach Österreich (1932) bei den Sozialisten und
Sozialdemokraten für die Sozialistische Pädagogik engagiert
hatte. Bei Bernfeld konnte man im Aufbruch der 1960er Jahre
nachlesen, dass mit dem Untergang der Monarchie und mit
der Etablierung der Republik im Schulwesen keineswegs für
Bildungs- und Chancengerechtigkeit gesorgt worden war
und auch weiterhin nicht gesorgt wurde. Daraus bezieht
Schulsystemkritik bis heute einen entscheidenden Impuls.

Wer sich in den späten 1960er Jahren in Jugendforschung
und Jugendarbeit gesellschaftskritisch politisch engagieren
wollte und in der Wissenschaft bzw. in der Wissenschaftsge-
schichte Argumentations- und Legitimationshilfe suchte; wer
eine Kritische Pädagogik gegen den affirmativen Tenor der
„herrschenden Lehre" formulieren wollte; wer eine Kritische
Theorie des Subjekts nicht nur systemkritisch, sondern auch
lebens- und erfahrungsgeschichtlich unterlegen wollte – sie
alle fanden und finden Anregungen im Werk Siegfried Bernfelds. Er selbst war 1934 vor den Nazis aus Österreich über
Frankreich und England in die USA geflohen, wo er als hoch
geachteter Lehranalytiker 1953 in San Francisco starb.

---

3   Vgl. die ausgewählten bibliografischen Nachweise in der in die-
    sem Band voranstehenden Einführung in diese Werkausgabe.

Literatur

Alphei, Hartmut & Herrmann, Ulrich (Hg.) (2006): „Zurück zur Natur" – „Vorwärts zum Geist". 100 Jahre Wickersdorf. Thementeil
in: Historische Jugendforschung. Jahrbuch des Archivs der
deutschen Jugendbewegung NF 3, Schwalbach (Wochenschau-
Verlag).

Aufmuth, Ulrich (1979): Die deutsche Jugendbewegung unter so-
ziologischem Aspekt (Studien zum Wandel von Bildung und
Gesellschaft im 19. Jh., Bd. 16). Göttingen (Vandenhoeck &
Ruprecht).

Bias-Engels, Sigrid (1988): Zwischen Wandervogel und Wissenschaft.
Zur Geschichte von Jugendbewegung und Studentenschaft
1896–1920. (Edition Archiv der deutschen Jugendbewegung,
Bd. 4) Köln (Verlag Wissenschaft und Politik).

Bühler, Johannes-Christoph von (1990): Die gesellschaftliche Kons-
truktion des Jugendalters. Zur Entstehung der Jugendforschung
am Beginn des 20. Jahrhunderts. Weinheim (Deutscher Studi-
enverlag).

Dudek, Peter (1990): Jugend als Objekt der Wissenschaften. Geschichte
der Jugendforschung in Deutschland und Österreich 1890–1933.
Opladen 1990 (Westdeutscher Verlag).

Dudek, Peter (1992): Siegfried Bernfelds Doppelrolle als Aktivist und
Interpret der Jugendkulturbewegung. In: Reinhard Hörster &
Burkhard Müller (Hg.): Jugend, Erziehung und Psychoanalyse.
Zur Sozialpädagogik Siegfried Bernfelds. Neuwied (Luchter-
hand), S. 43–58.

Dudek, Peter (2002): Fetisch Jugend. Walter Benjamin und Siegfried
Bernfeld – Jugendprotest am Vorabend des Ersten Weltkrieges.
Bad Heilbrunn (Klinkhardt).

Dudek, Peter (2009): „Versuchsacker für eine neue Jugend". Die
Freie Schulgemeinde Wickersdorf 1906–1945. Bad Heilbrunn
(Klinkhardt).

Herrmann Ulrich (1985): Die Jugendkulturbewegung – Der Kampf
um die Höhere Schule. In: Thomas Koebner; Janz, Rolf-Peter
& Trommler, Frank (Hg.): „Mit uns zieht die neue Zeit". Der
Mythos Jugend. Frankfurt/Main (Suhrkamp), S. 224–244.

Herrmann, Ulrich (1992): Bernfelds pädagogische Themen und ihr
„Sitz im Leben". Ein biographischer Essay. In: Reinhard Hörster
& Burkhard Müller (Hg.): Jugend, Erziehung und Psycho-
analyse. Zur Sozialpädagogik Siegfried Bernfelds. Neuwied
(Luchterhand), S. 9–21.

Herrmann, Ulrich (Hg.) (2006): „Mit uns zieht die neue Zeit ..." Der
Wandervogel in der deutschen Jugendbewegung. Weinheim/
München (Juventa).

Kindt, Werner (Hg.) (1963/1968/1974): Grundschriften der deutschen
Jugendbewegung. 3 Bände. Düsseldorf/Köln (Diederichs).

Linse, Ulrich (1981): Die Entschiedene Jugend 1919–1921. Deutschlands erste revolutionäre Schüler- und Studentenbewegung. Frankfurt/Main (dipa).

Rosenmayr, Leopold (1962): Geschichte der Jugendforschung in Österreich 1914–1931. Wien (Institut f. österr. Jugendkunde).

Rosenmayr, Leopold (1976): Jugend (Handbuch der empirischen Sozialforschung, Bd. 6). Stuttgart (Enke).

Tenorth, Heinz-Elmar (1992): „Unnötig" und „unerwünscht" – Siegfried Bernfeld und die Universitätswissenschaft. In: Reinhard Hörster & Burkhard Müller (Hg.): Jugend, Erziehung und Psychoanalyse. Zur Sozialpädagogik Siegfried Bernfelds. Neuwied (Luchterhand), S. 23–40.

Wyneken, Gustav (2006): Freie Schulgemeinde Wickersdorf. Kleine Schriften. Hrsg. von Ulrich Herrmann. Jena (iks garamond).

Zinnecker, Jürgen (Hg.) (1978): Trieb und Tradition im Jugendalter. Frankfurt/Main (päd. extra Buchverlag). Zuerst Leipzig 1931.

PERSONENREGISTER

Hall, George Stanley   44f., 77, 87f., 91–95, 99f., 102, 105, 111, 115, 119, 127ff.
Herbart, Johann Friedrich   68f.
Herricht, Günther   45
Höfler, Alois   113
Hölderlin, Friedrich   45, 53
Hoffer, Willi   149, 275
Hoffmann, Walter   161, 221–228
Hug-Hellmuth, Hermine   209

Jung, Carl Gustav   179, 267

Lindworsky, Johannes   206

Mann, Alfred   12
Marx, Karl   166
Mathias, Adolf   229
Meumann, Ernst   44f., 74, 77–79, 80–88, 99, 111, 121, 125, 127
Mitchell, Peter Chalmers   139
Moll, Albert   167, 217
Müller, Hermann   167

Pestalozzi, Johann Heinrich   68
Peter, Walter   45
Platon   69, 195, 228

Reich, Wilhelm   255
Reininger, Karl   275
Rousseau, Jean-Jacques   68

Scheler, Max   167, 185
Schleiden, Mathias Jakob   218
Schlicht, Hermann   151
Schulz, Kurt   45
Spranger, Eduard   161, 163, 174–178, 180–193, 195f., 198–203, 216f., 222, 229
Stekel, Wilhelm   179
Stern, William   167, 205f., 273f.

Traub, Gottfried   13
Tumlirz, Otto   161, 164, 166170, 172f., 204, 222

Weininger, Otto   225
Wundt, Wilhelm   177f.
Wyneken, Gustav   11, 13, 15, 68, 175

Ziehen, Theodor   161, 229f.

SACHREGISTER

Depression 152, 235, 246, 262
Dichtung 66, 209, 232

Ehe 66, 217, 237
Ehrfurcht 20, 37, 40
Ehrgefühl 81
Einfühlung 60, 69, 189
Einstellung 67, 113, 118, 130, 134
Eltern 12, 20f., 25f., 32ff., 50, 53, 103, 168, 227, 234, 238ff.
Elternhaus 13, 15, 27, 30, 52
Empfindlichkeit 81, 91f.
Enquête 75, 106
Entwicklung 47, 74, 78–81, 83ff., 91, 94, 98, 112, 118–122, 127, 136,
    143, 182, 190, 193, 200f., 208, 222, 242, 253
Entwicklung, geistige 78, 83f., 94, 119
Entwicklung, intellektuelle 48, 88
Entwicklung, jugendliche 172
Entwicklung, kindliche 121
Entwicklung, körperliche 78, 83f.
Entwicklung, natürliche 20
Entwicklung, periodische 123
Entwicklung, physiologische 134
Entwicklung, psychische 139
Entwicklung, psycho-physische 96, 127, 135
Entwicklung, seelische 83, 121, 123, 182
Entwicklung, sexuelle 87, 94, 128, 139, 220
Entwicklungsalter 54
Entwicklungshemmung 168
Entwicklungspsychologie 163, 171, 180, 182, 200, 218, 222
Entwicklungsreihe 98
Entwicklungsroman 183
Entwicklungsstadium 79, 85, 142
Erlebnis 116, 128, 180, 187–196, 209
Eros 191, 198, 216, 219, 225
Erotik 31, 163, 187, 189, 190–197, 199, 216ff., 228
Erwachsenheit, Erwachsensein, der Erwachsene 12, 14, 17, 32f., 40f.,
    48, 51–54, 56f., 60f., 63ff., 67, 69, 72, 80ff., 84, 92, 95f., 98, 101, 117f.,
    122ff., 129, 134f., 139, 141, 146, 165, 192, 231f., 236f., 244, 246, 251f.,
    258
Erziehung 12, 17, 21–28, 32ff., 37, 43, 45, 50, 55, 68f., 77ff., 84, 93, 206,
    220, 227, 234, 242
Erziehungsfehler 227
Erziehungswissenschaft 77
Ethik 17, 36, 199

Fähigkeit, geistige 49, 80, 84
Fähigkeit, seelische 102
Familie 19–22, 24, 26f., 29–34, 36, 39, 165, 239
Familienerziehung 24, 27ff., 35
Flegelhaftigkeit 235

Jugend, soziologischer Begriff der 44, 137
Jugend, Stadien der 74, 112, 124
Jugend, Theorie der 44, 65, 72, 87, 126f., 133
Jugend, Wert der 57
Jugend, Wesen der 51f., 69, 124
Jugend, Wissenschaft von der 50, 70ff.
Jugend, wissenschaftlicher Begriff von 75ff., 87
Jugendalter (s. auch Adoleszenz) 80, 170, 174f., 232, 235
Jugendbewegung 11, 21, 37, 41, 45, 145, 175
Jugendforschung 75, 78f., 83, 86f., 106, 145, 149f.
Jugendfürsorge 222
Jugendgemeinde 19, 35, 39f.
Jugendgemeinschaft 26, 30f., 39
Jugendkultur 10f., 18, 35f., 222
Jugendkulturbewegung 15, 18, 21, 26, 35f., 41
Jugendkunde 79, 86, 168f.
Jugendleben 29, 36, 58f., 242
Jugendleben, künftiges 38
Jugendleben, kulturgemäßes 35
der Jugendliche 20, 26, 30, 32ff., 37, 45, 54f., 64, 67, 71, 78, 80, 85, 89,
    98, 103, 109f., 129, 145, 147ff., 157f., 170, 191, 194, 198, 204, 207ff.,
    225, 230ff., 234ff., 242f., 245, 250–254
Jugendlichkeit 46
Jugendliteratur 45
Jugendorden 18f.
Jugendpsychologie 30, 44, 74, 77, 82, 86, 88, 97, 99, 102, 105ff., 109f.,
    122, 126, 137, 166, 174f., 183, 190, 195, 222f., 226–229, 272
Jüngling 14, 53, 79, 81, 91, 165f., 170, 172
Jungfrau 79, 81, 165f., 170, 172

Kastrationsangst 154, 241, 243, 249
Kind 12, 14, 19f., 22, 24, 32, 34, 45, 64, 67, 70, 77, 80, 84f., 116, 128,
    168, 233, 239, 257
Kinderarbeit 36
Kinderforschung 87
Kinderpsychologie 47, 73, 78, 80, 99f.
Kinderseele 73
Kinderspiel 149
Kindesalter 79
Kindheit 47, 57, 61, 63, 74, 82, 95f., 98f., 102, 117, 123f., 128, 130, 134,
    139, 185, 193, 206, 220, 232f., 241ff., 248, 252f., 258, 261f.
Kindheit, Ende der 132
Körpertrieb 217f.
Kraft 30, 56, 66, 88
Kriminalität 45, 77, 86, 251, 262
Kultur 12, 14–19, 27, 36ff., 40f., 55–58, 146, 165, 193
Künstler 157
Kunst 17ff., 23, 31, 56, 58f., 66f., 89, 94, 128ff., 146, 148, 170, 178, 232
Kunstbewegung 145
Kunstschaffen 172f.

Psychosozial-Verlag

Peter Dudek

»Er war halt genialer als die anderen«

Biografische Annäherungen an Siegfried Bernfeld

2012 · 646 Seiten · Broschur
ISBN 978-3-8379-2171-7

Die erste umfassende Biografie des visionären Denkers:

Siegfried Bernfeld, bahnbrechender Reformpädagoge und einer der ersten Psychoanalytiker, ist Mitbegründer der modernen Theorie des Jugendalters und der Begründer der Psychoanalytischen Pädagogik. Er war ein scharfsinniger Querdenker mit visionären und aufschlussreichen Thesen, jedem politischen Dogmatismus abhold, ein scharfzüngiger Polemiker, voller Leidenschaft für die bessere Sache. Als Jude und undogmatischer Marxist konnte er zwar im außeruniversitären Bereich in Wien, Berlin und im amerikanischen Exil erfolgreich arbeiten, eine akademische Karriere blieb ihm jedoch verwehrt. Dennoch avancierte er mit seinen pädagogischen Theorien zum Klassiker.

Im vorliegenden Buch geht Peter Dudek auf das umfangreiche wissenschaftliche Werk Bernfelds ein und rekonstruiert zugleich das Leben des Menschen hinter den Texten. Anhand zahlreicher Quellen zeigt er ihn als jugendbewegten Aktivisten, pädagogischen und psychoanalytischen Theoretiker, politisch-pädagogischen Redner sowie als Lehrer, Ehemann und Vater.

Walltorstr. 10 · 35390 Gießen · Tel. 0641-969978-18 · Fax 0641-969978-19
bestellung@psychosozial-verlag.de · www.psychosozial-verlag.de

George Makari

Revolution der Seele

Die Geburt der Psychoanalyse

2011 · 648 Seiten · Gebunden
ISBN 978-3-8379-2039-0

»George Makari hat nichts Geringeres geschrieben als eine Geschichte des modernen Geistes.«
Paul Auster

Die Geschichte der Psychoanalyse wurde bisher hauptsächlich in Form von idealisierenden Biografien ihres Begründers Sigmund Freud erzählt. Makari hingegen verbindet diese einzelnen Stimmen zu einem vielschichtigen Panorama. Makari bettet Freuds frühe psychologische Arbeit in den Kontext der großen Veränderungen ein, die die europäischen Wissenschaften des späten 19. Jahrhunderts erschütterten, und zeigt Freud als kreativen, interdisziplinären Synthesefinder. Er verfolgt die Entwicklung der heterogenen Bewegung der jungen Psychoanalyse bis zum Weggang von Bleuler, Jung und Adler. Schließlich betrachtet er die oft vernachlässigte Weimarer Phase und ihren Versuch, eine pluralistischere psychoanalytische Gemeinschaft aufzubauen. *Revolution der Seele* sticht als das erste geschichtliche Werk heraus, das die zentralen Dilemmata in einer zusammenhängenden Erzählung darstellt, die diese angehende Wissenschaft der Psyche während ihrer Entstehung definierten, strukturierten und spalteten.

Walltorstr. 10 · 35390 Gießen · Tel. 0641-969978-18 · Fax 0641-969978-19
bestellung@psychosozial-verlag.de · www.psychosozial-verlag.de

www.ingramcontent.com/pod-product-compliance
Lightning Source LLC
Chambersburg PA
CBHW030642270326
41929CB00007B/170